RESEARCH ON
BUILDING A RESOURCE-SAVING,
ENVIRONMENT-FRIENDLY
GREEN DEVELOPMENT
SYSTEM

建设资源节约、环境友好的绿色发展体系研究

王仲颖　高虎　等◎著

中国经济出版社
CHINA ECONOMIC PUBLISHING HOUSE
北京

图书在版编目（CIP）数据

建设资源节约、环境友好的绿色发展体系研究／王仲颖等著.
—北京：中国经济出版社，2019.12
ISBN 978－7－5136－5973－4

Ⅰ.①建… Ⅱ.①王… Ⅲ.①绿色经济—经济发展—中国 Ⅳ.①F124.5

中国版本图书馆 CIP 数据核字（2019）第 274828 号

责任编辑　姜　静　郑　潇
责任印制　马小宾
封面设计　华子设计

出版发行　中国经济出版社
印 刷 者　北京科信印刷有限公司
经 销 者　各地新华书店
开　　本　710mm×100mm 1/16
印　　张　18.25
字　　数　258 千字
版　　次　2019 年 12 月第 1 版
印　　次　2019 年 12 月第 1 次
定　　价　78.00 元
广告经营许可证　京西工商广字第 8179 号

中国经济出版社 **网址** www.economyph.com **社址** 北京市东城区安定门外大街 58 号 **邮编** 100011
本版图书如存在印装质量问题，请与本社销售中心联系调换（联系电话：010－57512564）

前言

面对资源约束趋紧、环境污染严重、生态系统退化的严峻形势，党的十八大明确提出大力推进生态文明建设，并将其纳入中国特色社会主义事业“五位一体”总体战略布局，要加快绿色发展，努力建设美丽中国。党的十九大报告进一步提出，要建设现代化经济体系，指出这是跨越关口的迫切要求和我国发展的战略目标，并提出了包括建设资源节约、环境友好的绿色发展体系在内的现代化经济体系建设框架。

面对新形势和新任务，亟须开展深入研究，剖析我国绿色发展的总体形势，深入分析建设绿色发展体系的内涵、特征、目标和重点任务，全面贯彻绿色发展对我国经济社会发展提出的新要求。基于此，课题组设立了五个专题研究。专题一“新时代资源节约、环境友好绿色发展体系的理论内涵研究”，在对我国绿色发展理论沿革和实践探索归纳总结基础上，提出了我国新时代绿色发展的内涵和主要特征，分析了现代化经济体系中绿色发展体系与其他六个部分之间的关系，提出了我国绿色发展体系的主要内容。专题二“资源节约、环境友好绿色发展体系的国际经验研究”，总结了当今国际社会绿色发展的总体趋势，分析了世界各国绿色发展成功经验呈现的显著特征，归纳了国际经验对我国绿色发展的启示。专题三“建设绿色发展体系的重点任务研究”，综述了我国传统经济发展模式演变趋势与特征，分析了在中国特色社会主义新时代背景下，我国绿色发展面临的挑战与机遇，从创造新供给、孕育新技术、催生新业态、满足新需求等方面出发，提出了全面创新资源节约、环境友好绿色发展的重点任务。专题四“建立绿色发展的目标责任体系研究”，从“生产生活绿色度、绿色发展协调度、绿色发展持续度、绿水青山保持度”四个维度出发，构建了10个专题层、共28个指标的绿色发展评价指标体系，进一步基于国家战略愿景研究确立了我国绿色发展分阶段目标。专题五“中国绿色发展的制度研究”，分析了绿色发展制度的法律、治理、财税、金融等基本框架，提出了围绕政府和市场关系建立促进绿色发展的制度体系。此外，课题组还专门赴福建、山西等地调研，了解各地的绿色发展实际情况，形成了调研报告。基于以上专题研究和调研，归纳总结形成了总论。

本研究的创新性成果主要有：

第一，提出绿色发展必须走多元精细化道路，将人类活动对自然环境的扰动降低到环境容量以内。绿色发展是与传统粗放式发展相对立的精细化发展模式，它是物质资源消耗少、资源利用效率高、环境负面影响小，依靠理念和技术创新，在生态环境承载力下，最大、优质满足人的合理需求的发展模式。绿色发展包括两部分，一是资源节约，要降低对自然界的一次扰动；二是环境友好，要控制对自然界的二次扰动。

第二，提出了构建资源节约、环境友好绿色发展体系的主要内容。构建绿色发展体系，需要以绿色发展目标责任制度为导向，以绿色发展制度为保障，以绿色供给模式和绿色消费模式为两大基本支柱，以现代化绿色清洁低碳能源系统、资源再生循环利用系统和区域城乡绿色协调发展机制为三大关键支撑，形成生产生活循环链接，资源、生产、消费相匹配相适应的有机整体。

第三，明确了建设绿色发展体系的重点任务。一是构建绿色供给模式，通过发展绿色发展产业体系，繁荣高质量经济增长；二是构建绿色消费模式，培育绿色低碳新的消费内容，引领供给重塑；三是构建现代化绿色清洁低碳能源系统，通过发展非化石能源、提高能效、构建绿色智能电力体系等，大幅提升能源生产力；四是构建资源再生循环利用系统，根本改变大量“生产、消费、废弃”的传统方式，建设“无废社会”；五是建立区域城乡绿色协调发展机制，把山水林田湖草作为生命共同体，整体谋划国土空间绿色开发。

第四，构建了资源节约型、环境友好型绿色发展的评价指标体系。提出了总体层、系统层、专题层和要素层四个层级的绿色发展评价指标体系的层次结构，并概括出生产生活绿色度、绿色发展协调度、绿色发展持续度、绿水青山保持度四个系统层面的指标，以及绿色生产、绿色能源、绿色生活、再生循环、城乡协调、区域协调、政府支持、社会参与、资源消耗、环境改善、生态保护十项专题层的指标。

第五，提出了促进绿色发展的制度，包括完善绿色发展法律制度，构建绿色发展决策、监督考核与问责制度，建立绿色发展宣传教育制度，完善绿色财税、金融、信用体系，发挥市场体系在促进绿色发展中的作用，建立绿色科技创新激励制度等。

本书是在中国宏观经济研究院2018年度院重点课题基础上修订完成的，课题负责人王仲颖研究员、高虎研究员负责全书统稿与审定，各部分撰写分工如下：总论，王仲颖、韩文科、高虎、高翔、苏铭、田智宇、陶冶、熊小平；专题一，高翔、惠婧璇；专题二，陶冶；专题三，田智宇；专题四，苏铭；专题五，熊小平、王娟；案例一，韩文科、惠婧璇、高虎、苏铭；案例二，王仲颖、韩文科、田智宇。

研究工作自始至终得到了国家发展和改革委员会、中国宏观经济研究院领导、专家的指导与帮助，在此表示衷心的感谢。研究过程中，课题组还专门赴福建、山西开展实地调研，在此对福建省发展改革委、山西省发展改革委及提供帮助的单位和同仁表示衷心感谢！

随着研究的不断深入，我们愈加认识到绿色发展体系研究综合性强、涉及面广、问题复杂、难度很大，限于作者研究水平有限，书中难免有不当和疏漏之处，敬请批评指正。

课题组

2019 年 11 月

目录

Contents

专题篇

案例篇

RESEARCH ON
BUILDING A RESOURCE-SAVING,
ENVIRONMENT-FRIENDLY
GREEN DEVELOPMENT
SYSTEM

总　论

第一章 中国绿色发展的理论沿革

我国自古以来就有保护生态环境的文化传统。中国共产党成立以来，在马克思主义基本原理指导下开展革命和国家建设，继承和发扬了马克思主义关于人与自然关系的思想。在理论探索和实践应用的结合中，马克思主义基本原理与我国传统的生态文化相结合，逐渐形成了习近平生态文明思想。

一、绿色发展理念在我国传统文化中就有渊源

我国古代并没有绿色发展的概念，但是敬畏自然、追求人与自然和谐发展，节约利用资源、反对奢侈浪费的思想得到普遍尊崇，这些都成为当前绿色发展理念的文化渊源。

古人认为，人是自然界的一分子，人的活动应当遵循自然规律，达到天人合一。例如，《荀子·天论》中说“天行有常，不为尧存，不为桀亡”，《管子·牧民》中说“不务天时则财不生，不务地利则仓廪不盈”，《庄子·天运》中说“顺之以天理”，《庄子·天道》中说“天道运而无所积故万物成”，《韩非子·大体》中说“不逆天理”，《论衡·效力》中说“地力盛者，草木畅茂”。党的十九大报告提出的“人与自然是生命共同体，人类必须尊重自然、顺应自然、保护自然”的思路，与这一思想是一脉相承的。

古人还认为，人利用自然提供的资源应当取之以时、取之有度，使自

然与人类都能生生不息永续发展。《吕氏春秋》讲晋文公时，“竭泽而渔，岂不获得？而明年无鱼；焚薮而田，岂不获得？而明年无兽”①，就是在强调渔猎有度，不能对自然无度索取，必须着眼长远可持续发展。《荀子》指出圣明帝王制定的制度应当重视可持续发展：“草木荣华滋硕之时，则斧斤不入山林，不夭其生，不绝其长也。春耕、夏耘、秋收、冬藏，四者不失时，故五谷不绝，而百姓有余食也。”② 这种永续发展的思想也反映在我国古代的实践中。

古人节约利用资源、反对奢侈浪费的传统也成为绿色发展的重要根源。温良恭俭让是儒家崇尚的美德，也是孔子学生对孔子的中肯评价③。孔子十分重视礼，但他明确指出“礼，与其奢也，宁俭”④，“麻冕，礼也；今也纯，俭，吾从众”⑤；而对待治国，孔子提出治国方略的重要一条就是节俭⑥。墨子认为，圣人治理国家都提倡节俭，去除无用的消费⑦，并警示“俭节则昌，淫佚则亡”⑧。老子则警示说，“祸莫大於不知足，咎莫大於欲得。”⑨《周易》也说不知节俭守礼，就会后悔，安于节制守礼的生活，就亨通⑩。在实践中，《史记》记载黄帝“劳勤心力耳目，节用水火材物”，或许是中华民族勤俭节约传统美德的最早传承；帝喾“取地之财而节用之”⑪；周康王时，辅政的召公、毕公反复告诫康王要注意节

---

① 《吕氏春秋·孝行览·义赏》。
② 《荀子·王制》。
③ 《论语·学而》。
④ 《论语·八佾》。
⑤ 《论语·子罕》。
⑥ 《论语·学而》:“道千乘之国,敬事而信,节用而爱人,使民以时。”
⑦ 《墨子·节用(上)》:“去无用之费,圣王之道,天下之大利也。”
⑧ 《墨子·辞过》。
⑨ 《老子》第四十六章。
⑩ 《周易·节卦》:“不节若,则嗟若,无咎;安节,亨。”
⑪ 《史记·五帝本纪》。

俭①；唐太宗吸取隋朝灭亡教训，律己以俭，临逝前写给太子的十二篇《帝范》就有一篇《崇俭》②。

这些都是我国传统文化中的绿色发展要素，对当前建设资源节约、环境友好的绿色发展体系仍在发挥重要影响。

二、马克思主义理论与社会主义绿色发展实践结合和创新

经典马克思主义论著虽然没有直接提及绿色发展，但是马克思、恩格斯、列宁都对人与自然的关系进行了分析。中华人民共和国成立后，我国在国家建设的过程中逐渐重视经济与环境协调的问题，绿色发展日益成为主导思想。

马克思把实现人类同自然的和解以及人类本身的和解确立为正确处理人与自然、社会三者关系的最高价值目标。为了实现这一目标，“社会化的人，联合起来的生产者，将合理地调节他们和自然界之间的物质变换，把它置于他们的共同控制之下，而不让它作为盲目的力量来统治自己；靠消耗最小的力量，在最无愧于和最适合于他们的人类本性的条件下来进行这种物质变换③”。当实现目标时，“共产主义作为完成了的自然主义，等于人道主义，而作为完成了的人道主义，等于自然主义。它是人和自然界之间、人和人之间矛盾的真正解决，是存在和本质、对象化和自我确证、自由和必然、个体和类之间的斗争的真正解决④”。

马克思认为，“人靠自然界生活”，自然不仅给人类提供了生活资料来源，如肥沃的土地、渔产丰富的江河湖海等，而且给人类提供了生产资料来源。自然物构成人类生存的自然条件，人类在同自然的互动中生产、生

① 《史记·周本纪》:“成王既崩,二公率诸侯,以太子钊见於先王庙,申告以文王、武王之所以为王业之不易,务在节俭,毋多欲。”

② 《资治通鉴·唐纪十四》。

③ 马克思．资本论(第3卷)[M].北京:人民出版社,1975.

④ 马克思．马克思1844年经济学——哲学手稿[M].北京:人民出版社,1979.

活、发展，人类善待自然，自然也会馈赠人类，但“如果说人靠科学和创造性天才征服了自然力，那么自然力也对人进行报复”①。对于实现人的自由全面发展这一马克思主义核心思想而言，一方面，绿色发展为人的自由全面发展提供了自然生态基础，“良好生态环境是最普惠的民生福祉”②，是每个人自由全面发展所必须享有的权利；另一方面，绿色发展的理念强调改善自然环境是每个个体为实现自身发展的权利所需要履行的义务和应尽的责任，任何以牺牲自然生态来获得的发展最终都会因为人类责任意识的缺乏而伤及自身，即“破坏着人和土地之间的物质变换，也就是使人以衣食形式消费掉的土地的组成部分不能回到土地，从而破坏土地持久肥力的永恒的自然条件。这样，它同时就破坏城市工人的身体健康和农村工人的精神生活③”，这表明马克思主义追求的人的自由全面发展应当也必须建立在绿色发展的基础上。

中国共产党在马克思主义基本原理指导下建立了中华人民共和国。自中华人民共和国成立后至改革开放，我国实施了苏联式的社会主义工业化路线，强调在经济上迅速赶超资本主义国家，以体现社会主义优越性。当时认为环境污染是资本主义固有顽疾，我国作为公有制国家，依靠全民所有制和社会主义计划的优越性，不存在私人生产者污染环境与社会承担治污成本的矛盾，可以避免资本主义无节制地追逐利润造成的环境破坏。同时，由于对我国地大物博、资源丰富的片面认知，我国在很长一段时间内只注重经济增长，不重视资源利用效率和环境质量。

随着全球环境保护思潮的兴起，我国也开始逐步重视经济发展过程中

---

① 习近平．在纪念马克思诞辰200周年大会上的讲话[EB/OL]．新华网,2018－05－04[2018－07－17]．http://www.xinhuanet.com/2018－05/04/c_1122784792.htm.

② 习近平．在全国生态环境保护大会上的讲话:坚决打好污染防治攻坚战　推动生态文明建设迈上新台阶[EB/OL]．新华社,2018－05－20[2018－07－17]．http://baijiahao.baidu.com/s?id=1600941295287079568&wfr=spider&for=pc.

③ 马克思恩格斯全集(第23卷)[M]．北京:人民出版社,2006.

的环境保护问题。

1982年，党的十二大报告在论述“农业是我国国民经济的基础”时提出，“必须在坚决控制人口增长、坚决保护各种农业资源、保持生态平衡的同时，加强农业基本建设”。这是改革开放以来，党的纲领性文件中第一次提及生态保护的概念。党的十三大报告提出“人口控制、环境保护和生态平衡是关系经济和社会发展全局的重要问题”，“在推进经济建设的同时，要大力保护和合理利用各种自然资源，努力开展对环境污染的综合治理，加强生态环境的保护，把经济效益、社会效益和环境效益很好地结合起来”。这表明，党和国家在20世纪80年代就已经认识到应当协调经济建设、社会建设和生态环境保护。

虽然改革开放使得我国的经济发展模式发生了巨大的转变，但经济增长压倒一切的思想仍旧根深蒂固。过去40年的中国经济发展，虽然上至中央领导、下至普通群众都知道应该避免污染，但基本上走的仍是一条“先发展、后治理”的道路。中央清楚地认识到，“过去由于生产力水平低，为了多产粮食不得不毁林开荒、毁草开荒、填湖造地，现在温饱问题稳定解决了，保护生态环境应该而且必须成为发展的题中应有之义”①。随着生活水平的提高，人民群众对优美生态环境的需求与生态破坏、环境污染的现状之间的社会矛盾日益突出。与此同时，随着我国经济总量的大幅度增长和发展进入增速减缓的阶段，由投资驱动型发展向效率驱动型发展的内生动力越来越显现，我国将逐步迈向环境库兹涅茨曲线的拐点，从工业化社会步入“后工业化”社会，发展质量取代经济增速成为国家追求的首要目标。

党的十七大确立了科学发展观在马克思主义理论中的历史地位，要求“坚持生产发展、生活富裕、生态良好的文明发展道路，建设资源节约型、

① 习近平．保护生态环境应该而且必须成为发展的题中应有之义［A］//习近平谈治国理政（第二卷）［M］．北京：外文出版社，2017：392.

环境友好型社会，实现速度和结构质量效益相统一、经济发展与人口资源环境相协调，使人民在良好生态环境中生产生活，实现经济社会永续发展”。同时拓展了实现全面建设小康社会奋斗目标的新要求，将“建设生态文明”明确作为党和国家奋斗的目标。党的十八大进一步确立坚持以经济建设为中心，以科学发展为主题，全面推进经济建设、政治建设、文化建设、社会建设、生态文明建设，实现以人为本、全面协调可持续的科学发展。首次将生态文明建设作为“五位一体”的有机组成部分，并提出了具体的建设任务。

自 2003 年科学发展观首次被提出以来，学界对其开展了众多研究，其焦点之一就是绿色发展。学者普遍认为绿色经济与绿色发展是科学发展观的重要内涵，进一步认为绿色发展是环境与资源可持续的、人与自然和谐相处的、环境作为内在生产力的一种发展模式。绿色发展具有战略性，既体现在其作为社会系统工程的全局性，又体现在长期指导与近期发力结合的前瞻性，还体现在全人类协调合作的全球性；而对我国来说，绿色发展还具有紧迫性和实践性，传统高污染、高能耗、高排放的粗放式发展模式已经阻碍了当前经济的健康发展，转变经济发展方式迫在眉睫，推行绿色发展刻不容缓，而且要以加速推进绿色生产方式、促进绿色生活方式切实付诸实践。①

三、习近平总书记关于“绿色发展体系”的重要论述是重大理论与实践创新

2015 年《中共中央关于制定国民经济和社会发展第十三个五年规划的

① 王金南，曹东，陈潇君．国家绿色发展战略规划的初步构想[J]. 环境保护，2006(3b)：39 -43;刘思华．科学发展观视域中的绿色发展[J]. 当代经济研究，2011(5):65 -70;李晓西．“绿色化”突出了绿色发展的三个新特征[EB/OL]. 2015 - 05 - 20[2018 - 07 - 17]. http://www.xinhuanet.com/politics/2015 -05/20/c_127820349.htm;朱坦，高帅．关于我国生态文明建设中绿色发展、循环发展、低碳发展的几点认识[J]. 环境保护，2017，45(8):10 -13.

建议》中明确提出，要完善发展理念，必须牢固树立创新、协调、绿色、开放、共享的发展理念。

（一）绿色发展是习近平新时代中国特色社会主义思想的重要内容

党的十九大报告是对习近平新时代中国特色社会主义思想的全面阐释。党的十九大将坚持人与自然和谐共生作为新时代坚持和发展中国特色社会主义的基本方略之一，将建设生态文明作为中华民族永续发展的千年大计，同时也将构筑尊崇自然、绿色发展的生态体系作为坚持推动构建人类命运共同体的重要内容。这表明党的十九大报告在科学发展观强调全面、协调、可持续发展的基础上，明确了建设生态文明、建设美丽中国的总体要求，集中体现了习近平新时代中国特色社会主义思想的生态文明观，明确揭示了人与自然是生命共同体，人类必须尊重自然、顺应自然、保护自然的客观规律，提出了我们要建设的现代化是人与自然和谐共生的现代化的行动纲领，确立了还自然以宁静、和谐、美丽的目标①，可以说形成了系统的绿色发展理论。

（二）“改善生态环境就是发展生产力”是绿色发展的重要理论创新

绿色发展思想的提出，尤其是“保护环境就是保护生产力，改善环境就是发展生产力”② 观点的提出，是人类对如何提高生产力的认识的深化。

按照经典马克思主义立场，生产力是具有劳动能力的人和生产资料相结合而形成的改造自然的能力。这里，环境因素更多的是作为被改造的对象，而绿色发展则是将马克思主义学说中关于自然力对人类社会反作用的思想融入了认识和发展生产力的方法学，更好地反映了唯物辩证法的对立

① 杨伟民．党的十九大报告辅导读本（第一版）[M]．北京：人民出版社，2017：371 - 377.

② 习近平．在十八届中央政治局第六次集体学习时的讲话[EB/OL]．人民网，2013 - 05 - 24；习近平．建设美丽中国，改善生态环境就是发展生产力[EB/OL]．2016 - 12 - 01[2018 - 07 - 17]．http://cpc.people.com.cn/xuexi/n1/2016/1201/c385476 - 28916113.html.

统一规律。

如何保护和改善环境，从而发展生产力，这提出了如何调整生产关系，使之适应生产力发展的命题。无论是我国还是其他社会主义国家，或是西方发达国家，对于经济活动外部性的认识都是一个不断加深的过程，相应的理论体系和政策实践也都是从无到有。其中，将环境效应作为社会成本的一部分考虑，产生了环境污染的负外部性、生态保护的正外部性等如何内部化以反映真实的经济活动的问题；也就是将环境因素的反作用纳入生产力考虑后，如何使生产关系反映和适应生产力的发展的问题，这成为各国日益重视的重大命题。对于西方私有制国家而言，让外部性内部化，可以通过制度安排将经济活动所产生的社会收益或社会成本，转为私人收益或私人成本，从而真实反映经济活动的社会收益或社会成本；对于生产资料完全公有制的原社会主义国家，则需要将环境质量的变化纳入生产资料的范畴，同时将环境效益作为产品分配的重要内容，在公有制下统一考虑；而对于我国，在社会主义初级阶段坚持公有制为主体、多种所有制经济共同发展的基本经济制度和按劳分配为主体、多种分配方式并存的分配制度下，改善环境从而发展生产力，更多地体现在要深化对生产关系的认识，将环境因素纳入生产关系范畴，通过调整完善生产资料所有制改善生产关系，从而适应和发展生产力。

（三）在经济快速增长阶段把绿色发展体系融入国家发展战略是对全球具有重大影响的实践创新

经济社会快速发展对自然和物质资源形成快速消耗，污染物跨界转移、臭氧层破坏、气候变化、海洋环境恶化、毁林和荒漠化等全球性环境问题日益凸显。协调环境保护与经济社会发展成为世界各国都需要探索的战略性问题。

西方发达经济体早于我国开展了绿色发展实践，但其实践都开始于经济稳定增长阶段之后，给当今世界，尤其是发展中国家的绿色发展提供的借鉴意义有限。自 18 世纪 60 年代工业革命在英国发源以来，经历了约 200 年的发展，尤其是在第二次世界大战后的经济重建完成后，英国、德国、日本等西方发达经济体在 20 世纪 50 年代至 70 年代，相继提出了绿色发展、循环发展、低碳发展等理论，并开展了实践。这一方面是因为这些发达国家在这一时期陆续爆发了严重的环境公害事件，使得对生态环境保护的关注被提升到前所未有的地位；另一方面也是因为这些国家在经历了长期的经济增长后，积累了充分的资金和技术，人民的思想状态得到提高，对于美好生态环境的支付意愿提升，从而使得绿色发展成为民意，进而成为一些政党执政的自觉行为。从经济发展与自然环境的关系看，西方国家提出并实施绿色发展战略有两个优势条件：一是西方国家在经济发展的原始积累阶段，除了利用自身资源外，大量借助殖民地资源满足了发展所需，减轻了对自身自然环境的破坏；二是发达国家在经济快速增长阶段面临的环境问题以本地空气污染、水污染、局部毁林等区域性环境问题居多，而气候变化等全球性环境问题出现在发达国家经济进入稳定增长阶段之后，降低了其协调经济社会发展与自然环境保护的难度。客观上讲，西方国家的绿色发展理念和绿色发展政策起到了保护和改善生态环境的作用，然而发达国家的这些好的实践并未上升为西方价值观中的“普世价值”，对政策、执政者的全局性、系统性、道德性影响不强，因此出现了美国特朗普总统当选后声明退出应对气候变化《巴黎协定》的重大绿色政策反复。

我国把绿色发展融入最高发展理念，有利于实现其战略性、纲领性、引领性，发挥其对国家“五位一体”建设具体行动的先导作用。我国提出绿色发展是在科学发展观已经深入人心的基础上，在改革开放三十多年逐步积累了物质文明和精神文明财富的自身有利条件下，在西方国家开展绿色发展探索提供有益借鉴的便利下，面对生态环境和经济社会发展不协调的突出问题而提出的。我国提出绿色发展并不仅仅是要解决环境污染治理的问题，而是要从系统上、根本上保护和改善生态环境，因此必须从转变经济发展方式这个根源出发，通过构建资源节约、环境友好的绿色发展体系，使得我国的经济社会发展与生态环境相协调。

我国在确定实现小康发展目标之前就将绿色发展融入最高发展理念，有助于为全球其他发展中国家探索出一条新的发展道路。我国当前仍在朝向实现小康发展目标的过程之中，人均国内生产总值、国家的科技实力、产业竞争力、文化影响力等方面与美欧日西方发达国家（地区）还有较大差距。按环境库兹涅茨曲线理论，我国还处于爬坡期，在经济结构、居民收入水平、资金、技术、文化等方面还面临许多挑战。与此同时，我国当前面临国内的区域环境问题、全球环境问题的叠加，这也是全球绝大多数发展中国家面临的现状。正因如此，我国在现阶段提出绿色发展是着眼于尽快改变发达国家“先污染、后治理”的旧发展思路，要在环境库兹涅茨曲线中打通绿色发展的隧道，走经济增长与资源大量消耗、生态环境破坏脱钩的新路。我国探索这一道路的实践虽然艰难，但是在国际上将具有重大战略和现实意义。

第二章　中国绿色发展面临的形势和挑战

一、中国绿色发展的阶段判断

（一）中国经济增长仍然主要依赖资源等要素投入

我国自“九五”时期就提出转变经济增长方式，但一直以来，经济增长主要建立在资源等要素投入数量扩张基础上。目前，我国能源等各类资源消耗高居世界首位，许多资源消耗甚至占全球一半左右，并且仍在持续增长。2017 年，我国以全球 19% 的人口，创造了全世界 15% 的 GDP，但是消耗了全球 64% 的铁矿石、50% 的煤炭、57% 的铝、47% 的钢铁、铜和铅锌（见图 1 –1）。经济增长主要依靠外延式扩张，造成资源消耗量大、环境污染严重，经济社会成本代价巨大。

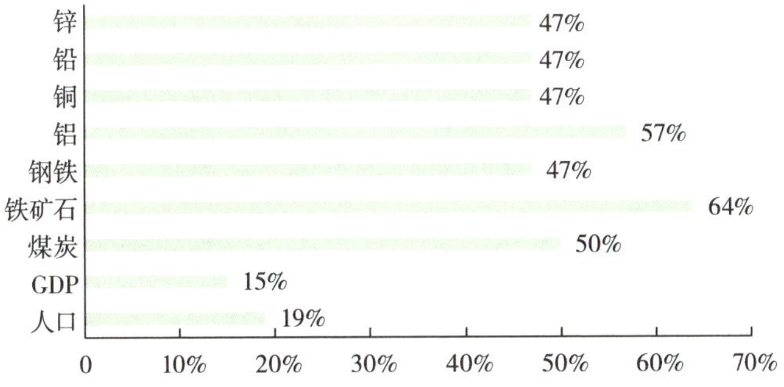

图 1 –1　中国主要大宗商品消费在全世界的占比

我国要素投入规模巨大，但整体利用效率水平不高，创造的附加值比较有限。以能源利用为例，2016年，我国创造单位GDP产出的能源投入是世界平均水平的1.4倍，是发达国家平均水平的2.1倍，是美国的2.0倍、日本的2.4倍、德国的2.7倍、英国的3.9倍，甚至高于许多发展中国家水平。同时，由于发展方式粗放，“大拆大建”等问题突出，全社会浪费现象比较普遍，产生了大量资源无效、低效利用问题，也造成全社会财富积累相对缓慢。

（二）绿色发展的体制机制仍在探索完善过程中

党的十八大以来，我国在世界上首次提出生态文明治国方略，把绿色作为新发展理念的重要内容，但在实践中，还没有形成有效推进绿色发展的制度环境。当前，我国仍处在传统计划经济向社会主义市场经济转轨过程中，在劳动力、土地、资源、能源、环境等要素领域还存在许多价格扭曲现象，垄断和不公平竞争问题突出，企业普遍缺乏绿色转型的自发动力。政府在资源环境等外部性问题治理方面手段单一，一刀切、运动式、命令式做法较多，市场化和法治化措施相对滞后，长效的激励约束机制不够完善。

要实现超过13亿人口的全面绿色发展和现代化目标，人类历史上没有先例可循，还需要结合国情探索制度创新。从国际比较看，发达国家工业化过程中，实际上利用了全球较为宽松的资源供应条件，也在全球化进程中利用国际分工转移了部分资源环境压力。我国作为世界上最大的发展中国家，既面临经济发展与资源环境约束矛盾，还面临气候变化、国际秩序变革等新的挑战。在借鉴发达国家先进理念、经验和做法基础上，还需要从实际问题出发，探索创新适合国情的体制机制。

（三）中国经济发展处在向绿色方向转型初级阶段

近年来，我国在资源节约、环境治理等方面取得了显著成绩，但与发达国家相比，我国仍处在绿色发展转型初级阶段。经济增长付出的资源环境代价过大，发展的整体质量和效益水平不高。主要污染物排放数量有所下降，但生态环境质量全面改善拐点尚未到来。绿色发展关键核心技术长期落后，自主创新能力不强。节能环保、清洁能源、清洁生产等绿色产业普遍处在成长初期阶段，综合服务水平和国际竞争力有待提升。

长期来看，绿色发展是涉及经济社会、资源环境等诸多方面的一项系统工程，不可能一蹴而就。推动绿色发展全面融入经济社会发展体系，不能照搬其他国家的发展经验，也不是仅靠发挥社会主义集中力量办大事的优势就能解决。从我国初级阶段发展国情出发，建立和完善资源节约、环境友好的绿色发展体系，是实现新时代绿色高质量发展的重要制度保障。

二、中国绿色发展的紧迫性和必要性

（一）传统增长动能不足，亟待绿色发展创新

我国传统供给体系已经不适应需求变化新趋势，亟待创新发展内容。加入 WTO 以来，我国迅速发展成为全球制造业第一大国，有200多种工业产品产量居世界第一位。但在全球绿色发展大势下，随着人们的收入水平提高和基本物质消费趋于饱和，优美生态环境、高效资源利用、优质医疗教育等成为需求增长的主要方向。在这种情况下，我国传统粗放低效生产能力不仅将使过剩问题更加严重，还面临形成低效无效产能和资产沉没损失等风险。

我国驱动经济增长要素条件发生明显变化，也需要培育新的增长动力。近年来，我国潜在经济增速已经由10%左右下滑到6%～7%，并且还在持续放缓。在劳动年龄人口已经达到峰值、边际投资效益递减、资源和环境容量要素不断减少的情况下，继续依靠扩大劳动力、资本等要素投入难以为继。今后一段时期，伴随要素禀赋条件出现结构性变化，如何减少劳动力、土地、资源、环境等一般要素投入，增加人才、技术、知识等创新要素投入，成为我国培育、催生新动能的重要方向。

（二）生态环境严重超负荷，已经成为经济增长硬约束

我国主要污染物排放数量过大，远远超过环境容量，已经不存在牺牲生态环境换取经济增长的空间。“十一五”以来，尽管我国二氧化硫、氮氧化物等污染物排放总量持续减少，但雾霾等突出环境问题愈演愈烈，生态环境质量整体改善的拐点仍未到来。与发达国家相比，我国人口和经济活动主要集聚在东中部地区，面临的污染物减排压力更加严峻。虽然传统经济发展理论把生态环境视为经济增长的外在因素，但从近年来部分城市出现的“环境移民”现象、PX 项目“散步”现象可以看出，生态环境已经对劳动力要素流动、先进工业生产力布局等形成直接约束。

此外，我国还面临尽早实现二氧化碳排放峰值、积极应对全球气候变化的新挑战。目前，我国二氧化碳排放总量居世界第一位，超过美国和欧盟排放总量之和，人均二氧化碳排放水平比全球平均水平高。要实现《巴黎协定》提出的2℃温升控制目标，到 21 世纪下半叶全球要实现温室气体零排放。我国已经承诺到 2030 年实现二氧化碳排放峰值并力争提前实现，这对煤炭、石油等化石能源消费形成“天花板”约束，未来还将面临持续减排二氧化碳甚至实现零排放的更大挑战。

（三）推动区域城乡协调发展，绿色跨越转型是唯一出路

我国许多地区的发展建立在资源型经济基础上，亟待实现绿色跨越转型。以山西为例，由于工业经济产值的 80% 以上来自煤炭及相关高耗能行业，在产能过剩情况下遭遇严重困境。2010—2016 年，山西经济增速由 13.9% 下滑到 4.5%，2014 年 GDP 增速在全国排名倒数第一，2015 年排名倒数第二。2015 年，山西省 80% 的城市财政收入出现负增长，其中一半以上的城市财政收入同比降低 15 个百分点以上，降幅最大的朔州市下降了近 41 个百分点。此外，我国沿海部分发达地区也出现高耗能行业占工业比重不降反升现象，工业发展重型化趋势明显，也面临严峻的绿色升级发展

压力。

实现乡村振兴和区域城乡协调发展，绿色发展是重要着力点。当前，我国还有很多农村和偏远地区经济发展水平较低，面临打赢蓝天保卫战的严峻挑战，也面临长期可持续发展的艰巨任务。落实“绿水青山就是金山银山”发展理念，推动资源优势、环境优势切实转化成为发展成果，需要因地制宜地探索绿色发展的具体模式和路径，形成新的绿色发展比较优势。同时，生态环境是最重要的公共产品，也是新消费需求的重要来源，在推动高效能源服务、优美生态环境公平普惠供给基础上，积极培育绿色低碳等新的消费内容，也能为欠发达地区“弯道超车”提供新的发展机遇。

三、新时代中国绿色发展面临的突出问题和主要挑战

（一）绿色发展面临的突出问题

我国的绿色发展还存在较为突出的问题，具体体现在以下三方面：

1. 中国经济增长的资源消耗水平过高

随着我国经济体量不断增加，资源环境制约问题不断涌现。2017 年，我国以全球 19% 的人口，创造了全世界 15% 的 GDP，但是消耗了全球 64% 的铁矿石、57% 的铝，以及 47% 的钢铁、铜和铅锌。以能源为例，2016 年我国能源消费总量为 43.6 亿吨标准煤，世界第一，占全球能源消耗的 22.9%，但消耗了全球 50% 的煤炭，其中工业能耗占国内一次能源消耗的比重接近 70%。根据工信部统计数据，2016 年我国工业大宗资源消耗量达到全世界的 90%，水资源消耗量约占 1/4，石油对外依存度超过 64%，资源保障和能源安全面临极大的挑战。

2. 大气、水、土壤等环境污染严重

在城市经济建设过程中，工业废弃物和污染物排放不断增加、建筑越

来越密集，机动车数量越来越多、交通越来越拥挤，密集区域显著增加的挥发性有机物和氮氧化物，导致大气细微颗粒物和臭氧污染不断加重，环境问题频发。尤其是2013年以来，全国出现大面积的雾霾，空气质量改善已成为人民心底最深切的期盼。OECD发布的《中国环境绩效评估报告》称，我国的大部分水域都存在生态问题，1/3的地表水和7/10的地下水补给、陆地水域以及1/4的沿海水域都面临着严峻的水生态问题；垃圾围城现象严重，因工业和城市垃圾污染，各地都存在着不同程度的黑臭水体。日趋严重的水体污染严重威胁到城市居民的饮水安全以及居民的生产生活和健康状况。由于农业化肥和药物的不合理使用、工业污水的不合理排放、固体废弃物的不合理处理，我国的土壤污染也日益严重，根据2014年发布的《全国土壤污染状况调查公报》，全国土壤污染超标率达16.1%，长三角、珠三角等发达地区部分区域土壤污染问题较为突出，西南、中南地区土壤重金属超标范围较大；镉、汞、砷、铅4种无机污染物含量分布呈现从西北到东南、从东北到西南方向逐渐升高的态势，湖南、江西等地陆续出现了镉大米、镉麦等粮食污染，对我国土地资源可持续利用与农产品生态安全构成严重威胁。总的来看，环境污染进一步加剧了生态环境与经济增长的矛盾，成为全面建成小康社会以及建设美丽中国的阻碍力量。

3. 各种资源浪费问题突出

由于城市规划、拆迁不合理，以及房屋质量问题等，住建部估计我国建筑物平均寿命只有30年左右，远低于英国、美国等国家。建筑大拆大建，每年产生了数亿吨的城市垃圾，也浪费了大量资源和能源。我国每年约消耗掉450亿套一次性餐具，因生产一次性餐具需要砍伐1600万~2500万株树木，平均每天有近100亩的林地遭到砍伐。根据中科院地理科学与资源研究所2013—2015年的调查结果，我国餐饮食物浪费量为每年1700万~1800万吨，相当于3000万~5000万人一年的口粮。这些资源浪费现象仍普遍存在于城市发展和居民日常生活之中，距离绿色发展的目标仍有较大距离。

（二）绿色发展面临的主要挑战

我国在绿色发展方面之所以还存在如此突出的问题，主要是因为目前我国还存在着体制机制、发展模式、发展理念等方面的挑战。

1. 尚没有建立促进绿色发展的长效体制机制

一是对地方政府经济社会发展目标的考核，过于强调 GDP 总量及增速指标，国家虽然也强调节约资源、环境保护、生态治理等，但这些目标在地方政绩考核体系中的位置并不突出；同时，与 GDP 相比，这些指标也不容易测度，使得地方发展出现了“唯 GDP”论，一些资源大省虽然保持着非常高的经济增速，但增长方式过于粗放，付出了沉重的资源环境代价。二是引导绿色发展的价格、投资、税收体系尚未建立。现有的生态环境资源的价格体系不完善，市场监督机制、资源价格机制不健全，不能完全和充分反映生态环境的承载力以及各种能源、资源现有状况及供求关系和环境损害代价成本等相关指标。生态相关税种不全面，“谁污染，谁付费”的原则没有完全落实。排污收费征收标准过低，企业没有实行清洁生产与绿色技术创新的动力，征收阻力大。调动地方资金和社会资金投入的机制还没有形成；发挥市场机制筹措资金的绿色金融制度尚未建立。三是我国各地开展的绿色发展，大多是运动式、周期性的，靠行政措施比较多，市场手段较少，导致绿色发展的治理多呈现短期效果，治标效果突出但难以治本，要形成持久、制度性的绿色发展机制，形成长期治理手段，难度很大，这也是绿色发展面临的巨大挑战。

2. 绿色发展与当前传统发展模式之间存在明显的路径冲突

我国在工业化和城镇化过程中，延续形成了粗放、外延式的发展模式，强调单一产量及劳动生产率的提高，以大量资源、土地、资金以及环境等要素投入实现规模和数量扩张。社会—经济—环境系统内及相互之间各个要素的复杂关系，被简化为各种要素都要优先服务于经济发展、数量扩展这一唯一目标，因而，这些经济行为在依赖大量物质投入、能源消耗的同时，不断突破自然生态边界，常常以无偿的方式或较小的成本侵占公共生态环境，从而达到经济增长的目的，其结果往往是经济发展以牺牲生态环境为代价。如化石能源资源富集地区持续高强度开发，特别是煤炭生产，造成了大面积土地塌陷和水土流失，长江流域的“化工围江”问题突出，磷化工污染已成为沿江居民健康的重大隐患，农业部门大量使用化肥、农药、除草剂等引发的面源污染问题仍然突出，禽畜粪便、秸秆等农业废弃物随意处置现象还很普遍，这些都是与绿色发展模式背道而驰，但仍大行其道的鲜活案例。

由于没有考虑或大大低估了能源、水、土地等资源的生态保护投入及无形资产价值，这些资源的获取成本大大低于实际应该付出水平，反过来，也进一步推动了这些经济行为更加依赖高物质投入、低效率产出的发展模式。能源行业是我国资源集约化利用的一个典型代表。以能源投入为例，我国单位 GDP 能耗是世界能耗强度平均水平的 1.4 倍，是发达国家平均水平的 2.1 倍，能源投入产出水平大大低于发达国家。

3. 还没有真正建立绿色发展的社会理念

虽然十八大以来，党中央首次提出统筹推进“五位一体”总体格局将生态文明建设置于前所未有的高度，但绿色发展并没有真正成为一种自觉意识。

一方面，在许多地方政府、企业的意识中，经济发展与生态环境保护、绿色发展之间仍然是割裂的，甚至是对立的，绿色发展并没有真正成为这些地方的实际发展理念。在经济发展与生态环境保护发生冲突的时候，更多的是生态资源让位于工业化发展的需要，以牺牲环境为代价换取一时经济发展的做法还很普遍。此外，许多地方、企业对绿色增长在传统增长动能接近释放完全后可成为新的供给和新动能的认识也不到位，对绿水青山转化成金山银山的路径方法探索也不深入。从我国当前各地的发展模式看，浙江、广东等地在绿色发展方面走在了全国的前列，已开始将资源节约、环境友好作为发展的前置性条件，并已从这种新的发展模式中获得了新的发展动力，但也有很多省份，特别是中西部资源富集地区，对绿色发展的总体认识是陈旧的、片面的和肤浅的，仍然在沿袭高物质投入、依赖资源开发的传统发展道路，依托煤炭、矿产等优势资源，形成了从高投入、低效率、高污染为特征的路径锁定，绿色发展道路任重道远。

另一方面，公众对于绿色发展和生态环境保护的意识也较为薄弱，虽然人人都接受并认同资源节约、保护环境的发展理念，但对身边的绿色发展关注呈典型的“自我保护型”，绿色发展的参与度并不高，如生活中存在着大量浪费水、电、粮食等非绿色行为，奢侈消费、超前消费、炫耀式消费等仍普遍存在，绝大部分城市都没有实现垃圾分类，个人出行选择公共交通或低碳交通方式的比重也不高，生活中缺少对循环利用的关注和实践。此外，对远离自己生活的环境问题，一般敏感性不强、关注程度较低。总之，公众个人在生活中体现绿色发展的行为大多相对消极和被动，虽然这些行为可以归结于价格机制引导、便捷性不足、基础设施缺乏等多种外部原因，但总体来看，目前我国还没有形成一种真正贯穿于生产、生活中方方面面的绿色发展的文化氛围，要将绿色发展理念根深蒂固植根于全社会并形成一种文化，还有很长的路要走。

第三章　全球绿色发展形势对我国的启示

自 20 世纪 90 年代提出可持续发展概念以来，许多国家开始践行绿色发展理念，并在绿色发展方面走在了世界前列。

一、绿色发展成为当今世界经济秩序重构和全球环境治理的重要途径

为应对高能耗、高污染的“褐色经济”带来的一系列社会、经济与环境问题，绿色发展成为世界经济秩序重构和全球环境治理的重要手段。美国、欧盟、日本等国家（地区）纷纷提出了绿色发展战略，实施“绿色新政”，绿色经济发展迅速，成为国际经济发展的新趋势。

（一）应对“褐色经济”带来的社会、经济与环境问题

工业革命以来，自然资源的加速耗竭和生态环境的极大破坏将人类自身置于“资源—环境”双重压迫的窘境。尤其近年来，这一形势越发严峻，并引发了世界各国对能源安全、环境问题和全球气候变化的高度关注。2008 年，联合国环境规划署在全球环境部长会议上提出了“全球绿色新政”和“发展绿色经济”的倡议，呼吁全球从“褐色经济”向“绿色经济”转变。随后的 2009 年，联合国环境规划署发布了绿色新政的政策简报，希望通过重构关键部门的政策和投资，促进经济的“绿色化”转型。2011 年，联合国环境规划署发布了《绿色经济报告》，阐明绿色经济是全球经济增长的新引擎，将成为实现可持续发展和消除长期贫困的重要

战略。OECD 国家在 2009 年的部长级理事会宣言重点讨论“绿色增长”，期望通过建立绿色经济的环境友好型基础设施来促进可持续增长，同时向可持续的低碳经济转变。全球绿色增长论坛更是为各国政府部门和企业界搭建互动沟通对话平台，为推动绿色能源和绿色经济发展寻找解决方案。

（二）将绿色发展与全球经济增长及转型紧密结合

近年来，世界各国纷纷立足全球视野，及时把握国际环境政策发展趋势，持续推进国家环境政策革新，及早制定可持续、绿色发展的国家与地区环境政策规划，优先确立环境政策领潮者地位和国际竞争优势。联邦德国渐进有序地将“生态现代化”从学术圈研讨确立为执政党的基本国策。荷兰自 1988 年起连续推出本国的《国家环境政策计划》，强调绿色发展的体制创新。生态现代化模式以环境保护与经济增长目标的并重与共赢为核心理念，是欧盟及其核心国家成功探索出来的一种绿色发展理念和战略。欧盟自 1973 年以来连续制定实施 6 个环境行动计划（EAPs），使绿色经济与技术优势成为欧盟在全球气候变化谈判中的政治实力，欧盟及其核心国家也从 20 世纪 90 年代中期起成为全球气候变化应对中的绿色领袖。

（三）积极探索设计良好的政策框架，指引绿色发展方向

美国是最早探索绿色发展的国家之一，打破了传统粗放式的经济发展模式，在保护环境的同时不断创新绿色发展方式，并形成了促进绿色发展的法律体系。自 20 世纪 70 年代以来，美国国会通过了 20 多部涉及水环境、大气污染、废物管理、污染场地清除等有关环境保护的法律，每部法律都对污染者或公共机构应采取的措施提出了严格要求。欧洲许多国家的环境立法完备，已形成以《环境基本法》为基础，基本法、综合法、单行法相结合的、完整的绿色法律体系。如，瑞典制定了一整套资源环境管理法律法规，特别是在 1998 年合并、修改和补充 15 部相关环境保护法的基础上，制定了一部更加现代化和综合化的《环境法典》。丹麦先后颁布了

《能源节约法》《住房节能法案》等相关法律法规，尤其是为发展低碳经济专门制定了《低碳经济法》，对各行业节能减排有明确规定和控制标准，使其成为低碳经济的全球典范。另外，欧洲国家也非常注重绿色执法和绿色司法。丹麦建立了自然诉讼委员会、环境诉讼委员会、能源申诉委员会等独立部门的诉讼委员会；瑞典建立了由地区环境法庭、高等环境法庭和最高法院组成的环境法庭体系。

（四）设置绿色发展机构，协调经济和环境等多重领域的工作任务

为推动绿色发展，各国在机构设置方面也进行了大胆尝试。美国政府在《可持续力绩效战略规划》实施过程中，通过设置独立协调机构和专门官员均衡各方力量，保证可持续力战略目标的实现。欧洲各国纷纷建立并不断完善绿色机制，同时成立相关机构行使指导、推进、监管等职责。1967 年瑞典成立的环境保护局，是世界上第一个环保机构。1972 年，挪威成立了环境部，后续设立国家污染控制局、自然资源管理局等环保机构。1976 年，丹麦能源署正式设立，成为推进绿色发展的重要机构和领导核心，与丹麦环境部共同解决相关环境问题。

（五）创新财税政策支持绿色发展

为支持绿色发展有效推进，许多国家都制定了相关的财税政策。英国用家庭补偿金来鼓励民众主动改造房屋中的落后耗能设备，安装清洁能源设备，倡导绿色消费，鼓励人们购买绿色环保产品。德国有体系健全完备、成效显著的绿色信贷政策，并鼓励私人在环保方面进行投资，通过筹集公众和私人资金来建立环保和创新基金，以补充国家的资金投入。瑞典政府对民众征收二氧化碳税，使用生物能源可不缴纳二氧化碳税等。丹麦政府出台了名目繁多的绿色税，包括普通能源税、污染排放税、垃圾税及自来水税等。美国不仅在税收方面对企业购买使用符合标准的环保设备予以减免税优惠，同时还积极推进绿色采购，要求政府机关必须优先采购绿

色产品、使用再生物品。

（六）将绿色金融作为推动绿色发展的重要工具

美国作为发达经济体，在绿色金融领域起步较早。美国将绿色环保责任写入相关环境法律，并制定相应的绿色金融法规，保证绿色金融有法可依，运用法律制度的强制力促进绿色金融发展。在完善的环境法律体系之下，联邦政府及各州政府制定了多部促进绿色金融发展的法律、法规，明确了对金融机构、产业部门、市场中介和个人等主体的相应规范，为优化配置绿色金融资金奠定了良好基础。欧洲在绿色金融政策、体制建设和产品创新等方面对绿色金融给予了积极支持，以推动经济转型，培育新经济的增长点。以绿色债券为例，国际资本市场协会（ICMA）联合 130 多家金融机构共同发布《绿色债券原则》，指出绿色债券是“将所得资金专门用于环境保护、可持续发展或减缓和适应气候变化等绿色项目融资或再融资的债券工具”。虽然《绿色债券原则》是不具有强制效力的自愿性规则，但欧洲政府仍然积极推动行业协会等非官方机构制定此类规则。这些规则作为绿色金融市场基础设施的重要组成部分，是培育绿色金融市场的重要基石。我国需尽快完善国内绿色金融政策和规则，并积极参与国际绿色金融市场和国际规则制定，争取全球绿色金融领先地位。

（七）重视绿色技术创新与推广

美国在能源和环境领域加大了科研投入与总体部署，不断扩大替代能源的使用范围，减少化石能源消耗和碳化物的排放。同时美国政府还对大学、实验室等研究机构给予资金支持，为绿色发展提供技术支撑。英国政府通过支持研发新的绿色技术来推动绿色制造业的发展。为了确保英国在碳捕获、清洁煤等新技术领域始终处于优势地位，英国政府从政策和资金方面向低碳产业倾斜，并不断降低新生产汽车的二氧化碳排放标准，要求在 2007 年的基础上平均降低 40%。欧洲国家创新指数一直居于世界前列，且许多绿色技术居世界领先水平，为欧洲国家的绿色发展提供了有力的技术支持。瑞典环境技术处于全球先进水平，不仅服务于本国的环境保护，而且通过环境技术的出口有力地推动了其他国家的绿色发展。丹麦的能源技术处在世界前沿，为新能源产业发展提供了技术支撑，同时能源技术出口量逐年上升，使能源产业成为丹麦的主要经济增长点。

（八）通过国际环境协议的形式推动绿色转型

《关于消耗臭氧层物质的蒙特利尔议定书》作为最为成功的多边环境协议之一，促进了淘汰臭氧层消耗物质工业的发展；《联合国气候变化框架公约》是对推进绿色发展最具影响力的多边环境协议，该公约要求发达国家作为温室气体的排放大户，采取具体措施限制温室气体的排放，发展中国家需制订并执行含有关于温室气体源与汇方面措施的方案。而在《联合国气候变化框架公约》下的《京都议定书》针对发达国家首次规定了具有法律约束力的减少温室气体排放的具体目标和时间表，这在应对全球气候变化、绿色转型中是一个突破，代表着经济和环境政策全球化倾向的一个高峰，并界定了21世纪全球努力解决气候变化的基本结构要素，已经促进了许多绿色行业的增长，而后京都碳框架的续签将是决定未来全球绿色发展速度和规模的最重要因素。

二、国际绿色发展的显著特征

（一）绿色发展在观念上已经达成共识

绿色发展成为世界经济秩序重构和全球环境治理的重要手段，各国在技术开发、国际贸易、国内国际投资等领域都在瞄准未来绿色发展方向，实施绿色转型战略。2009年经合组织（OECD）部长级理事会上，30个成员国连同智利、爱沙尼亚、以色列和斯洛文尼亚等34个国家联合发布了《绿色增长宣言》，倡导绿色增长。2013年世界银行与中国国务院发展研究中心共同推出的《2030年的中国：建设现代、和谐、有创造力的社会》的报告也明确指出，绿色发展是一种新模式，能带来经济、社会、环境以及政府角色的全面转型。在这种全球绿色转型的大背景下，2015年巴黎气候大会《巴黎协定》的达成无疑为这种已经开始了的全球趋势注入了更加强劲的推动力量，预示着全球化石燃料时代将会走向终结。2016年，G20峰会更将“绿色金融”纳入议题，而在2017年达沃斯论坛上，各国重点讨论了绿色发展路线图。绿色发展在观念上已经达成共识，成为全球性潮流。

（二）发达国家和新兴市场国家逐步向绿色发展转型

许多国家和地区都加大了绿色经济发展的力度，绿色、低碳经济成为推动经济社会发展的新引擎。发达国家纷纷出台促进绿色发展战略，拉动经济增长。2008年全球金融危机爆发后，美国、欧盟、日本等发达国家（地区）陆续出台经济刺激计划，力图通过科技、产业创新推动向绿色经济转型。美国积极调整环境和能源政策，明确提出“绿色新政”，通过大力发展清洁能源，在新兴产业的全球竞争中抢占制高点。欧盟更是于2010年提出在可持续增长的框架下发展低碳经济和资源效率欧洲的路线图。2012年，日本推出“绿色发展战略”总体规划，计划将大型蓄电池、新型环保汽车以及海洋风力发电发展为日本绿色增长战略的三大支柱产业。绿色发展成为新兴市场国家转型升级的必由之路。在世界经济复苏乏力的背景下，新兴市场国家普遍意识到，只有通过绿色发展实现增长方式转型，才能避免在下一轮国际经济竞争中陷入被动。巴西重点发展生物能源和新能源汽车，成为发展中国家推动绿色经济转型的典型。印度政府颁布“气候变化国家行动计划”，把应对气候变化需要与经济发展目标相结合，将促进可再生能源使用与全国农村就业保障法案、节能灯推广计划等社会发展规划结合起来，带来了良好的社会效益。

（三）全球绿色发展机制正在形成

在逐步放缓的经济现实和日益严峻的资源环境危机面前，全球主要合作机构和组织纷纷通过体制机制创新来适应绿色发展，大力推动“绿色新政”以实现绿色转型。2009 年，联合国环境署发布《全球绿色新政政策概要》，全面启动“全球绿色新政及绿色经济计划”。2014 年，APEC 发表了《APEC 绿色发展高层圆桌会宣言》，全面推进亚太地区绿色发展、加强绿色供应链领域合作。2015 年，《巴黎协定》的达成标志着全球气候治理机制步入了一个新的历史阶段，将会采取更加严厉的政策措施限制或减少化石能源的使用。同时，G20 峰会也在全球经济治理体系中不断纳入绿色发展理念，提出规范并逐步取消低效的、鼓励浪费的化石燃料补贴，并从金融方面推动绿色发展。

（四）绿色金融推动全球绿色发展

绿色金融对推动全球绿色发展发挥了重大作用，引导资金流向环境友好型企业，能够从企业、产业及产业链整合三个维度推动产业升级，有效克服市场失灵。全球绿色金融市场规模扩张迅速，产品不断丰富，绿色贷款、绿色基金和绿色债券等创新型金融产品不断涌现，全球金融和生态环境保护融合的广度和深度不断增加，绿色金融已经成为推动绿色发展的重要工具。从绿色投资来看，根据联合国环境署《2018 年全球可再生能源投资趋势报告》，截至 2017 年，全球可再生能源年投资额已连续 8 年超过 2000 亿美元，极大地推动了绿色技术创新、产业快速提升。从政策性资金支持来看，为应对气候变化，世界银行于 2013 年不再为燃煤发电项目提供贷款，并逐步向支持绿色发展方向转移。2010 年，世界银行（WB）和国际货币基金组织（IMF）提出积极推进以彻底的零排放和零浪费为目标的绿色基金计划，加快了全球绿色转型的进程。

（五）全球绿色发展水平不均衡

从全球发展情况来看，绿色发展水平非常不均衡，西半球绿色发展水平高于东半球，而且亚洲地区绿色发展效率要显著低于其他地区。具体从国家层面看，为抢占未来全球经济发展的制高点，美国、日本以及西欧国家等世界发达国家在全球绿色发展道路上走在了前列。而发展中国家如印度、巴西、泰国、印度尼西亚等国家的绿色发展水平较为落后。特别是非洲等国家，由于受到气候变化、资源短缺和环境恶化的影响，自身不具备绿色发展能力，这种绿色发展的不均衡在加剧。

三、国际绿色发展经验对中国的启示

改革开放四十多年来，我国经济发展取得了巨大成就，但也付出了沉重的资源环境代价。环境承载能力已经接近上限，走绿色发展之路不仅是经济发展问题，也已成为社会问题和政治问题。发达国家的绿色发展已经取得不错的成绩，我们要将我国的实际发展情况与借鉴国外绿色发展先进经验相结合，探索出适合我国的绿色发展道路。

（一）建立健全绿色发展法律体系

各国经验表明，完善的法律体系为绿色发展提供了法律保障。绿色发展涉及经济社会各个方面，因此，我国的绿色发展顺利进行需要完备的法律体系。一方面，需确保已有法律能够有效实施，做到严格执法，有法必依，违法必究，有效衔接行政执法与司法制度。另一方面，需不断完善法律法规体系，根据绿色发展需要，修订和补充相关法律法规，既要增强法律的可操作性又要提高违法的处罚力度。同时需加大绿色发展监管力度，开展绿色法律培训以提高执法水平。

（二）统筹绿色发展协调机制

从国际经验来看，健全的机制能够有效推动绿色发展，我国需进一步完善绿色发展工作协调机制。需统筹中央与地方的关系，明确中央和地方政府在绿色发展中的分工定位；需统筹协调政府部门之间的关系，细化部门职责，形成相关部门齐抓共管的工作机制。

（三）充分利用促进绿色发展的政策工具

从当前的国际做法来看，主要通过征收环境税、税收优惠、绿色债券、绿色信贷等手段引导绿色产业发展，通过理顺激励机制，引导市场向绿色转型。因此，市场机制是推动绿色发展的内在动力。我国一方面需通过相关规制推动绿色发展，增加违法成本；另一方面需设计有效的激励机制，通过税收、价格、财政补贴、绿色信贷、排放交易等经济政策工具，实现外部成本和效益内部化，使市场机制发挥正向激励作用，引导市场主体绿色生产和消费，调动全社会向绿色转型的积极性。

（四）统筹规划与重点发展

绿色发展需结合我国国情，统筹规划，协调管理，重点推进绿色发展。绿色发展涉及的范围广泛，发达国家的绿色发展之路都是自上而下，通过顶层设计，多方相互协调，全面统筹规划，与重点协同发展。各个国家由于制度、经济体制、发展水平的差异，在推进绿色发展的具体战略措施和行动方案等方面存在差异，各国都根据其自身特点确定发展的重点和方向。日本以循环经济为主，丹麦以新能源产业为方向，瑞典以开发环境技术为核心。我国能源消费以煤炭为主，因此在积极推动可再生能源应用的同时，需加强对火电、钢铁、水泥等重点行业的治理。

（五）重视绿色技术创新与推广

绿色创新是国家经济转型和国家竞争优势的核心动力，科技是第一生产力，科技创新是绿色转型的关键因素。因此，我国需树立使用绿色技术的新观念，提高政府、企业、公民重视绿色科技的意识，在全社会营造良好的绿色科技创新氛围。进一步加快绿色科技体制改革创新步伐，建立以政府、企业、高校、研究机构为主体的官产学研协调发展的绿色科技创新体系。明确绿色科技创新重点领域，加强资源、环境、生态等方面的科技创新，围绕绿色生产、绿色消费等环节开展科技创新。需创设与绿色发展相关的专业和学科，包括设立资源、环境、生态等自然科学和绿色经济学、绿色消费学、绿色社会学等人文社会科学，进而为培养大量绿色科技创新型人才打下坚实基础。

第四章　中国绿色发展的内涵和主要特征

一、绿色发展的内涵与特征

绿色发展的目的是要改变传统的“大量生产、大量消耗、大量排放”的生产模式和消费模式，使资源、生产、消费、环境承载力等要素相匹配相适应，实现经济社会发展和生态环境保护协调统一，人与自然和谐相处①，即需要同时实现资源节约与环境友好。实现绿色发展的核心是减少人类活动对自然界的扰动，使经济社会发展对自然环境的必需扰动降到最低，确保自然环境拥有持续的恢复力。在生态学中，“扰动”（Disturbance）是指由于环境条件暂时性的改变，引起的生态系统明显变化。如果环境条件的暂时性改变得到终止、回复，则在自我修复能力下，生态系统已经发生的变化有可能得到复原；如果环境条件的暂时性改变发展为永久性改变，这一扰动就发展为永久性的生态破坏。从人类社会经济活动与自然生态环境的关系看，扰动即是指由于人类社会经济活动对自然资源和环境空间需求规模和速率的暂时性增大，引起的自然生态环境显著变化。如果这一扰动的规模和速率回复原有正常水平或者更低，则自然生态环境有可能恢复原有良好状态，如过度毁林开垦造成的生态系统退化，可以通过

① 习近平．在全国生态环境保护大会上的讲话：坚决打好污染防治攻坚战　推动生态文明建设迈上新台阶［EB/OL］．新华社，2018－05－20［2018－07－17］．http://baijiahao.baidu.com/s?id=1600941295287079568&wfr=spider&for=pc.

退耕还林还草恢复；如果扰动已经无法撤回，则自然生态环境也就无法再恢复，如人类为了提高社会经济发展效率组建了城市，其土地上原有的自然生态系统就不再可能恢复。人类活动对自然界的扰动包括两部分，一方面，资源节约要求在一切生产和生活中尽量减少对物质资源的利用，减少对自然界的一次扰动，即减少对自然生态环境原有风貌的影响；另一方面，环境友好要求尽量减少废弃物的过程性和终端排放，控制对于自然界的二次扰动，即减少社会经济系统把从自然界获得的资源加工转化后的副产品排放到自然界，再一次影响自然生态环境的风貌。这表明，绿色发展是与过去粗放式发展相对立的精细化发展模式，它是以人与自然和谐共生的理念为指导，物质资源消耗少、资源利用效率高、环境负面影响小，依靠理念和技术创新，在生态环境承载力下最大、优质满足人的合理需求的发展模式。

（一）绿色发展要以人与自然和谐共生的理念为指导

习近平总书记指出，自然是生命之母，人与自然是生命共同体，人类必须敬畏自然、尊重自然、顺应自然、保护自然①。坚持人与自然和谐共生，包括三个方面的重要内容：一是各区域之间的发展要和谐。从全球尺度来看，我们只有一个地球，各国共处一个世界，因此各国在追求本国利益时应兼顾他国合理关切，坚持“人类命运共同体”的意识。从国家尺度来看，不同地域单元的主导生态功能不同，应因地制宜地制定不同区域的发展规划，维护各区域生态平衡与经济发展。二是生产建设要与生态保护和谐。需要根据各区域的生态承载力确定各区域的生产建设规划，不能为了创造财富，就片面地开发土地。国家不同区域的功能不同，要有上海的创业中心、广东的世界工厂，也要有安吉的绿水青山。三是人与自然和谐

① 习近平．在纪念马克思诞辰200周年大会上的讲话[EB/OL]．新华网，2018-05-04．[2018-07-17]．http://www.xinhuanet.com/2018-05/04/c_1122784792.htm.

共生的理念要融入经济发展当中。我们要坚持人与自然和谐共生，牢固树立和切实践行绿水青山就是金山银山的理念，动员全社会力量推进生态文明建设，共建美丽中国。

（二）绿色发展是物质消耗减量化的发展

绿色发展的核心是减少人类社会发展对自然界的净扰动，这就要求对人类活动消耗的物质资源做到精细化管理。在减少物质资源消耗的同时，尽可能满足社会发展需求，要求社会生产和消费符合“3R 原则”，即减量化（Reduce）、再利用（Reuse）和循环化（Recycle）。绿色发展中的 3R 原则的范围包括了整个经济和社会发展领域，在一切生产和生活中应当尽量减少对物质资源的利用，减少对自然界的一次扰动，同时尽量减少废弃物的过程性和终端排放，控制对自然界的二次扰动，从而最大程度地降低自然界状态恢复的不确定性，使人类社会发展与自然的需求相协调。

（三）绿色发展是高效率的发展

绿色发展既然要减少物质消耗，又要最大、优质满足人的合理需求，就必须是高效率的发展，要做到对物质资源的精细化利用。高效率既体现在物质利用的高效率，也体现在满足人的需求的高效率。物质利用的高效率主要是通过各种科技手段，使一定量的物质得到最大化利用，使生产所需的物质的量得到最大化的削减。高效率满足人的需求主要是通过各种科技、管理手段，使人的需求在尽量少的社会物质资源总消耗的状态下得到满足，例如共享经济。

（四）绿色发展是低排放的发展

绿色发展除了对物质资源消耗的减量化外，还应当尽量减少废弃物排放对环境的负面影响，做到对生产生活废弃物的精细化排放控制。由于不同地理单元的环境容量不同，在对生产和生活布局时，就应当结合地理、气候等特征，考虑最终废弃物产生情况进行规划，对于穷尽经济可负担的技术手段后剩余的废弃物，应结合气象、水文等条件，有组织地排放。随着科技进步，污染末端治理的能力将不断提高，经济成本降低，人类社会将逐渐趋近无废社会。

（五）绿色发展要依靠理念和技术创新实现

如上所述，无论是物质消耗减量化，还是物质消耗和利用的高效率，或是末端污染治理的低排放，技术创新在其中都起着重要作用，尤其是在整个物质资源利用的末端，当废弃物排放不可避免时，技术手段起着为绿色发展兜底的作用。

绿色发展更重要的是要依靠理念创新来实现。绿色发展本身就是一种理念，人与自然和谐共生也是理念，精细化发展也是理念。绿色发展是总体要求，人与自然和谐共生是行动的前提，精细化发展是对行动的具体指导。在这些理念下，如何更好地组织社会生产和生活，如何更好地利用技术手段来满足绿色发展需求，如何根据绿色发展要求提出新的技术发展思路，这些就需要具体行动理念的创新。

（六）绿色发展要在生态环境承载力允许范围内优质满足人的合理需求

绿色发展并不是为了保护生态环境就停止一切可能影响生态系统、排放污染物的生产和生活活动，绿色发展要维护生态环境，不断使生态资本增值，但也要满足人的合理需求，要在生态环境承载力允许的范围内，实现“每个人的自由发展”和“一切人的自由发展”，是一种每个人的需求、一切人的需求与自然的需求相和谐的发展。党的十九大报告指出，我国社会主要矛盾已经转化为人民日益增长的美好生活需要和不平衡不充分的发展之间的矛盾。其中，对优美生态环境的需求固然要通过实践绿色发展理念来实现，而对物质、精神文化的需求，也应当以绿色发展的理念进行引导，形成适度消费、不过分依赖物质消费的社会需求，并以绿色发展理念引导社会生产来满足人的这些合理需求。不尊重自然、突破生态环境阈值的需求，就是不合理的需求，不属于绿色发展要满足的对象。

二、绿色发展体系在现代化经济体系中的定位及作用

党的十九大报告指出“我国经济已由高速增长阶段转向高质量发展阶段，正处在转变发展方式、优化经济结构、转换增长动力的攻关期，建设现代化经济体系是跨越关口的迫切要求和我国发展的战略目标”。现代化经济体系是由社会经济活动各个环节、各个层面、各个领域的相互关系和内在联系构成的一个有机整体，而“绿色发展是构建高质量现代化经济体系的必然要求”①，也就是说，五大发展理念中的绿色发展理念与其他理念一起，统领、贯穿并融入现代化经济体系的各个组成部分中。现代化经济体系中的绿色发展体系与其他五个体系并行，具有独立性和针对性，专门用于解决发展过程中的资源节约和环境友好相关问题，如图 1 – 2 所示；但同时，绿色发展体系又与其他体系相互交织、相互影响，共同构成现代化经济体系。

建设创新引领、协同发展的产业体系，必须实现产业发展的绿色化。绿色发展是产业发展的重要组成部分，同时产业发展也要体现绿色发展的要求。一方面，人民群众对生态环境质量日益提高的要求，使得节能环保产业、清洁生产产业、清洁能源产业在产业发展中的地位逐渐凸显。另一方面，在绿色发展理念下建设创新引领、协同发展的产业体系，应当以物质资源消耗的减量化、资源利用的高效率为准绳，以基于生态环境容量制定的环境标准作为导向和约束条件，通过对传统产业进行改造，使之绿色化，同时发展新的节能环保产业、清洁生产产业、清洁能源产业以及发达

① 习近平．在全国生态环境保护大会上的讲话：坚决打好污染防治攻坚战　推动生态文明建设迈上新台阶[EB/OL]．新华社，2018 – 05 – 20[2018 – 07 – 17]．http://baijiahao.baidu.com/s?id=1600941295287079568&wfr=spider&for=pc.

的制造业，尤其是高级装备制造业以及门类齐全、迅速发展的现代服务业，实现产业结构以及产业本身的绿色化。产业体系绿色化重在实体经济绿色化，要以资源节约、环境友好的理念和技术创新为保障，金融等虚拟经济要为实体经济绿色化提供支持，实现绿色产业技术进步在发展中的贡献份额不断得到提高、绿色产业国际竞争力不断得到增强，从而为现代化经济体系打下物质基础，高质量地满足人民群众日益增长的合理消费需求。同时，产业体系的空间布局也需要绿色化，即打造国土资源利用效率较高、要素密集程度较大、生态容量适度的生产力布局结构。

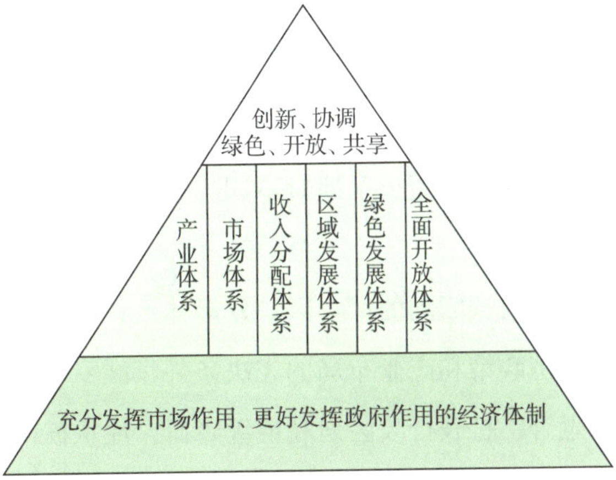

图1-2　现代化经济体系各部分的内在联系

建设统一开放、竞争有序的市场体系，必须有利于绿色产品提高竞争力。新时代中国特色社会主义市场体系的主要特征是要让市场在资源配置中起决定性作用，同时更好地发挥政府的作用。市场和政府的“两只手”都要起作用，这是我国发展的优势所在。一方面，必须将环境要素纳入成本，采用市场手段进行调控，市场准入要根据绿色发展要求，按照环境标准设置绿色门槛；要加大对国外绿色技术、绿色产品、绿色投融资的市场开放力度；要对绿色技术、绿色产品进行标识，便利消费者自主选择。另一方面，应建立更有效率的政府服务体系以及更加安全有效的宏观调控与政策协调机制，从调整生产关系与生产力关系的角度出发，将生态环境作为生产力的重要组成部分，调整现行生产资料所有制、人们在生产中的地位和相互关系、产品分配形式等不符合生产力发展的内容。

建设体现效率、促进公平的收入分配体系，必须确保人民公平享有生态环境产品和服务。生态环境产品和服务是个人的货币化收入买不来的，国家一方面应当确保生态环境质量的普遍提高，另一方面也应当通过再分配体系调节区域收入差异，尤其是对生态环境涵养地区、资源输出地区、受环境污染影响较大的地区民众进行必要支持，提高其保护和改善生态环境的能力及意愿，最终实现生态产品和服务的公平享有。为实现相对科学、合理、可量化的分配，国家应指导地方尽快完成自然资源资产负债表编制，摸清自然资源“家底”，细致管控生态环境质量，应用自然资源资产负债表，可以更有效率、更公平地对不同生态价值地区的民众进行生态补偿和转移支付。

建设彰显优势、协调联动的城乡区域发展体系，必须将环境容量和环境质量作为重大经济政策和产业布局的先决条件。城乡区域发展必须从二元割裂走向一体融合，打破行政区划和层级障碍，注重横向衔接和有机联系，实现主体功能区划、生态红线、城乡规划、土地规划等“多规合一”，科学合理布局和整治城乡生产、生活、生态空间，构筑生态边界与秩序，一方面使生态红线得到保障，另一方面在地区、城乡之间进行必要的社会资源均等化、产业布局优化，落实城乡生态协调、京津冀区域协调、长江经济带协调等战略，带动人口疏解，缓解环境容量压力。

建设资源节约、环境友好的绿色发展体系，必须以最小的生态环境扰动实现人民美好生活需求。绿色发展体系需要建立健全相关体制机制，保证在一切生产和生活中，通过物质消耗减量化、高效率、低排放以及理念和技术创新，以对自然界的最小扰动实现人民美好生活需求，使人类社会发展与自然的需求相协调。

建设多元平衡、安全高效的全面开放体系，必须在构建人类命运共同体和全球环境治理大背景下确保我国和世界的绿色发展。我国应当在国际规则和条件允许的情况下，推动国与国、地区与地区之间的协调联动发展，推动在各国平等发展、贡献生态环境产品和服务的前提下的物质资源全球有效配置。从我国的角度来看，可考虑利用我国日益增加的进口，鼓励全球其他国家利用本国优势资源，采用资源节约、环境友好的工艺，生产最有利于全球优化配置资源的产品；同时也需要考虑我国的出口产品是否符合资源节约、环境友好的要求，在我国资源紧张、环境问题突出的国情下，严格控制“两高一资”产品的出口，减少这些出口对我国自身的资源、环境影响，也贡献于全球的资源有效配置和环境整体改善。

三、构建资源节约、环境友好绿色发展体系主要内容

绿色发展是反对“大量生产、大量消耗、大量排放”的精细化发展模式，既需要将其贯穿于经济、政治、文化、社会、生态文明五位一体建设中，贯穿于现代化经济体系的一体建设、一体推进中，也要根据自身发展规律，构建起以精细化发展为主要特征的绿色发展体系，才能确保绿色发展有思路、有方案、有抓手、能实现。构建绿色发展体系，需要以绿色发展目标责任制度为导向，以绿色发展制度为保障，以绿色供给模式和绿色消费模式为两大基本支柱，以现代化绿色清洁低碳能源系统、资源再生循环利用系统和区域城乡绿色协调发展机制为三大关键支撑，形成生产生活循环链接，资源、生产、消费相匹配相适应的有机整体，如图 1－3 所示。

（一）建立绿色发展目标责任制度

绿色发展的价值观需要通过实践来落实。为了指导实践，尤其是对于相对新生事物的系统性的实践，构建目标责任体系是行之有效的方法。绿色发展的目标体系是要设立绿色发展需要达到的目标，形成对发展的目标导向。目标体系中应该包括物质资源消耗总量指标、物质资源利用效率指

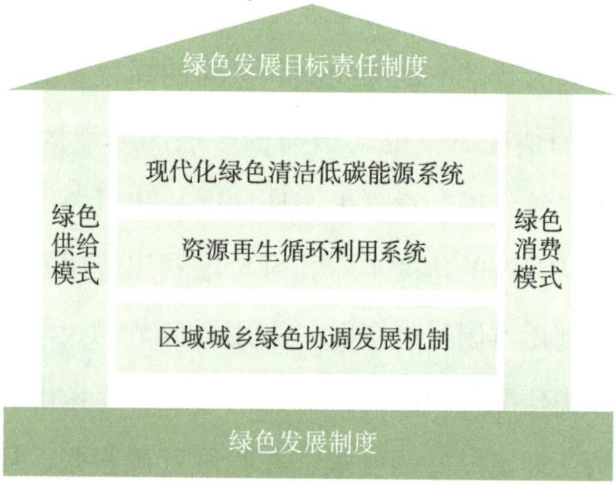

图1-3　资源节约、环境友好的绿色发展体系构成

标、生态环境质量指标以及发展水平指标等。绿色发展的责任体系是要设立促进绿色发展所需的过程性和手段性目标，督促形成绿色发展的实践路径。责任体系中应该包括绿色产业指标、绿色生活和消费指标、绿色能源指标以及区域协调发展指标等。在不同的经济社会发展阶段，针对不同的指标应当设置可尽力而为、量力而行的具体目标，以确保绿色发展整体逐步推进。

（二）构建绿色供给模式

构建绿色供给模式的基本思想是通过深化供给侧结构性改革，减少无效、低端、不绿色的供给，扩大有效、中高端和绿色的供给，增加供给结构对绿色消费需求变化的适应性和灵活性。构建绿色供给模式既包括广义的传统产业绿色化改造，即发展高效农业、先进制造业和现代服务业，也包括狭义的针对资源节约、生态环境保护，助力传统产业绿色化改造和生活绿色化的节能环保产业、清洁生产产业和清洁能源产业发展。

传统产业绿色化改造的重点是传统制造业的绿色改革，其本质是激活传统产业的绿色产品需求，实现清洁高效生产，包括采用清洁生产技术，采用无害或低害的新工艺、新技术，降低原材料和能源消耗，实现少投入、高产出、低污染，尽可能把污染物消除在生产过程之中。同时，从整个制造业系统看，需要调整产品结构、管理结构、装备结构，强化优质产品制造功能、能源高效转换功能、废弃物处理—消纳及再资源化功能。

共享经济产业是现代服务业的一个新兴表现形式，其本质是整合闲置的各种资源，通过信息技术使其便利地得到高效利用，满足人的精细化消费需求。该产业在满足人的需求的同时减少物质资源消耗、提高资源利用效率、减少废弃物排放的思想，是符合绿色发展需求的，因此应当纳入绿色发展产业体系。

现阶段大力发展绿色节能环保产业，应当扩大绿色环保标准覆盖面，支持推广节能环保先进技术装备，广泛开展合同能源管理和环境污染第三方治理，加大建筑节能改造力度，加快传统制造业绿色改造，开展全民节能、节水行动，推进垃圾分类处理，健全再生资源回收利用网络①。

（三）构建绿色消费模式

构建绿色消费模式的基本思想是提高消费层次，增加绿色消费比重，把追求物品拥有提升到追求服务满足，把功能消费和分享经济作为提高生活质量的目标，增强绿色生产与绿色消费的互动，使供给侧结构性改革成果能够满足按需生产的要求。构建现代绿色消费体系的主要内容包括：①强化宣传教育，营造绿色消费良好社会氛围，提高全社会的绿色消费意识；②扩大绿色产品、技术和服务的有效供给，积极实施创新驱动，鼓励企业加大绿色产品研发、设计和制造投入；③规范产品市场，加快建立产品质量追溯制度，创新和强化事中事后监管，严厉打击虚假标识等违法行为，营造公平竞争的绿色产品市场环境；④完善推广机制，建立并推行绿色产品市场占有率统计报表制度，完善绿色产品标准体系，加大财税激励，加强绿色债券、基金、信贷等金融扶持；⑤公共机构率先垂范，党政

① 李晓西，王佳宁．绿色产业：怎样发展，如何界定政府角色[J]．改革，2018(2)：5－19.

机关、学校、医院等公共机构要率先垂范，优先采购和使用绿色产品，创建节约型机关、绿色学校、绿色医院等①。

（四）构建现代化绿色清洁低碳能源系统

构建现代化绿色清洁低碳能源系统要以保障安全为出发点。立足国内，推动能源供应多元化，着力优化能源结构，加快形成煤、油、气、核、新能源和可再生能源多轮驱动、协调发展的能源供应体系。坚持互利共赢开放战略，全面提升能源国际合作质量和水平，积极参与全球能源治理，构建广泛利益共同体，实现开放条件下的能源安全。

以节约优先为方针。坚持“开源”“节流”并重，坚决控制能源消费总量，彻底改变粗放型能源消费方式，科学管控劣质低效用能。提高能源利用效率，推动产业结构和能源消费结构双优化，推进能源梯级利用、循环利用和能源资源综合利用，加快形成能源节约型社会，降低社会用能成本。

以绿色低碳为方向。坚持能源绿色生产、绿色消费，切实减少对环境的破坏，保障生态安全。根据资源环境承载能力科学规划能源资源开发布局，推动能源集中式和分布式开发并举，坚持优存量和拓增量并重。

以主动创新为动力。加快能源科技创新步伐，推动能源技术从被动跟随向自主创新转变，着力突破重大关键能源技术，加快建设智慧能源管理系统，增强需求侧响应能力，实现能源生产和消费智能互动。

（五）构建资源再生循环利用系统

构建资源再生循环利用系统，就是要“变废为宝”，加大废弃物的再利用和资源化。某一个产业、企业的废弃物，对于另一个产业、企业而言就是生产资料，应将这些产业、企业组织在一起，从而减少社会生产系统的废弃物排放。

---

① 王善成．绿色消费发展情况［J］．中国经贸导刊，2018（12）：37－38.

（六）建立区域城乡绿色协调发展机制

建立区域城乡绿色协调发展机制，首先，要遵循主体功能区建设这一我国经济发展和生态环境保护的大战略。完善主体功能区战略和制度，要发挥主体功能区作为国土空间开发保护基础制度作用，推动主体功能区战略格局在市县层面精准落地，健全不同主体功能区差异化协同发展长效机制，加快体制改革和法治建设，为优化国土空间开发保护格局、创新国家空间发展模式夯实基础①。

其次，各地在发展过程中要结合所在的区位条件、资源禀赋、经济基础，放在区域、流域、全国高质量发展“一盘棋”中，研究提出差异化协同发展的新目标新举措；各大中小城市在明确自我发展定位和方向时要立足整个城市群的发展定位和方向，找到自己错位发展的重点方向，解决好同质化发展的问题②。

最后，深入实施乡村振兴战略，打好脱贫攻坚战，发挥农村生态资源丰富的优势，吸引资本、技术、人才等要素向乡村流动，把绿水青山变成金山银山，带动贫困人口增收；积极探索推广绿水青山转化为金山银山的路径，选择具备条件的地区开展生态产品价值实现机制试点，探索政府主导、企业和社会各界参与、市场化运作、可持续的生态产品价值实现路径③。

（七）建立绿色发展的制度

绿色发展的理念和目标要依靠具体实践来落实，而实践需要有必要的绿色发展制度来保障。绿色发展的制度应当包括：①法律法规，例如保护

① 习近平．站在更高起点谋划和推进改革[EB/OL]．新华网，2017－08－29[2018－07－17]．http://www.xinhuanet.com/politics/2017－08/29/c_1121565529.htm.

② 习近平．在深入推动长江经济带发展座谈会上的讲话[EB/OL]．新华社，2018－04－26[2018－07－17]．http://politics.people.com.cn/n1/2018/0613/c1024－30055863.html

③ 习近平．在深入推动长江经济带发展座谈会上的讲话[EB/OL]．新华社，2018－04－26[2018－07－17]．http://politics.people.com.cn/n1/2018/0613/c1024－30055863.html.

生态环境质量的法律法规、绿色市场准入法律法规、环境质量标准、绿色产品与服务标准等；②决策治理和监督等行政政策，例如绿色发展规划，生态环境信息透明度，生态环境监察、督察等；③经济政策，例如生态转移支付、资源和生态环境税、排放权限额交易、鼓励绿色投融资等；④绿色市场体系，如构建多层次、跨区域的绿色交易市场体系，促进绿色发展的价格、税收及信用体系，以及绿色市场负面清单等市场管理制度；⑤科技和创新转化政策，例如设立科技研发专项、促进绿色科技创新转化便利化等；⑥宣传教育政策，例如支持绿色发展理论研究、将绿色发展纳入教育体系等。

第五章　建设绿色发展体系的重点任务

在全球绿色发展大势下，我国已经不具备发达国家现代化历程中较为宽松的资源环境外部条件，而且面临新的气候变化、能源安全约束挑战。在国内新时代发展背景下，为适应社会主要矛盾新转化、满足人民美好生活新需求，绿色发展也成为高质量发展的必然要求。建设资源节约、环境友好绿色发展体系，既要着眼当前粗放发展中的突出矛盾和问题，明确重点领域分阶段目标任务，也要立足新时代发展要求，积极创新具有中国特色的绿色生产消费新内容。

一、构建绿色消费体系，引领供给重塑

在市场经济中，消费是一切生产经营活动的出发点和落脚点，对生产组织等起引领作用。消费具有个体性、主观性、不确定性等特征，但也具有一定的社会性、可塑性。当前，我国居民消费由温饱型逐步向富裕型、享受型方向发展，个性化、多样化消费逐渐成为主流，但食品浪费、攀比消费、奢侈浪费等现象比较普遍。伴随网上购物等兴起，过度包装、材料浪费等问题更加突出。一些伪“共享经济”诱发非理性投资，不仅没有促进高效消费，反而造成大量资源闲置和浪费。在由“短缺经济”到“过剩经济”发展过程中，我国要把构建绿色消费体系作为引领重塑供给体系的前提，培育绿色低碳新的消费内容。

（一）有效增加绿色产品和服务供给

我国已经完全摆脱“短缺经济”，绿色消费从生态有机食品向空气净化器、净水器、绿色家电、电动汽车等不断拓展，但整体供给质量和水平仍不能满足人民群众的需求。要把绿色产品和服务作为基本公共服务重要内容，以公共交通、绿色建筑为重点，提升城乡绿色宜居水平。要以国际先进水平为标杆，提高绿色产品和服务的质量标准要求，逐步淘汰低端落后生产能力。要加强知识产权保护，鼓励企业加快产品服务升级，打造中国制造绿色竞争新优势。

（二）鼓励绿色消费业态和模式创新

当前，过度消费、奢侈浪费等现象仍然普遍，绿色生活方式和消费模式尚未成为主流。要推动大众创业、万众创新蓬勃发展，增加共享经济、电子商务等绿色产品和服务供给，为新产品、新业态、新模式成长提供支撑。要推广利用“互联网＋”促进绿色消费，推动开展二手产品在线交易，满足不同主体多样化的绿色消费需求。要推动公共机构率先采购可再生能源和电动汽车、开展无纸化办公、实施包装物减量再利用等，扩大政府绿色采购规模和范围，发挥示范引领和撬动作用。

（三）引导全社会树立绿色消费新风尚

加大教育培训力度，把资源环境等国情教育纳入教学内容，从青少年阶段开始普及绿色消费常识。加强公众宣传和政策引导，推广节能环保技术和产品，推动全社会树立节约适度消费理念，促进消费理念和文化加快转型。强化公众生态环境知情权，推动生态决策民主化，提升社会公众保护生态环境和维护自身利益的自觉意识。完善有利于绿色发展的财税价政策体系，激励绿色消费，抑制不合理消费和奢侈浪费。

二、构建绿色发展产业体系，繁荣高质量经济增长

产业经济是我国繁荣发展的重要根基，是一国生产力和竞争力水平的

集中体现。我国制造业规模已经居全球首位，但产业绿色发展水平参差不齐，既有全球节能环保水平领先的大型企业，也有大量发展相对落后的中小企业，不同区域、规模和所有制企业节能环保水平差距较大，与我国全球第二大经济体地位和生态文明建设要求并不符合。以火电行业为例，先进与落后企业能效相差达20%以上（见图1－4）。构建绿色发展产业体系，要针对我国产业发展不均衡现状，既对标全球领先水平，占领绿色技术制高点，也要兼顾普遍发展水平，逐步提高实体经济绿色发展水平。

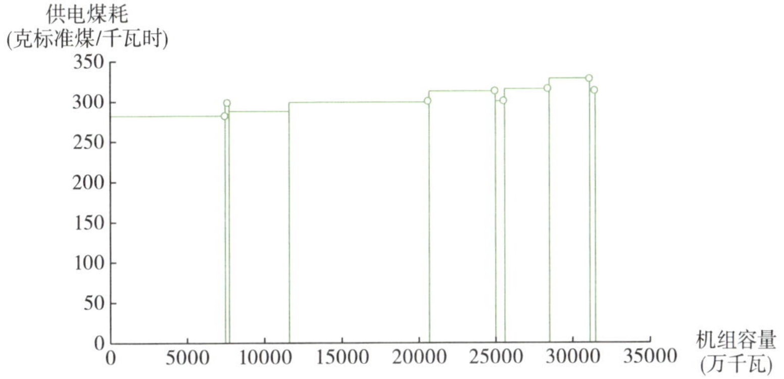

图1－4　中国不同类型火电机组装机规模与能效比较

（一）壮大节能环保、清洁能源等绿色产业

节能环保产业、清洁能源产业是绿色产品服务的主要提供者，是建立资源节约、环境友好绿色发展体系的产业支撑。要做大做强节能环保产业，推动政府和企业将能源管理、环境管理外包给专业化的第三方机构，拓展绿色产业发展市场空间。要拓展服务能力，由单一的设备供应、工程改造向诊断、设计、融资、建设、运营等“一站式”全方位服务延伸。在清洁能源规模化发展基础上，把技术进步和效益提升作为重点，推动清洁能源产业成为高质量发展的战略支柱产业。要着眼全球市场，提升竞争力，推动由单纯设备出口或投资项目转向国际化综合服务，打造新的“中国名片”。

（二）推动传统产业绿色跨越升级

我国制造业规模居全球首位，在引领全球产业绿色转型方面处于领先地位。要利用绿色新技术对存量经济进行升级改造，推动产业资源能源利用效率水平尽快达到世界领先。要超前布局前瞻性技术研发，推动传统高耗能行业应用新能源、新材料，构建面向未来绿色产业体系。要持续深化供给侧改革，严格落实节能环保安全等法规标准约束，推动高耗能、高排放行业绿色减量发展。转变“两头在外、大进大出”传统贸易方式，由进口资源能源向进口高载能产品转变，由出口低端原材料向出口高附加值产品以及产品、技术、服务的“全产业链出口”转变。

（三）培育催生绿色发展新产业新业态

积极促进绿色技术与市场融合、创新与产业对接，大力培育面向未来的新兴产业。在储能服务、智慧用能、电动汽车共享租赁、智能微电网、能源互联网等方面，加快培育新兴业态和增长点。广泛运用现代信息技术，加快“互联网 +”与资源利用、环境保护等融合发展，变革生产、管理和组织方式，推动产业链、供应链和价值链重塑，创造新的社会价值和生态效益。

三、构建绿色清洁能源体系，大幅提升能源生产力

人类历史上每次生产力的巨大飞跃都伴随着能源开发利用方式的重大变革。当前，我国已是全球能源生产消费第一大国，并且仍在快速增长，长时期、大规模、粗放式开发利用煤炭、石油等化石能源，已经成为制约我国经济高质量发展的重要因素。构建清洁低碳、安全高效的现代能源体系，全面变革能源生产利用方式，大幅提升能源生产力，是繁荣现代经济增长的基础前提。

（一）推动低碳能源高比例发展

持续增加清洁能源供应，着力解决消纳问题，加快实现增量替代到存

量替代。坚持生态保护优先，妥善处理移民安置问题，统筹优化水电开发利用。安全高效发展核电，长远实现沿海与内陆并重发展。坚持集中式和分布式并重，稳步发展风电和太阳能发电，加快推进平价上网，扩大分散式风电和“光伏 +”多元化利用。积极发展生物质能、地热能、海洋能等，不断拓展利用方式。

（二）大幅提高能源利用技术和经济效率

树立全社会“大节能”理念，转变传统以需定供的发展模式，推动能源科学供给满足合理需求。对标国际先进水平，大幅提高工业、建筑、交通运输、公共机构等领域能效水平，推动能源利用技术效率和经济效益同步提升。加强产城融合、上下游一体合作，推动能源梯级高效利用，挖掘跨部门跨领域节能潜力。

（三）推动化石能源减量绿色发展

根据我国各煤炭赋存区的不同条件，在生态环境承载力范围内开采煤炭，从源头上实现煤炭减量生产（见图 1－5）。推广煤矿保水开采、充填开采等新技术，减轻采空区土地塌陷，做到绿色开发。突破非常规油气资源勘探开发技术瓶颈，积极有序推进非常规油气勘探开发。实施“两深”战略，尽早实现深层与深海油气资源进入规模开发阶段。积极化解煤电产能过剩，推进煤电机组节能和超低排放改造，促进煤电清洁高效发展。

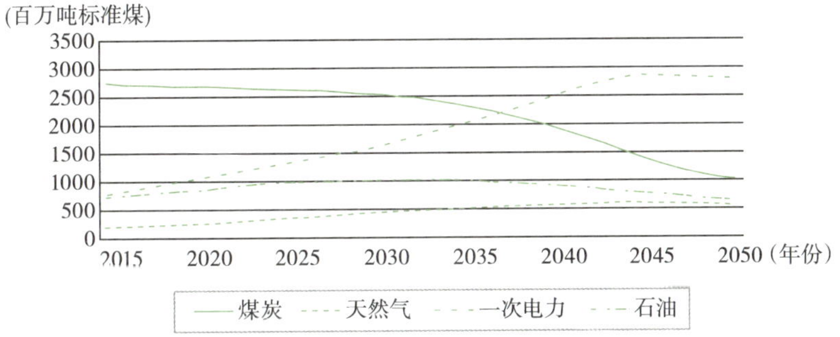

图 1－5　中国能源革命发展展望

（四）构建新一代绿色智能电力体系

科学布局、有序推进跨区域电网建设，提升电网输送能力，促进能源资源大范围高效配置。深化电力体制改革，建立与可再生能源发展相适应的电网和运行规则，支撑可再生能源大规模利用。加强电网智能化建设，创新技术方案和商务模式，推动电动汽车、储能等与分布式可再生能源实现深度互动，在优化负荷曲线的同时降低系统成本。

四、构建区域城乡绿色协调发展体系，推动建设生态国土

我国资源环境要素分布不均衡，区域城乡发展差距较大，存在“资源诅咒”“污染天堂”等诸多问题。加快区域城乡绿色协调发展，必须把绿色发展作为根本途径，把区域城乡发展作为有机整体，把山水林田湖草作为生命共同体，按照人口资源环境相均衡、经济社会生态效益相统一的原则，整体谋划国土空间开发，这也是我国社会主义制度优越性的生动体现。

（一）构建绿色发展导向的国土空间组织体系

推进国土均衡开发，合理引导人口和产业集聚，减少跨区域、远距离物流。落实主体功能区战略、构建空间规划体系，形成分散与集中发展相结合、多中心网络型的国土开发格局。强化三大城市群的国际功能，加快区域性城市地区的发展，在促进均衡开发的同时提高地区竞争力。

（二）促进生产力布局与资源环境条件相适应

目前，我国许多西部城市工业经济仍以高耗能、高排放行业为主，东部沿海一些城市群还在新建石化、化工等产业园区，这都不适应绿色发展的要求。在建设生态文明背景下，要严格按照土地、矿产、地下水、地质环境、生态安全等要素条件，合理布局重大生产力。工业升级发展要把系统高效作为主要方向，加强重大生产力规划布局和匹配衔接，避免各地区产业趋同、重复建设造成的能源浪费。

（三）促进城乡一体绿色融合发展

以城乡一体融合发展为前提，以紧凑型、智能型为导向，统筹规划建设节约型交通基础设施网络、绿色建筑体系、分布式智慧能源系统、资源能源回收和循环利用体系，提升城乡基础设施绿色低碳水平。积极发展生态农业、休闲农业和乡村旅游，推进农业与旅游、教育、文化、康养等产业深度融合，促进农村生态环境优势转化为产业优势、经济优势、后发优势。

（四）探索生态产品价值转化新途径

在市场经济条件下，落实“绿水青山就是金山银山”，需要探索产业生态化、生态产业化的有效模式。要健全自然资源资产产权制度，明确占有、使用、收益、处分等权利归属关系和权责，推动自然资源参与经济增长、价值创造，并按照贡献获得增加值分配。资源环境要素的开发，要与发展阶段、产业基础等相符合，统筹短期收益和长远效益的关系，并按照社会化大生产、市场化经营方式提供生态产品和服务，推动资源环境要素由生产要素、生态财富向物质财富转变，实现资源环境的保值增值。

五、构建资源再生循环利用体系，建设“无废社会”

我国资源消耗规模大、强度高，但循环利用水平较低，“垃圾围城”现象较为普遍。不仅传统垃圾废弃物等问题愈演愈烈，而且新的资源浪费问题不断出现。例如，我国由快递包裹产生的包装废弃物达到了百万吨级，但回收率不足10%。实现“无废社会”发展目标，需要从根本上改变“大量生产、大量消费、大量废弃”的传统生产消费方式，构建资源再生循环利用体系。

（一）推动资源全生命周期绿色精益化管理

研发设计资源能源消耗低、生态环境影响小、再生利用潜力大的产品，最大程度减少不可再生资源使用，实现再生资源“物尽其用”。以汽车、家用电器、机械设备等企业为依托，建立生产者责任延伸制度和原料、产品可追溯系统，带动上游零部件、元器件供应商和下游回收利用企业建立协作关系，形成涵盖采购、生产、营销、回收、物流等各环节的绿色供应体系。

（二）推行市场化资源循环利用机制

推动园区、城市能源、供排水等基础设施向第三方开放，促进企业之间原料互供、资源共享、链接共生，实现市场化、一体化高效利用。加快实施生活垃圾强制分类，细化垃圾分类类别、品种、投放、收运、处置等方面要求，推动专业化、市场化机构处理处置，持续扩大社会资本投入。完善激励约束政策，建立与垃圾分类相衔接的终端处理设施，提升资源化无害化处理的质量效益水平。

（三）构建智能化资源回收利用体系

利用物联网、大数据、云计算等，推动研发设计、原材料供应、加工制造、产品销售等全过程精准协同，强化生产资料、技术装备、人力资源等生产要素共享利用。鼓励再生资源利用企业智能回收机向互联网回收延伸，推动电子商务平台向资源回收领域拓展。利用电子标签、二维码等物联网技术，完善政策扶持、技术开发、商业模式等，建立退役电池等循环利用体系。

第六章 建立中国绿色发展的目标责任体系

绿色发展目标责任体系是建设资源节约型、环境友好型绿色发展体系的重要组成部分，能够发挥有效引导绿色发展的“指挥棒”作用。建立绿色发展目标责任体系，一是要建立充分体现新时代我国绿色发展内涵和特征、与现代化经济体系建设相融合、反映出推动绿色发展所需的各方面努力的绿色发展评价指标体系；二是要确立与国家绿色发展战略愿景相衔接、与人们对美好生活追求相一致的绿色发展目标体系；三是要建立绿色发展责任考核体系，将绿色发展目标落实到国民经济社会发展的方方面面，有效引导各部门、各地方切实践行绿色发展。

一、构建资源节约型、环境友好型绿色发展的评价指标体系

构建绿色发展评价指标体系需要遵循四个原则：一是科学性，绿色发展评价指标体系构建必须以发展经济学理论、环境经济学理论以及统计理论等为依据；二是系统性，指标选择应以系统的观点，强化经济社会发展与生态环境保护之间的内在联系与相互影响，只有将二者紧密结合才能真正体现绿色发展；三是可比性，评价指标和评价标准的制定要客观实际，便于比较；四是开放性，绿色发展的内涵在不断发展和丰富，绿色发展指标体系必须是开放式的，以适应指标体系的持续变化。据此，遵循理论基础、框架设计和评价指标确定的一般步骤，按照总体层、系统层、专题层、要素层四个层次的一般架构，构建我国绿色发展评价指

标体系（见图1－6）。

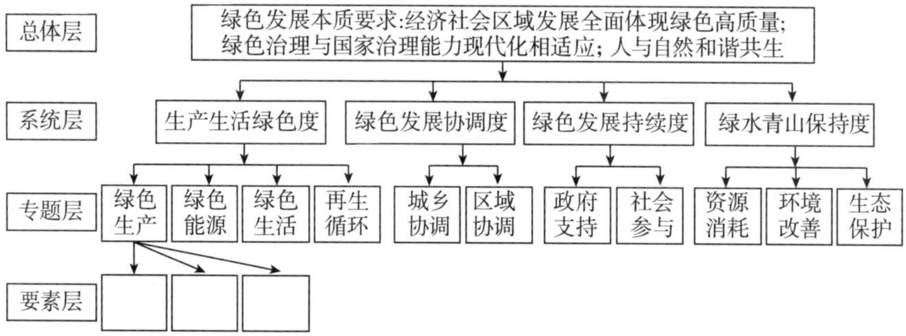

图1－6　中国绿色发展评价指标体系的总体框架

第一，关于绿色发展的根本内涵和本质要求。习近平总书记指出，我们推动绿色发展的目的，是要改变传统的“大量生产、大量消耗、大量排放”的生产模式和消费模式，使资源、生产、消费等要素相匹配相适应，实现经济社会发展和生态环境保护协调统一，人与自然和谐共生。新时代我国绿色发展体系既是现代化经济体系建设的有机组成部分，又是生态文明建设的重要内容，还是国家治理能力现代化的一项要求。具体内涵应包括以下几个方面：一是我国经济社会发展方式是资源节约和环境友好的，符合高质量发展要求，生产生活能够做到资源利用效率高、污染物排放少、循环利用水平高，即生产生活方式的绿色化；二是我国的绿色发展是全面均衡的绿色发展，是城乡、区域共同迈向绿色发展道路，而不是一些地方像欧洲、一些地方像非洲，即城乡区域绿色发展要协调；三是当前的政策、措施和行动长期而言是资源环境可持续的，是符合国家治理能力现代化要求的，而不是涸泽而渔的，即绿色发展治理机制要可持续；四是经济社会发展总的资源消耗和环境影响是在资源环境承载力范围内的，这是对绿色发展与否最根本性的评价，即绿水青山要得以保护和保持。

第二，基于绿色发展内涵分析，我们认为资源节约型、环境友好型的绿色发展体系主要可从四个系统维度进行评价：一是生产生活绿色度，二是绿色发展协调度，三是绿色发展持续度，四是绿水青山保持度。这四个方面就构成了绿色发展评价体系的系统层指标。

第三，专题层指标是构建绿色发展评价指标体系的关键，其确定方法为：比较绿色发展的现状趋势与绿色发展目标之间的差距，明确影响绿色发展的关键问题，按照构建绿色发展体系需要搭建的模式和路径、需要实施的重点任务，将这些问题、模式、路径、任务映射到系统层各指标之下，通过系统诊断法明确关键问题，构成专题层指标。基于此，在生产生活绿色度下设了 4 个专题层指标，分别对应绿色生产、绿色能源、绿色生活、再生循环 4 个方面任务；在绿色发展协调度下设了 2 个专题层指标，分别对应城乡协调、区域协调两个方面任务；在绿色发展持续度下设了 2 个专题层指标，分别对应政府支持、社会参与两个方面任务；在绿水青山保持度下设了 3 个专题层指标，以体现资源消耗、环境改善、生态保护 3 个方面的根本性要求。以上共确定了 11 个专题层指标，以体现绿色发展各方面的要求和任务。

第四，利用专家咨询法、文献调研、系统分析法，从经济社会系统中选取可测量、可比对、可评价的指标，通过其数值、强度、比重、比率等度量值确定评价指标体系的要素层指标。要素层共包括 28 个指标，既涵盖绿色发展体系各环节、过程性的各类指标，又包括生态环境质量等最终评价指标，具体如下：

A. 绿色生产指标：反映生产的集约、高效、绿色特征。选取的代表性指标有单位 GDP 主要资源消耗量、单位 GDP 主要污染物环境影响潜值、三大绿色产业占工业增加值比重等。

B. 绿色能源指标：反映能源开发利用的绿色水平。选取的代表性指标有非化石能源占一次能源消费总量比重、绿色电力比重、终端用能电气化水平等。

C. 绿色生活指标：反映居民生活的资源节约和绿色水平。选取的代表性指标有绿色建筑比例、居民绿色出行比例等。

D. 再生循环指标：反映全社会资源的回收利用水平和节约集约使用程度。选取的代表性指标有生活垃圾回收利用率、主要再生资源回收利用率等。

E. 城乡协调指标：反映农村和城市绿色发展的均衡化水平。选取的代表性指标有农村城镇人均生活用电量之比、农村城镇污水垃圾集中收集处理率之比等。

F. 区域协调指标：反映全国各区域贯彻主体功能区定位、切实推动绿色发展的水平。选取的代表性指标有优化开发区单位 GDP 碳排放强度、重点开发区单位国土面积产出率、限制开发区生态服务和生态产品价格占比等。禁止开发区完全侧重保护，强调禁止或严格限制人类活动，可不在此单列指标。

G. 政府支持指标：反映政府政策对绿色可持续发展的支撑力度。选取的代表性指标有环境污染治理投资占 GDP 比重、环境保护支出占财政支出比重等。

H. 社会参与指标：反映公众参与绿色发展、绿色治理的水平。选取的代表性指标有环境第三方治理发育度（占环境治理比重）、获“绿色公民”称号人数等。

I. 资源消耗指标：反映经济社会发展的资源消耗总规模是否在资源承载力范围内。选取的代表性指标有用水总量、能源消费总量、耕地保有量等。

J. 环境改善指标：反映环境质量的变化，是否在不断趋于改善。选取的代表性指标有地级及以上城市空气质量优良天数比例、地表水水质优良比例、耕地土壤环境质量达标率等。

K. 生态保护指标：反映生态功能的变化，是否处于生态保护红线范围，是否不断提升自然生态功能。选取的代表性指标有森林覆盖率、湿地保护率、国家重点保护野生动植物保护率等。

表 1－1 中国绿色发展评价指标体系设计

总体层	系统层	专题层	要素层	指标类型	指标属性
绿色发展本质要求：经济社会区域发展要全面体现绿色高质量；绿色治理与国家治理能力现代化相适应；人与自然和谐共生	生产生活绿色度	绿色生产	单位 GDP 主要资源消耗量	逆向	约束性
			单位 GDP 主要污染物环境影响潜值	逆向	约束性
			三大绿色产业占工业增加值比重	正向	预期性
		绿色能源	非化石能源占一次能源消费总量比重	正向	约束性
			绿色电力比重	正向	预期性
			终端用能电气化水平	正向	预期性
		绿色生活	绿色建筑比例	正向	预期性
			居民绿色出行比例	正向	预期性
		再生循环	生活垃圾回收利用率	正向	约束性
			主要再生资源回收利用率	正向	预期性
	绿色发展协调度	城乡协调	农村城镇人均生活用电量之比	正向	预期性
			农村城镇污水垃圾集中收集处理率之比	正向	约束性
		区域协调	优化开发区单位 GDP 碳排放强度	逆向	约束性
			重点开发区单位国土面积产出率	正向	约束性
			限制开发区生态服务和生态产品价值占比	正向	约束性
	绿色发展持续度	政府支持	环境污染治理投资占 GDP 比重	正向	预期性
			环境保护支出占财政支出比重	正向	预期性
		社会参与	环境第三方治理发育度（占环境治理比重）	正向	预期性
			获“绿色公民”称号人数	正向	预期性
	绿水青山保持度	资源消耗	用水总量	逆向	约束性
			能源消费总量	逆向	约束性
			耕地保有量	逆向	约束性
		环境改善	地级及以上城市空气质量优良天数比例	正向	约束性
			地表水水质优良比例	正向	约束性
			耕地土壤环境质量达标率	正向	约束性
		生态保护	森林覆盖率	正向	约束性
			湿地保护率	正向	约束性
			国家重点保护野生动植物保护率	正向	约束性

注：三大绿色产业指的是节能环保产业、清洁生产产业、清洁能源产业。

二、确立中国绿色发展的主要目标

（一）国家绿色发展战略愿景

改革开放后，邓小平同志在党的十三大报告中正式提出我国经济建设“三步走”总体战略部署：第一步，实现国民生产总值比 1980 年翻一番，解决全国人民的温饱问题，这在 20 世纪 80 年代末已基本实现；第二步，到 20 世纪末国民生产总值比 1980 年翻两番，人民生活达到小康水平，这也已在 1995 年提前完成；第三步，到 21 世纪中叶基本实现现代化，人均国民生产总值达到中等发达国家水平，人民过上比较富裕的生活。1997 年，江泽民同志在党的十五大报告中进一步明确“到 21 世纪中叶建国一百年时，基本实现现代化，建成富强民主文明的社会主义国家”。

2012 年，胡锦涛同志在党的十八大报告中确立了到 2020 年实现 GDP 翻一番、全面建成小康社会的目标。同时，更是首次提出“五位一体”战略布局，把生态文明建设放在突出地位，融入经济建设、政治建设、文化建设、社会建设各方面和全过程，努力建设美丽中国，推进绿色发展、循环发展、低碳发展，实现中华民族永续发展。

2017 年，习近平总书记在党的十九大报告中阐明了我国绿色发展的战略愿景：第一阶段，从 2020 年到 2035 年，基本实现社会主义现代化，届时经济实力、科技实力大幅跃升，生态环境根本好转，美丽中国目标基本实现。第二阶段，从 2035 年到 2050 年，建成富强民主文明和谐美丽的社会主义现代化强国，届时物质文明、政治文明、精神文明、社会文明、生态文明将全面提升，成为综合国力和国际影响力领先的国家，中华民族将以更加昂扬的姿态屹立于世界民族之林。

综上，不同阶段国家领导人对我国经济社会发展愿景进行了阐述，绿色发展战略愿景逐步清晰，那就是：到 2035 年，基本实现社会主义现代化和美丽中国目标；到 2050 年，建成富强民主文明和谐美丽的社会主义现代化强国，实现“五位一体”目标全面提升，成为在绿色发展方面具有全球影响力的国家。

（二）中国绿色发展的阶段性目标

根据国家绿色发展战略愿景，研究确定我国绿色发展的阶段性目标，具体如下（见表1－2）：

1. 到2025年，绿色发展制度体系全面建成，生态环境质量显著改善

其一，生产方式和生活方式环境友好水平持续上升，资源利用效率及再生利用率显著提高，非化石能源占比持续增加。其中，按照2015年不变价测算，单位GDP主要资源消耗量下降到0.35吨/万元，单位GDP主要污染物环境影响潜值下降到3.5千克/万元；三大绿色产业占工业增加值比重增加到30%；非化石能源占一次能源消费总量比重提高到20%，绿色电力比重、终端用能电气化水平分别提高到39%、30%；绿色建筑比例、居民绿色出行比例分别提高到15%、40%；生活垃圾回收利用率、主要再生资源回收利用率分别提高到35%、50%。

其二，城乡绿色发展协调度显著提升，主体功能区布局全面形成，主要功能区绿色发展水平大幅提高。其中，农村与城镇绿色发展差距逐步缩小，农村城镇人均生活用电量之比增至0.85，农村城镇污水垃圾集中收集处理率之比增至0.5；主要功能区基于各自主体功能定位不断提升绿色发展水平，按照2015年不变价测算，优化开发区单位GDP碳排放强度降至0.5吨/万元，重点开发区单位国土面积产出率增至5000万元/平方公里，限制开发区生态服务和生态产品价值占比增至10%。

其三，绿色生产和消费的法律制度和政策建成，以市场为导向的绿色技术创新体系初步建立，以政府为主导、企业为主体，社会组织和公众共同参与的生态环境治理体系基本形成，绿色发展可持续性不断增强。其中，环境污染治理投资占GDP比重和环境保护支出占财政支出比重分别增至2%、3.5%；环

境第三方治理发育度提高到20%，获“绿色公民”称号人数达2000万人。

其四，资源消耗增长不断趋缓，一次能源消费总量逼近峰值（按电热当量计算），空气质量优良天数比例和地表水水质优良比例大幅提升，生态环境质量呈现持续向好态势。其中，用水总量控制在6900亿立方米，一次能源消费总量控制在48亿吨标准煤以内，已逼近峰值，耕地保有量保持在18.65亿亩水平；地级及以上城市空气质量优良天数比例、地表水水质优良比例、耕地土壤环境质量达标率分别增至87%、78%、84%，环境质量显著改善；森林覆盖率、湿地保护率、国家重点保护野生动植物保护率分别达25%、55%、96%，生态保护成果逐步显现。

2. 到2035年，生态环境根本好转，美丽中国目标基本实现

其一，绿色生产全面推进，绿色生活成为居民首选，能源清洁化程度和资源循环利用水平大幅提升。其中，按照2015年不变价测算，单位GDP主要资源消耗量和主要污染物环境影响潜值分别降至0.25吨/万元、1.9千克/万元；三大绿色产业占工业增加值比重增加到40%；非化石能源占一次能源消费总量比重、绿色电力比重、终端用能电气化水平分别提高到33%、72%、42%；绿色建筑比例、居民绿色出行比例分别提高到30%、50%；生活垃圾回收利用率、主要再生资源回收利用率分别提高到45%、70%。

其二，城乡绿色发展协调度持续提升，主体功能区绿色发展水平不断提高。其中，农村城镇人均生活用电量之比增至0.9；按照2015年不变价测算，优化开发区单位GDP碳排放强度降至0.35吨/万元，重点开发区单位国土面积产出率增至8000万元/平方公里，限制开发区生态服务和生态产品价值占比提升至20%。

其三，绿色发展制度体系日益完备，改善生态环境对发展生产力的促进作用越发凸显，公众广泛参与生态环境治理成为普遍现象，绿色发展可持续性持续增强。其中，环境保护支出占财政支出比重增至4%；环境第三方治理发育度提高到30%，获“绿色公民”称号人数达5000万人。

表 1－2　中国绿色发展的阶段性目标

一级指标	二级指标	三级指标	单位	2015 年	2025 年	2035 年	2050 年
生产生活绿色度	绿色生产	单位 GDP 主要资源消耗量	吨/万元(2015 年价)	0.54	0.35	0.25	0.15
		单位 GDP 主要污染物环境影响潜值	千克/万元(2015 年价)	7.6	3.5	1.9	0.7
		三大绿色产业占工业增加值比重(%)	—	—	30	40	55
	绿色能源	非化石能源占一次能源消费总量比重(%)	—	12	20	33	67
		绿色电力比重(%)	—	23.4	39	72	88
		终端用能电气化水平(%)	—	21.3	30	42	53
	绿色生活	绿色建筑比例(%)	—	—	15	30	50
		居民绿色出行比例(%)	—	—	40	50	70
	再生循环	生活垃圾回收利用率(%)	—	—	35	45	60
		主要再生资源回收利用率(%)	—	—	50	70	90
绿色发展协调度	城乡协调	农村城镇人均生活用电量之比	—	0.8	0.85	0.9	1.0
		农村城镇污水垃圾集中收集处理率之比	—	—	0.5	0.7	1.0
	区域协调	优化开发区单位 GDP 碳排放强度	吨/万元(2015 年价)	—	0.5	0.35	0.15
		重点开发区单位国土面积产出率	万元/平方公里(2015 年价)	—	5000	8000	12000
		限制开发区生态服务和生态产品价值占比(%)	—	—	10	20	40

续表

一级指标	二级指标	三级指标	单位	2015 年	2025 年	2035 年	2050 年
绿色发展持续度	政府支持	环境污染治理投资占 GDP 比重(%)	—	1.3	2.0	3.0	4.0
		环境保护支出占财政支出比重(%)	—	2.7	3.5	4.0	4.5
	社会参与	环境第三方治理发育度(占环境治理比重)(%)	—	—	20	30	50
		获“绿色公民”称号人数	万人	—	2000	5000	10000
绿水青山保持度	资源消耗	用水总量	亿立方米	6103	6900	7200	7500
		一次能源消费总量	亿吨标准煤	40.0	48	42	35
		耕地保有量	亿亩	18.65	18.65	18	18
	环境改善	地级及以上城市空气质量优良天数比例(%)	—	76.7	87	95	99
		地表水水质优良比例(%)	—	66	78	90	99
		耕地土壤环境质量达标率(%)	—	75	84	92	99
	生态保护	森林覆盖率(%)	—	21.66	25	27	30
		湿地保护率(%)	—	48	55	65	80
		国家重点保护野生动植物保护率(%)	—	—	96	98	99

注：主要资源包括能源、粗钢、十种有色金属、磷矿石、原盐和水泥，并以粗钢价格为基准，其余产品以其价格与粗钢价格之比为系数，进行加权计算，从而加总得到主要资源消耗量；主要污染物包括二氧化硫、氮氧化物、氨氮和化学需氧量，按照环境影响潜值加权相加；主要再生资源包括有色金属、废钢铁、废弃电器电子产品、废塑料、废旧轮胎等。一次能源消费总量按电热当量计算。

其四，绝大部分地区大气、水、土壤质量达到国家优良标准，生物多样性保护成果显著，天蓝、地绿、水清的美丽中国景象得以显现。其中，能源消耗已较峰值水平显著减少，耕地面积始终保持在18亿亩水平；地级及以上城市空气质量优良天数比例、地表水水质优良比例、耕地土壤环境质量达标率分别增至95%、90%、92%；国家重点保护野生动植物保护率达98%。

3. 到2050年，生态文明全面提升，绿色发展水平在全球具有影响力、引领性和示范性

其一，绿色生产成为主要经济发展方式，绿色生活和消费成为广泛社会实践，资源利用效率和非化石能源发展达到全球先进水平；生活垃圾、主要再生资源回收利用率均达到较高水平，“无废社会”逐步成为现实。

其二，城乡之间实现绿色协调发展，农村城镇人均生活用电量基本相当，农村城镇污水垃圾均实现全收集全处理；各功能区按主体功能定位探索出各自绿色发展模式。

其三，保护生态环境与生产力发展相辅相成，环境污染治理投资占GDP比重增至4%，公民积极参与绿色治理成为普遍现象，获“绿色公民”称号人数超过1亿人，在全球具有引领性。

其四，资源消耗总量上限得到控制，用水总量达到峰值，能源消费总量持续削减；生态环境质量达到国际先进水平，人与自然实现和谐共生。

三、建立绿色发展责任考核体系

为确保我国绿色发展战略愿景和阶段性目标实现，应建立目标责任考核体系，推动各地方、各部门共同行动，落实相关任务。

（一）将目标责任落实到各省（自治区、直辖市）党委和政府

依据各地区资源环境承载能力和经济社会发展水平，建立目标责任分

解落实机制。将绿色发展阶段性目标纳入各地经济社会发展综合评价考核体系，作为地方各级人民政府领导干部任期内贯彻党的落实新发展理念的重要考核内容。

（二）明确考核职责部门

由国家发展改革委、生态环境部、自然资源部、中央组织部牵头，会同财政部、工业和信息化部、住房和城乡建设部、水利部、农业农村部、国家统计局等部门成立考核工作组，组织实施考核工作。

（三）确立考核办法

考核内容主要包括绿色发展目标完成情况和任务落实情况。考核方法宜采取百分制量化评分方法，其中目标完成情况为定量考核指标，细化到每一个指标分数；任务落实情况为定性考核指标，主要考核各项措施进展情况。根据综合得分分为优秀、良好、合格、未完成四个等级。五年规划期内考核 2 次，分别是中期考核（五年规划期前两年）和末期考核（五年规划期结束），相应地，考核工作在五年规划期中期年、末期次年开展，并于 9 月底前完成。

（四）建立奖惩措施

对各省区党委和政府的考核报告经党中央、国务院审定后向社会公布，考核结果作为各省区党政领导班子和领导干部综合考核评价、干部奖惩任免的重要依据。对考核等级为“优秀”及“良好”、绿色发展成效突出的地区，给予通报表扬；对考核等级为“未完成”的地区，进行通报批评，并约谈其党政主要负责人，提出限期整改要求。

第七章 建立促进绿色发展的制度体系

一、绿色发展法律制度

（一）建立健全绿色发展的法律法规

贯彻党的十九大报告提出的“加快建立绿色生产和消费的法律制度”的要求，构建完善绿色发展的法规体系，增强全社会绿色发展法治意识，加快建立绿色生产消费的法律制度导向。梳理现有涉及绿色发展的相关法律法规，探索提出系统完备、框架清晰的绿色发展法律法规体系。做好现有法律法规的修订工作，加强绿色发展相关法律、法规和规章之间，基本法与单行法、单行法与实施细则、国家法与地方法等之间的协调。加强绿色发展的地方性法律法规建设，鼓励重点区域和城市根据当地推进绿色发展的工作重点和难点，制定相应的地方性法规。加快推进节能节水、应对气候变化、生态补偿、土壤环境保护、有毒化学品管理等重点领域的立法工作。推动绿色发展专项立法。

（二）完善促进绿色发展的司法制度安排

合理划分绿色发展相关司法的不同主体的职能，建立行之有效的联动工作机制，整合司法、行政、公众等各方资源，健全协作方式，提高执法能力。充分考虑不同类型生态环境污染事件和环境破坏行为的特殊性，探索与之相适应的司法管辖制度，提高司法工作效率。探索实施生态法庭制度。积极探索适合中国国情的环境公益诉讼制度，授予社会群体平等的环境基本权，让个人和群体都有权为维护环境公共利益提起诉讼，提高环境司法的威慑力，有效保护公民的环境权益不被非法侵害。

二、绿色发展决策治理、考核和监督制度

（一）完善资源总量管理、全面节约和有偿使用制度

建立最严格的耕地保护制度、土地节约集约利用制度、水资源管理制度，完善能源消费总量管理和节约制度，建立健全天然林、草原、湿地、沙化土地保护制度，海洋资源和矿产资源开发利用管理制度，完善资源循环利用制度。加快自然资源及其产品价格改革，完善土地、矿产资源、海域海岛有偿使用制度，推进资源环境税费改革，建立耕地草原河湖休养生息制度。

（二）构建绿色发展规划体系

构建成体系的、多层次的绿色发展规划体系，引领绿色发展工作的系统开展和全面推进。研究制定全国绿色发展总体规划，对我国绿色发展体系的建设和工作推进做出自上而下的总体部署。推进重点行业和重点领域绿色发展规划编制实施，如工业绿色发展规划、能源绿色发展规划、交通绿色发展规划、城镇绿色发展规划等，推动制造、能源、交通、城镇等绿色发展。在绿色发展重点区域和城市，因地制宜地制定地方绿色发展规划，与打赢蓝天保卫战三年行动计划等资源环境领域相关的工作相协同。

（三）建立健全环境保护责任追究制度

制定实施党政领导干部生态环境损害责任追究办法，实行问题追溯和责任终身追究。开展党政领导自然资源资产离任审计试点。制定统一环境损害赔偿标准，明确生态环境损害的赔偿范围、赔偿原则、赔偿标准、赔偿数额以及赔偿程序。建立环境损害赔偿基金。

（四）建立绿色发展监督机制

建立健全绿色发展督察机制，以资源节约和生态环境保护等绿色发展的工作内容为重点，开展重点区域、重点领域、重点行业专项督察。明确政府、企业在环境信息公开、公众参与方面的责任和义务，及时公开各类环境问题和企业环境信息，加大空气质量、水环境质量、污染物排放、污染源等信息公开力度。

三、绿色科技创新激励制度

（一）构建市场导向的绿色技术创新体系

根据党的十九大报告“构建市场导向的绿色技术创新体系”要求，建设各类绿色创新主体协同互动和绿色创新要素顺畅流动、高效配置的生态系统，形成绿色技术创新驱动绿色发展的实践载体、制度安排和环境保障。构建互联互通、高效协调的创新网络，建设绿色技术协同创新平台。构建统筹配置创新资源的机制，完善激励绿色技术创新的政策制度体系。

（二）建立绿色技术产权制度

明确绿色技术创新利益相关方的利益，确立明晰的绿色技术产权，保护产权所有人自由行使绿色技术的各项权利。完善生产者责任延伸制度、绿色产品认证标识制度、强制许可制度、合理使用制度等绿色知识产权配套制度。建立完善绿色专利优先审查与费用减免、优先投资绿色专利研发和转化、优化绿色奖补、税收和信贷措施、政府优先采购绿色标识产品等对绿色技术创新的激励政策。

（三）完善绿色发展相关科研支持与科技奖励制度

有效整合现有的对于绿色相关技术的各类科研支持和科技奖励，梳理形成绿色技术科研支持清单与科技奖励清单，引导创新主体预期。中央和地方财政应提供专门的财政资金，支持绿色技术科研创新和商业推广应用。对于绿色发展相关的重点和难点，要增强科技支持，如开展大气污染成因与治理、水体污染控制与治理、土壤污染防治等重点领域科技攻关，实施京津冀环境综合治理重大项目，推进区域性、流域性生态环境问题研究，等等。

四、绿色发展宣传教育制度

（一）建立绿色发展宣传制度

构建绿色文化体系，弘扬绿色价值观，将绿色教育贯穿公民道德建设和精神文明创建全过程。积极发展绿色文化事业，鼓励在出版、影视、广告、演艺、娱乐、会展等领域推出弘扬绿色发展的优秀作品或活动。推进公民绿色道德建设工程，将节约资源、保护生态环境纳入社会公德、个人品德教育。开展群众道德评议活动，对浪费资源、破坏生态环境现象进行分析评议，引导人们崇尚绿色发展，自觉节约资源和保护生态环境。大力发展绿色公共文化服务设施，开展绿色发展专题展览活动，创建绿色文化馆、低碳科技馆、绿色博物馆、低碳图书馆、绿色基层文化站等。

（二）完善绿色发展相关专业人才培训教育制度

将绿色发展纳入国民教育体系和党政领导干部培训体系。积极推进绿色文化在校本课程中的开发和利用，在各级各类教育和培训中进一步增加绿色发展相关内容。大力开展绿色发展普及教育进机关、进企业、进学校、进社区、进村屯、进家庭活动。加强绿色发展人才队伍建设，重视专业技术人员与管理人员的培养。

（三）构建“两型社会”社会行动体系

公共机构尤其是党政机关推行绿色办公行动，带头使用节能环保产品。进一步完善环境信息公开制度，尤其是完善公众密切关注的环境监测信息，加强重特大突发环境事件信息公开。组织绿色家庭、绿色学校、绿色社会、绿色出行学习教育与践行活动，利用互联网技术大幅提升绿色活动的知名度与公众参与度。健全环保社会组织和志愿者队伍建设管理制度，引导相关社会组织依法开展绿色公益活动。表彰绿色发展先进单位和个人。完善公众监督、举报反馈机制。

五、绿色发展区域协调制度

（一）建立区域污染联防联控制度

建立新型的利益分享机制，强调区域城市之间在生态治理问题上既竞争又合作，并在此基础上实现生态治理收益的区域共享。为实现区域总体生态治理的目标，共同实现产业升级，充分实现各种形式的利益分享，要尽可能避免把过多的资源集中于某一城市及某一产业之中，防止污染源转移。

（二）健全区域生态补偿制度

建立健全生态补偿制度，探索建立多元化补偿机制。加强对重点生态功能区的转移支付，完善生态保护成效与资金分配挂钩机制。制定横向生态补偿机制办法，以地方补偿为主，中央财政给予支持。鼓励各地区开展生态补偿试点。改革完善生态环境治理体系。

（三）加强部门、行业、区域间共建示范

规范和调整地方政府在合作治理中的权限，使区域生态合作治理朝着常态化、制度化、规范化发展。针对生态文明建设的重大问题和突出问题，统筹各方力量协调解决跨部门跨地区的重大事项。建立区域环境管理信息应用系统和基础信息数据库，及时有效地进行沟通与协调，妥善处理生态环境问题，促进区域生态环境的整体优化。

六、绿色市场体系

（一）构建多层次、跨区域的绿色交易市场体系

发挥市场配置资源的决定性作用，在自然资源管理、环境治理、生态建设等领域，更多应用市场化手段解决相关问题。健全自然资源资产产权制度，建立统一的确权登记系统、权责明确的自然资源产权体系。完善国家自然资源管理体制，整合全民所有自然资源所有者职责，组建对全民所有的各类自然资源统一行使所有权的机构，负责全民所有自然资源的出让等。进一步完善形成统一开放、竞争有序的大宗商品类资源交易市场体系。积极探索建立排污权、节能量（用能权）、水权、碳排放权等环境权益交易市场建设，完善与推行排污权、用能权、水权、碳排放权交易制度，有序规范各类交易平台建设，制定市场建设标准和监管准则，对交易标的范围和类型、交易主体和期限、交易价格形成机制、交易平台运作规则、利益分配结算机制等进行明确的规定和规范的管理。加强各类环境权益交易市场的协同发展。

（二）形成促进绿色发展的市场化价格机制

将生态环境成本纳入经济运行成本，在污水、固体废弃物、水资源、电力等重点领域，加快建立健全能够充分反映市场供求和资源稀缺程度、体现生态价值和环境损害成本的资源环境价格机制。建立健全城镇污水处理费动态调整机制、企业污水排放差别化收费机制、与污水处理标准相协调的收费机制、污水处理农户付费制度、城镇污水处理服务费市场化形成机制。建立完善城镇生活垃圾处理收费机制、城镇生活垃圾分类和减量化激励机制、农村垃圾处理收费制度、危险废物处置收费机制。深入推进农业水价综合改革，建立完善城镇供水价格形成机制、城镇非居民用水超定额累进加价制度、有利于再生水利用的价格政策。完善差别化电价政策、

峰谷电价形成机制、部分环保行业用电支持政策等。在竞争性行业和领域，在推进价格形成机制改革的同时，重点加强价格监管，完善绿色产品标识认证管理，排除通过不正当价格竞争影响绿色产品发展的价格行为。

（三）加强市场绿色监管

加快完善绿色监管的法律法规体系，推进绿色司法常态化、规范化和专门化。深化绿色监管体制改革，在现有市场、资源、环境监管组织基础上，综合构建绿色监管组织体系，有效衔接相关监管机构的权责分工，明确权力清单和责任清单，完善跨部门协调机制，考虑设立绿色发展部际联合会议制度，协调不同监管机构的协作。加强绿色监管能力建设，打造综合性、专业化的绿色监督执法队伍，增强监管机构的监管能力并提高其专业化水平。完善绿色监管问责机制，优化绿色监管流程。

七、绿色金融体系

（一）完善绿色金融政策体系

针对我国目前绿色金融法律法规不成体系、权威性较低等问题，加快绿色金融的立法工作。围绕党的十九大报告中“推进绿色发展”的具体要求，加快构建一个框架明晰、内容覆盖全面的绿色金融政策体系的总体设计和路线图。加强绿色金融政策制度的组织保障，理顺跨部门行政管理体制，成立跨部门协调机构。

（二）创新绿色金融产品体系

鼓励金融机构积极推出绿色信贷、绿色债券、绿色股票指数和相关产品、绿色发展基金、绿色保险、碳金融等多元化的绿色金融工具，满足我国绿色发展中不同产业、不同主体的绿色金融需求。明确各方的权责关系和奖惩机制，形成激励约束环境，鼓励金融机构和行业企业积极尝试新业务、新产品、新服务、新渠道，探索新的应用场景和商业模式，形成绿色金融发展的内生动力。

（三）完善绿色金融标准体系建设

进一步推进绿色金融标准化工程，夯实绿色信用评级标准、环境信息披露标准、绿色金融产品标准等基础性工作。重点部署绿色金融基础设施标准和管理规范、绿色金融信息和统计数据共享标准、绿色金融监管与风险防控标准等，综合推动我国绿色金融标准化进程。

（四）深化绿色金融地方和行业试点

继续深化浙江、江西、广东、贵州、新疆等绿色金融改革创新试验区试点工作。针对那些对于绿色发展非常关键的重点行业，进行相应的金融创新试点，加快解决业内反映的痛点与薄弱环节。对于一些龙头企业，也可以由政府制定出绿色发展重点企业清单，鼓励金融机构给予合理的金融支持。

八、绿色财税体系

（一）构建完善的资源税费体系

以完善资源有偿使用制度和资源税费体系为目标，厘清不同税费的职能，完善税费体系。充分考虑资源产地和消费地在矿产资源开采中的收益和综合成本分担，完善税费的收益分配机制。加强激励性税费政策设计，在矿产资源行业实施加速折旧、勘查支出一次性摊销、投资加计扣除等优惠政策。建立起完善的资源税费与回采率等指标挂钩的税费制度，鼓励资源综合利用。建立完善的资源开发补偿机制，保护和恢复被破坏的地质环境和生态环境。

（二）完善绿色发展财税激励政策

在减税、免税、出口退税之外，进一步完善促进资源节约型、环境友好型社会建设的税收优惠政策。通过给予节能环保、清洁生产、清洁能源产业必要且合理的财政激励和税收优惠，提高财政资金使用效率。加大重点行业和关键领域的科技研发和推广应用政策支持力度。成立一系列产业基金，按照基金公司的运作模式，服务于特定行业和领域的发展目标。

（三）逐步取消化石燃料补贴

坚持统筹推动能源生产和消费革命与深化财税体制改革的总体方向，以逐步取消鼓励浪费的低效化石能源补贴为要旨，按照全面规范公开透明高效的基本要求，积极推进化石能源财政补贴政策改革和现代财税与市场制度建设。要科学研究和准确识别那些会产生鼓励浪费效果的低效化石燃料补贴，制定逐步退出的改革路线图。

九、绿色信用体系

（一）建立绿色信用体系

运用大数据等现代信息技术，研究建立绿色信用评价、绿色信用标准，构建面向企业、个人等的绿色信用体系。强化绿色信用评价结果应用，推动各级人民政府在市场监管和公共服务的市场准入、资质认定、行政审批、政策扶持等方面纳入相关主体的绿色信用。在市场监管和公共服务过程中，对绿色守信者实行优先办理、简化程序等“绿色通道”支持激励政策。实施绿色信用分类监管，对食品、医疗等大范围影响生态环境、人体健康的产品和服务要实行最严格的监督管理。将企业污染排放、环境违法违规记录等信息共享，以绿色信用制衡“黑色”企业。建立各行业黑名单制度和市场退出机制。建立绿色失信行为有奖举报制度，鼓励群众对资源浪费、环境污染、生态破坏等进行举报。

（二）推进绿色产品信用体系建设

建立环保、节能、节水、循环、低碳、再生、有机等统一的绿色产品标准、认证、标识体系，施行统一目标、统一标准、统一评价、统一标识。制定对绿色产品的财政金融支持政策，实行绿色产品领跑者计划。研究推行政府绿色采购制度，鼓励扩大绿色产品交易、绿色产品采购。鼓励商品交易市场扩大绿色产品交易、集团采购商扩大绿色产品采购范围，推动绿色市场建设。健全法律法规和配套政策，严格落实生产者对产品质量的主体责任、认证实施机构对检测认证结果的连带责任，对严重失信者建立联合惩戒机制，对违法违规行为的责任主体建立黑名单制度。

参考文献

[1]《老子》第二十五章。

[2]《论语·八佾》。

[3]《论语·学而》。

[4]《庄子·齐物论》。

[5]《资治通鉴·唐纪十四》。

[6]白瑞，秦书生．论我国绿色发展思想的形成[J]．经济纵横，2012(7)：106－109.

[7]蔡闻佳，惠婧璇，宫鹏，等．中国应对气候变化和改善公众健康的挑战与政策建议[J]．科学通报，2018(13).

[8]谷立静，裴庆冰，白泉．国内外绿色产业和绿色项目界定情况比较研究[J]．环境保护，2018(10)：25－31.

[9]黄茂兴，叶琪．马克思主义绿色发展观与当代中国的绿色发展——兼评环境与发展不相容论[J]．经济研究，2017(6)：17－30.

[10]金瑶梅．何以引领美丽中国建设——绿色发展理念的理论渊源[J]．探索与争鸣，2017(11)：18－20.

[11]经济参考报．快递包装污染:包装回收不足10%　胶带降解需百年[EB/OL]．2017－05－16[2018－06－30]．http://www.xinhuanet.com/politics/2017－05/16/c_1120978273.htm.

[12]黎昕．民间环境意识与现代环境保护——关于沿海地区民间环境意

识的调查分析[J]. 福建论坛(经济社会版), 2003(2):54-58.

[13]李稻葵. 德国经济模式的五个支柱及借鉴意义[J]. 中国中小企业, 2013(7):40-41.

[14]李果,郭婧玉. 11 城文创产业比拼:杭州稳居文创第一城[EB/OL]. 2017-08-02[2018-06-30]. http://finance.sina.com.cn/china/dfjj/2017-08-02/doc-ifyinwmp1339366.shtml.

[15]李维刚, 于存皓. 人均 GDP 和幸福指数的关系分析[J]. 中国经贸导刊, 2013(11):12-13.

[16]李晓西, 王佳宁. 绿色产业:怎样发展,如何界定政府角色[J]. 改革, 2018(2): 5-19.

[17]王颖杰. 绿色发展理念的人文意蕴[J]. 中共浙江省委党校学报, 2017(6): 123-128.

[18]吴敬琏. 中国增长模式抉择(第三版)[M]. 上海:上海远东出版社, 2008.

[19]杨玉英. 中国生产性服务业发展战略[M]. 北京:经济科学出版社, 2010.

[20]习近平. 保护生态环境应该而且必须成为发展的题中应有之义[A].//习近平谈治国理政(第二卷)[M]. 北京: 外文出版社, 2017: 392.

[21]习近平. 在纪念马克思诞辰 200 周年大会上的讲话[EB/OL]. 新华网,2018-05-04[2018-07-17]. http://www.xinhuanet.com/2018-05/04/c_1122784792.htm.

[22]习近平. 在全国生态环境保护大会上的讲话:坚决打好污染防治攻坚战 推动生态文明建设迈上新台阶[EB/OL]. 新华社,2018-05-20[2018-07-17]. http://baijiahao.baidu.com/s?id=1600941295287079568&wfr=spider&for=pc.

[23]习近平. 在深入推动长江经济带发展座谈会上的讲话[EB/OL]. 新华社, 2018-04-26[2018-07-17]. http://politics.people.com.cn/n1/2018/0613/c1024-30055863.html.

[24]习近平. 站在更高起点谋划和推进改革[EB/OL]. 新华网,2017-08-29[2018-07-17]. http://www.xinhuanet.com/politics/2017-08/29/c_1121565529.htm.

[25]习近平. 在十八届中央政治局第六次集体学习时的讲话[EB/OL]. 人民网,2013-05-24.

[26]习近平. 建设美丽中国,改善生态环境就是发展生产力[EB/OL]. 2016-12-01[2018-07-17]. http://cpc.people.com.cn/xuexi/n1/2016/1201/c385476-28916113.html.

[27]新华社. 我国节能环保产业增加值占GDP比重已超过2%[EB/OL]. 2016-11-28[2018-06-30]. http://www.xinhuanet.com/2016-11/28/c_1120007907.htm.

[28]徐占忱, 刘向东. 借鉴德国经验做大做强我国实体经济[J]. 宏观经济管理, 2012(11):83-84.

[29]央广网. 北京发布新一轮PM2.5源解析本地排放中移动源占比最大[EB/OL]. 2018-05-14[2018-07-17]. http://china.cnr.cn/NewsFeeds/20180514/t20180514_524232908.shtml

[30]杨伟民. 党的十九大报告辅导读本(第一版)[M]. 北京:人民出版社, 2017: 371-377.

[31]杨文利. 周恩来与中国环境保护工作的起步[J]. 当代中国史研究, 2008(3):21-26.

[32]于惊涛, 王珊珊. 基于低碳的绿色增长及绿色创新——中、美、英、德、日、韩实证与比较研究[J]. 科学学研究, 2016, 34(4):528-538.

[33]张晨栋, 宋德勇. 工业化进程中碳排放变化趋势研究——基于主要发达国家1850—2005年的经验启示[J]. 生态经济, 2011(10):24-28.

[34]杨解君. 论中国绿色发展的法律布局[J]. 法学评论,2016,34(4):160-167.

[35]陈峥嵘. 绿色知识产权体系构建与优先发展研究[D]. 中国科学技术大学,2017.

[36]冯升波. G20框架下化石燃料补贴同行审议进展及启示[J]. 中国物价,2017(11):58-60.

[37]国务院发展研究中心"引领经济新常态的战略和政策"课题组,李伟,张军扩,高世楫,陈健鹏. 提高环境监管效能促进绿色发展[J]. 发展研究,2018(2):4-17.

[38]黄娟. 新时代社会主要矛盾下我国绿色发展的思考——兼论绿色发展理念下"五位一体"总体布局[J]. 湖湘论坛,2018,31(2):60-69.

[39]林伯强,刘畅. 中国能源补贴改革与有效能源补贴[J]. 中国社会科学,2016(10):52-71+202-203.

[40]刘海霞,马立志. 我国绿色发展的现实困境与路径思考[J]. 西南交通大学学报(社会科学版),2016,17(6):105-109.

[41]舒绍福. 绿色发展的环境政策革新:国际镜鉴与启示[J]. 改革,2016(3):102-109.

[42]宋珍. 河北省绿色信用体系建设研究[D]. 河北经贸大学,2015.

[43]王海芹,高世楫. 我国绿色发展萌芽、起步与政策演进:若干阶段性特征观察[J]. 改革,2016(3):6-26.

[44]徐祥民,姜渊. 绿色发展理念下的绿色发展法[J]. 法学,2017(6):14-27.

[45]杨发庭. 绿色技术创新的制度研究[D]. 中共中央党校,2014.

[46]张芬芳,李德栓. 绿色文化的历史溯源及当代意蕴[J]. 教育评论,2018(5):146-149.

[47]中国人民银行宿州市中心支行课题组,陈明政. 构建区域性企业绿色信用体系研究——基于绿色金融视角[J]. 征信,2017,35(11):42-45.

[48]周适. 环境监管的他国镜鉴与对策选择[J]. 改革,2015(4):58-68.

[49]竺效,丁霖. 绿色发展理念与环境立法创新[J]. 法制与社会发展,2016,22(2):179-192.

[50]杨伟民. 大力推进生态文明建设[A]// 十八大报告辅导读本[M]. 北

京:人民出版社,2012.

[51]马凯. 坚定不移推进生态文明建设[J]. 求是,2013(9):3 – 9.

[52]周宏春. 生态文明建设的路线图与制度保障[J]. 中国科学院院刊,2013,28(2):157 – 162.

RESEARCH ON
BUILDING A RESOURCE-SAVING,
ENVIRONMENT-FRIENDLY
GREEN DEVELOPMENT
SYSTEM

专题篇

专题一 新时代资源节约、环境友好绿色发展体系的理论内涵研究

内容提要：构建资源节约、环境友好的绿色发展体系，是现代化经济体系建设中具有引领性的组成部分，是现代化经济体系建设能否推动实现高质量发展的关键。绿色发展要摒弃“大量生产、大量消耗、大量排放”的生产模式和消费模式，以正确的人与自然和谐共生的理念为指导，形成物质资源消耗少、资源利用效率高、环境负面影响小，依靠理念和技术创新，在生态环境承载力下最大、优质满足人的合理需求的精细化发展模式。我国当前构建绿色发展体系，面临着产业结构偏重、能源结构偏煤、产业布局偏乱、进口难以替代国内能源资源投入、绿色产业规模偏小、物质消费增长过快、缺乏引导等问题。构建绿色发展体系，需要以绿色发展目标责任制度为导向，以绿色发展制度为保障，以绿色供给模式和绿色消费模式为两大基本支柱，以现代化绿色清洁低碳能源系统、资源再生循环利用系统和区域城乡绿色协调发展机制为三大关键支撑，形成生产生活循环链接，资源、生产、消费相匹配相适应的有机整体。

党的十九大报告指出，“我国社会主要矛盾已经转化为人民日益增长的美好生活需要和不平衡不充分的发展之间的矛盾”。习近平总书记在2018年5月全国生态环境保护大会上强调，人民群众对优美生态环境的需要，已经成为新时期我国社会主要矛盾的重要方面；生态环境已经成为关系党的使命

宗旨的重大政治问题，也是关系民生的重大社会问题；而绿色发展是构建高质量现代化经济体系的必然要求，是解决污染问题的根本之策。

一、绿色发展的理论沿革和实践探索

我国自古以来就有保护生态环境的文化传统。中国共产党成立以来，在马克思主义基本原理指导下开展革命和国家建设，继承和发扬了马克思主义关于人与自然关系的思想。在理论探索和实践应用的结合中，马克思主义基本原理与我国传统的生态文化相结合，逐渐形成了习近平新时代中国特色社会主义的绿色发展理论。

（一）绿色发展理念在我国传统文化中就有渊源

我国古代并没有绿色发展的概念，但是敬畏自然、追求人与自然和谐发展，节约利用资源、反对奢侈浪费的思想得到普遍尊崇，这些都成为当前绿色发展理念的文化渊源。

古人认为人是自然界的一分子，人的活动应当遵循自然规律，达到天人合一。例如，《荀子·天论》中说“天行有常，不为尧存，不为桀亡”，《管子·牧民》中说“不务天时则财不生，不务地利则仓廪不盈”，《庄子·天运》中说“顺之以天理”，《庄子·天道》中说“天道运而无所积故万物成”，《韩非子·大体》中说“不逆天理”，《论衡·效力》中说“地力盛者，草木畅茂”。党的十九大报告提出的“人与自然是生命共同体，人类必须尊重自然、顺应自然、保护自然”的思路，与这一思想是一脉相承的。

古人还认为，人利用自然提供的资源应当取之以时、取之有度，使自然与人类都能生生不息永续发展。《吕氏春秋》讲晋文公时，“竭泽而渔，岂不获得？而明年无鱼；焚薮而田，岂不获得？而明年无兽”①，就是在强

① 《吕氏春秋·孝行览·义赏》。

调渔猎有度，不能对自然无度索取，必须着眼长远可持续发展。《荀子》指出圣明帝王制定的制度应当重视可持续发展："草木荣华滋硕之时，则斧斤不入山林，不夭其生，不绝其长也。春耕、夏耘、秋收、冬藏，四者不失时，故五谷不绝，而百姓有余食也。"① 这种永续发展的思想也反映在我国古代的实践中。

古人节约利用资源、反对奢侈浪费的传统也成为绿色发展的重要根源。温良恭俭让是儒家崇尚的美德，也是孔子学生对孔子的中肯评价②。孔子十分重视礼，但他明确指出"礼，与其奢也，宁俭"③，"麻冕，礼也；今也纯，俭，吾从众"④；而对待治国，孔子提出治国方略的重要一条就是节俭⑤。墨子认为，圣人治理国家都提倡节俭，去除无用的消费⑥，并警示"俭节则昌，淫佚则亡"⑦。老子则警示说："祸莫大於不知足，咎莫大於欲得。"⑧《周易》也说不知节俭守礼，就会后悔，安于节制守礼的生活，就亨通⑨。在实践中，《史记》记载黄帝"劳勤心力耳目，节用水火材物"，或许是中华民族勤俭节约传统美德的最早传承；帝喾"取地之财而节用之"⑩；周康王时，辅政的召公、毕公反复告诫康王要注意节俭⑪；唐太宗吸取隋朝灭亡教训，律己以俭，临逝前写给太子的十二篇《帝范》就有一篇《崇俭》⑫。

---

① 《荀子·王制》。
② 《论语·学而》。
③ 《论语·八佾》。
④ 《论语·子罕》。
⑤ 《论语·学而》："道千乘之国，敬事而信，节用而爱人，使民以时"。
⑥ 《墨子·节用(上)》："去无用之费，圣王之道，天下之大利也"。
⑦ 《墨子·辞过》。
⑧ 《老子》第四十六章。
⑨ 《周易·节卦》："不节若，则嗟若，无咎；安节，亨"。
⑩ 《史记·五帝本纪》。
⑪ 《史记·周本纪》："成王既崩，二公率诸侯，以太子钊见於先王庙，申告以文王、武王之所以为王业之不易，务在节俭，毋多欲。"
⑫ 《资治通鉴·唐纪十四》。

这些都是我国传统文化中的绿色发展要素，对当前建设资源节约、环境友好的绿色发展体系仍在发挥重要影响。

（二）马克思主义理论与社会主义绿色发展实践的结合和创新

经典马克思主义论著虽然没有直接提及绿色发展，但是马克思、恩格斯、列宁都对人与自然的关系进行了分析。中华人民共和国成立后，我国在国家建设的过程中逐渐重视经济与环境协调的问题，绿色发展日益成为主导思想。

马克思把实现人类同自然的和解以及人类本身的和解确立为正确处理人与自然、社会三者关系的最高价值目标。为了实现这一目标，“社会化的人，联合起来的生产者，将合理地调节他们和自然界之间的物质变换，把它置于他们的共同控制之下，而不让它作为盲目的力量来统治自己；靠消耗最小的力量，在最无愧于和最适合于他们的人类本性的条件下来进行这种物质变换①”。当实现目标时，“共产主义作为完成了的自然主义，等于人道主义，而作为完成了的人道主义，等于自然主义。它是人和自然界之间、人和人之间矛盾的真正解决，是存在和本质、对象化和自我确证、自由和必然、个体和类之间的斗争的真正解决②”。

马克思认为，“人靠自然界生活”，自然不仅给人类提供了生活资料来源，如肥沃的土地、渔产丰富的江河湖海等，而且给人类提供了生产资料来源。自然物构成人类生存的自然条件，人类在同自然的互动中生产、生活、发展，人类善待自然，自然也会馈赠人类，但“如果说人靠科学和创造性天才征服了自然力，那么自然力也对人进行报复”③。对于实现人的自由全面发展这一马克思主义核心思想而言，一方面，绿色发展为人的自由

① 马克思．资本论（第3卷）[M]．北京：人民出版社，1975.

② 马克思．马克思1844年经济学——哲学手稿[M]．北京：人民出版社，1979.

③ 习近平．在纪念马克思诞辰200周年大会上的讲话[EB/OL]．新华网，2018-05-04[2018-07-17]．http://www.xinhuanet.com/2018-05/04/c_1122784792.htm.

全面发展提供了自然生态基础，“良好生态环境是最普惠的民生福祉”①，是每个人自由全面发展所必须享有的权利；另一方面，绿色发展的理念强调改善自然环境是每个个体为实现自身发展的权利所需要履行的义务和应尽的责任，任何以牺牲自然生态来获得的发展最终都会因为人类责任意识的缺乏而伤及自身，即“破坏着人和土地之间的物质变换，也就是使人以衣食形式消费掉的土地的组成部分不能回到土地，从而破坏土地持久肥力的永恒的自然条件。这样，它同时就破坏城市工人的身体健康和农村工人的精神生活②”，这表明马克思主义追求的人的自由全面发展应当也必须建立在绿色发展的基础上。

中国共产党在马克思主义基本原理指导下建立了中华人民共和国。中华人民共和国成立后至改革开放，我国实施了苏联式的社会主义工业化路线，强调在经济上迅速赶超资本主义国家，以体现社会主义优越性。当时认为环境污染是资本主义固有顽疾，我国作为公有制国家，依靠全民所有制和社会主义计划的优越性，不存在私人生产者污染环境与社会承担治污成本的矛盾，可以避免资本主义无节制地追逐利润造成的环境破坏。同时，由于对我国地大物博、资源丰富的片面认知，我国在很长一段时间内只注重经济增长，不重视资源利用效率和环境质量。

随着全球环境保护思潮的兴起，我国也开始逐步重视经济发展过程中的环境保护问题。

1982 年，党的十二大报告在论述“农业是我国国民经济的基础”时提出，“必须在坚决控制人口增长、坚决保护各种农业资源、保持生态平衡的同时，加强农业基本建设”。这是改革开放以来，党的纲领性文件中第

---

① 习近平．在全国生态环境保护大会上的讲话：坚决打好污染防治攻坚战　推动生态文明建设迈上新台阶［EB/OL］．新华社，［EB/OL］．2018－05－20［2018－07－17］．http://baijiahao.baidu.com/s? id=1600941295287079568&wfr=spider&for=pc.

② 马克思恩格斯全集（第 23 卷）［M］．北京：人民出版社，2006.

一次提及生态保护的概念。党的十三大报告提出“人口控制、环境保护和生态平衡是关系经济和社会发展全局的重要问题”，“在推进经济建设的同时，要大力保护和合理利用各种自然资源，努力开展对环境污染的综合治理，加强生态环境的保护，把经济效益、社会效益和环境效益很好地结合起来。”这表明，党和国家在20世纪80年代就已经认识到应当协调经济建设、社会建设和生态环境保护。

虽然改革开放使得我国的经济发展模式发生了巨大的转变，但经济增长压倒一切的思想仍旧根深蒂固。过去40年的中国经济发展，虽然上至中央领导、下至普通群众都知道应该避免污染，但基本上走的仍是一条“先发展、后治理”的道路。中央清楚地认识到，“过去由于生产力水平低，为了多产粮食不得不毁林开荒、毁草开荒、填湖造地，现在温饱问题稳定解决了，保护生态环境应该而且必须成为发展的题中应有之义”①。随着生活水平的提高，人民群众对优美生态环境的需求与生态破坏、环境污染的现状之间的社会矛盾日益突出。与此同时，随着我国经济总量的大幅度增长和发展进入增速减缓的阶段，由投资驱动型发展向效率驱动型发展的内生动力越来越显现，我国将逐步迈向环境库兹涅茨曲线的拐点，从工业化社会步入“后工业化”社会，发展质量取代经济增速成为国家追求的首要目标。

党的十七大确立了科学发展观在马克思主义理论中的历史地位，要求“坚持生产发展、生活富裕、生态良好的文明发展道路，建设资源节约型、环境友好型社会，实现速度和结构质量效益相统一、经济发展与人口资源环境相协调，使人民在良好生态环境中生产生活，实现经济社会永续发展”。同时拓展了实现全面建设小康社会奋斗目标的新要求，将“建设生态文明”明确作为党和国家奋斗的目标。党的十八大进一步确立坚持以经

① 习近平．保护生态环境应该而且必须成为发展的题中应有之义[A]//习近平谈治国理政(第二卷)[M]．北京：外文出版社，2017：392.

济建设为中心，以科学发展为主题，全面推进经济建设、政治建设、文化建设、社会建设、生态文明建设，实现以人为本、全面协调可持续的科学发展。首次将生态文明建设作为“五位一体”的有机组成部分，并提出了具体的建设任务。

自2003年科学发展观首次被提出以来，学界对其开展了众多研究，其中焦点之一就是绿色发展。学者普遍认为绿色经济与绿色发展是科学发展观的重要内涵，进一步认为绿色发展是环境与资源可持续的、人与自然和谐相处的、环境作为内在生产力的一种发展模式。绿色发展具有战略性，既体现在其作为社会系统工程的全局性，又体现在长期指导与近期发力结合的前瞻性，还体现在全人类协调合作的全球性；而对我国来说，绿色发展还具有紧迫性和实践性，传统高污染、高能耗、高排放的粗放式发展模式已经阻碍了当前经济的健康发展，转变经济发展方式迫在眉睫，推行绿色发展刻不容缓，而且要以加速推进绿色生产方式、促进绿色生活方式切实付诸实践。①

（三）习近平“绿色发展体系”是建设现代化经济体系的重大理论与实践创新

2015年《中共中央关于制定国民经济和社会发展第十三个五年规划的建议》中明确提出，要完善发展理念，必须牢固树立创新、协调、绿色、开放、共享的发展理念。

1. 绿色发展是习近平新时代中国特色社会主义思想的重要内容

党的十九大报告是对习近平新时代中国特色社会主义思想的全面阐

① 王金南，曹东，陈潇君．国家绿色发展战略规划的初步构想[J]．环境保护，2006(3b)：39－43.；刘思华．科学发展观视域中的绿色发展[J]．当代经济研究，2011(5)：65－70；李晓西．“绿色化”突出了绿色发展的三个新特征[EB/OL]．2015－05－20[2018－07－17]．http://www.xinhuanet.com/politics/2015－05/20/c_127820349.htm；朱坦，高帅．关于我国生态文明建设中绿色发展、循环发展、低碳发展的几点认识[J]．环境保护，2017，45(8)：10－13.

释。党的十九大将坚持人与自然和谐共生作为新时代坚持和发展中国特色社会主义的基本方略之一，将建设生态文明作为中华民族永续发展的千年大计，同时也将构筑尊崇自然、绿色发展的生态体系作为坚持推动构建人类命运共同体的重要内容。这表明党的十九大报告在科学发展观强调全面、协调、可持续发展的基础上，明确了建设生态文明、建设美丽中国的总体要求，集中体现了习近平新时代中国特色社会主义思想的生态文明观，明确揭示了人与自然是生命共同体，人类必须尊重自然、顺应自然、保护自然的客观规律，提出了我们要建设的现代化是人与自然和谐共生的现代化的行动纲领，确立了还自然以宁静、和谐、美丽的目标①，可以说形成了系统的绿色发展理论。

2. “改善生态环境就是发展生产力”是绿色发展的重要理论创新

绿色发展思想的提出，尤其是“保护环境就是保护生产力，改善环境就是发展生产力”② 观点的提出，是人类对如何提高生产力的认识的深化。

按照经典马克思主义立场，生产力是具有劳动能力的人和生产资料相结合而形成的改造自然的能力。这里，环境因素更多地作为被改造的对象，而绿色发展则是将马克思主义学说中关于自然力对人类社会反作用的思想融入了认识和发展生产力的方法学，更好地反映了唯物辩证法的对立统一规律。

如何保护和改善环境，从而发展生产力，这提出了如何调整生产关系，使之适应生产力发展的命题。无论是我国还是其他社会主义国家，或是西方发达国家，对于经济活动外部性的认识都是一个不断加深的过程，相应的理论体系和政策实践也都是从无到有。其中，将环境效应作为社会

① 杨伟民．党的十九大报告辅导读本（第一版）[M].北京：人民出版社，2017：371－377.

② 习近平．在十八届中央政治局第六次集体学习时的讲话[EB/OL].人民网,2013－05－24；习近平：建设美丽中国，改善生态环境就是发展生产力[EB/OL].2016－12－01[2018－07－17].http://cpc.people.com.cn/xuexi/n1/2016/1201/c385476－28916113.html.

成本的一部分考虑，产生了环境污染的负外部性、生态保护的正外部性等如何内部化以反映真实的经济活动的问题；也就是将环境因素的反作用纳入生产力考虑后，如何使生产关系反映和适应生产力的发展的问题，这成为各国日益重视的重大命题。对于西方私有制国家而言，让外部性内部化，可以通过制度安排将经济活动所产生的社会收益或社会成本，转为私人收益或私人成本，从而真实反映经济活动的社会收益或社会成本；对于生产资料完全公有制的社会主义国家，则需要将环境质量的变化纳入生产资料的范畴，同时将环境效益作为产品分配的重要内容，在公有制下统一考虑；而对于我国，在社会主义初级阶段坚持公有制为主体、多种所有制经济共同发展的基本经济制度和按劳分配为主体、多种分配方式并存的分配制度下，改善环境从而发展生产力，更多地体现在要深化对生产关系的认识，将环境因素纳入生产关系范畴，通过调整完善生产资料所有制改善生产关系，从而适应和发展生产力。

3. 在经济快速增长阶段把绿色发展体系融入国家发展战略是对全球具有重大影响的实践创新

经济社会快速发展对自然和物质资源形成快速消耗，污染物跨界转移、臭氧层破坏、气候变化、海洋环境恶化、毁林和荒漠化等全球性环境问题日益凸显。协调环境保护与经济社会发展成为世界各国都需要探索的战略性问题。

西方发达经济体早于我国开展了绿色发展实践，但其实践都开始于经济稳定增长阶段之后，给当今世界，尤其是发展中国家的绿色发展提供的借鉴意义有限。自 18 世纪 60 年代工业革命在英国发源以来，经历了约 200 年的发展，尤其是在第二次世界大战后的经济重建完成后，英国、德国、日本等西方发达经济体在 20 世纪 50 年代至 70 年代，相继提出了绿色发展、循环发展、低碳发展等理论，并开展了实践。这一方面是因为这些发达国家在这一时期陆续爆发了严重的环境公害事件，使得对生态环境保护的关注被提升到前所未有的地位；另一方面也是因为这些国家在经历了长期的经济增长后，积累了充分的资金和技术，人民的思想状态得到提高，对于美好生态环境的支付意愿提升，从而使得绿色发展成为民意，进而成为一些政党执政的自觉行为。从经济发展与自然环境的关系看，西方国家提出并实施绿色发展战略有两个优势条件：一是西方国家在经济发展的原始积累阶段，除了利用自身资源外，大量借助殖民地资源满足了发展所需，减轻了对自身自然环境的破坏；二是发达国家在经济快速增长阶段面临的环境问题以本地空气污染、水污染、局部毁林等区域性环境问题居多，而气候变化等全球性环境问题出现在发达国家经济进入稳定增长阶段之后，降低了其协调经济社会发展与自然环境保护的难度。客观上讲，西方国家的绿色发展理念和绿色发展政策起到了保护和改善生态环境的作用，然而发达国家的这些好的实践并未上升为西方价值观中的“普世价值”，对政策、执政者的全局性、系统性、道德性影响不强，因此出现了美国特朗普总统当选后声明退出应对气候变化《巴黎协定》的重大绿色政策反复。

我国把绿色发展融入最高发展理念，有利于实现其战略性、纲领性、引领性，发挥其对国家“五位一体”建设具体行动的先导作用。我国提出绿色发展是在科学发展观已经深入人心的基础上，在改革开放三十多年逐步积累了物质文明和精神文明财富的自身有利条件下，在西方国家开展绿色发展探索提供有益借鉴的便利下，面对生态环境和经济社会发展不协调的突出问题而提出的。我国提出绿色发展并不仅仅是要解决环境污染治理的问题，而是要从系统上、根本上保护和改善生态环境，因此必须从转变经济发展方式这个根源出发，通过构建资源节约、环境友好的绿色发展体系，使得我国的经济社会发展与生态环境相协调。

我国在确定实现小康发展目标之前就将绿色发展融入最高发展理念，有助于为全球其他发展中国家探索出一条新的发展道路。我国当前仍在朝向实现小康发展目标的过程之中，人均国内生产总值、国家的科技实力、产业竞争力、文化影响力等方面与美欧日西方发达国家（地区）还有较大差距。按环境库兹涅茨曲线理论，我国还处于爬坡期，在经济结构、居民收入水平、资金、技术、文化等方面还面临许多挑战。与此同时，我国当前面临国内的区域环境问题、全球环境问题的叠加，这也是全球绝大多数发展中国家面临的现状。正因如此，我国在现阶段提出绿色发展是着眼于尽快改变发达国家“先污染、后治理”的旧发展思路，要在环境库兹涅茨曲线中打通绿色发展的隧道，走经济增长与资源大量消耗、生态环境破坏脱钩的新路。我国探索这一道路的实践虽然艰难，但是在国际上将具有重大战略和现实意义。

（四）绿色发展的成功案例和启示

国际社会普遍认为日本和主要的欧洲发达国家已经走上了绿色发展道路。分析这些国家绿色发展的现状和成功经验，有助于理解什么叫绿色发展，如何实现绿色发展。

1. 绿色发展是高水平、高效率、低排放的发展

绿色发展并不是为了保护生态环境就不发展，而是在保护生态环境的同时，实现经济社会的可持续发展。这表明绿色发展的特征应该是高水平的发展，持续稳定增长的发展，社会生产和资源利用效率高的发展，污染物和温室气体排放强度低的发展。

从发达国家当前的发展水平看，实现绿色发展的发达国家，其经济发展水平已经远高于我国。按照世界银行统计，2016 年，法国、德国、英国、瑞典、丹麦和日本的人均 GDP 已经分别是我国的 6.1 倍、6.7 倍、6.1 倍、8.2 倍、8.8 倍和 6.9 倍（见图 2－1）。人均 GDP 可以在一定程度上反映国家的经济实力、发展水平和生活水平，而且与人民的幸福感息息相关。因此，我国未来的绿色发展还需要保持高水平的经济发展。

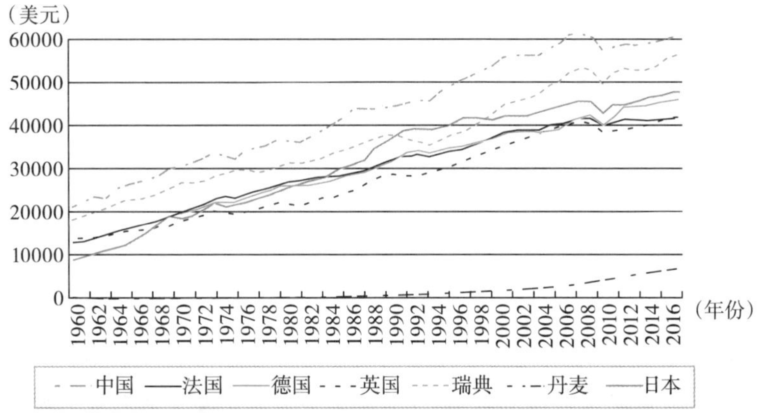

图2-1 中国、法国、德国、英国、瑞典、丹麦和日本人均GDP（按2010年美元计算）

数据来源：世界银行，2018

法国、德国、英国、瑞典、丹麦和日本等典型绿色发展国家，都具有相似的发展特征。从1965年到2016年，这些国家的人均GDP保持增长趋势，同时单位GDP一次能源的消耗量呈下降态势（见图2-2），说明这些国家的发展效率高，经济发展与能源消费逐步脱钩，同时也表明绿色发展是一种高效率的发展。虽然中国的发展也呈现了相同的态势，但中国的人均GDP显著低于典型绿色发展国家，并且单位GDP一次能源的消耗量显著高于这些国家。按照世界银行和BP的统计，2016年中国的单位GDP一次能源消耗量是法国、德国、英国、瑞典、丹麦和日本的3.8倍、3.8倍、4.7倍、3.4倍、6.5倍和4.4倍。追根溯源，几乎所有的增长理论都认为效率提升的主导因素是创新和知识资源。因此对于我国而言，还需借鉴典型绿色发展国家经验，加强对技术创新的扶持，以保证高效率的绿色发展。

法国、德国、英国、瑞典、丹麦和日本等典型绿色发展国家在经历了工业化进程之后，人均二氧化碳排放量呈现显著的下降态势。虽然各国人均碳排放水平不尽相同，但均在1970年左右达到了峰值水平，这可能和20世纪70年代的石油危机有关，随着石油价格的上升，能源消费吃紧，各国开始注意减少不必要的能耗，大力开发低耗能的新技术，从而使人均

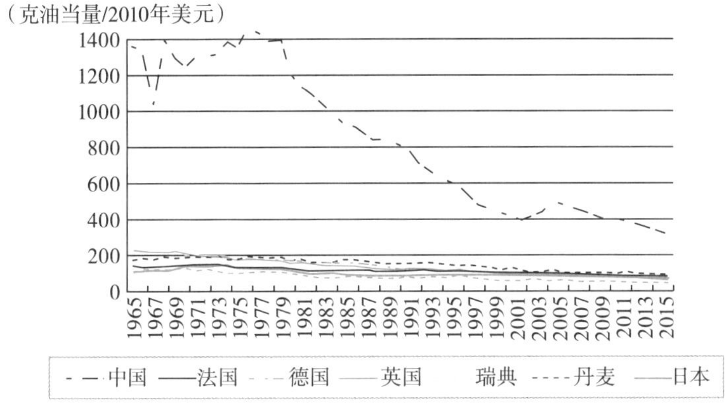

图2－2　中国、法国、德国、英国、瑞典、丹麦和日本单位 GDP 一次能源消费量

数据来源：世界银行，2018；BP，2017

碳排放开始下降。与这些国家不同，中国的人均二氧化碳排放量从 2000 年之后呈现显著的上升态势，这主要是我国的能源消费增长较快、能源结构不合理以及大量高耗能高排放产品出口造成的（见图 2－3）。典型绿色发展国家中，尤其值得我国借鉴学习的是日本。日本经济规模在 2009 年被我国超越之前，长期居于世界第二位，而其单位 GDP 能耗水平一直低于其他主要西方发达国家，人均碳排放也远低于这些国家，这表明日本经济和社会已经稳定实现了以低物质投入支撑高经济增长。

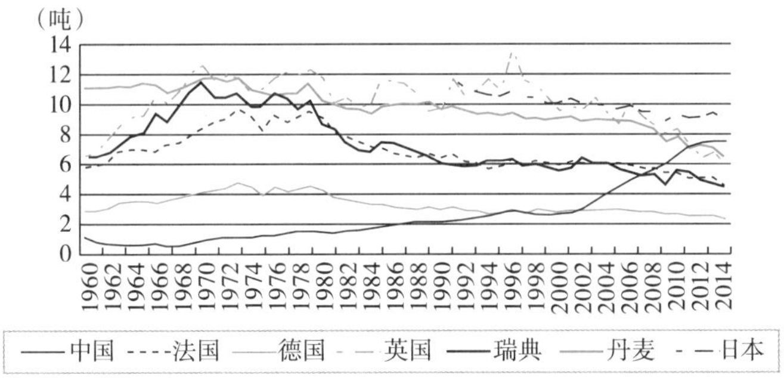

图2－3　中国、法国、德国、英国、瑞典、丹麦和日本人均二氧化碳排放量

数据来源：世界银行，2018

2. 绿色发展要求优化经济结构，必须降低经济发展对物质资源的依赖

从已经实现绿色发展的西方发达国家看，一般来说，其经济结构中服务业所占比重都远高于农业和制造业，这使得经济增长对物质资源的需求大大降低。如图 2－4 所示，德国、丹麦、英国、日本的第三产业在 GDP 中的占比早在 2000 年就已经都达到 65% 以上（其中英国已经达到 74%），到 2015 年都接近或超过 70%，其中英国已经达到 79.3%，而同期我国第三产业占 GDP 的比重仅分别为 39.8% 和 50.2%，远低于这些国家。

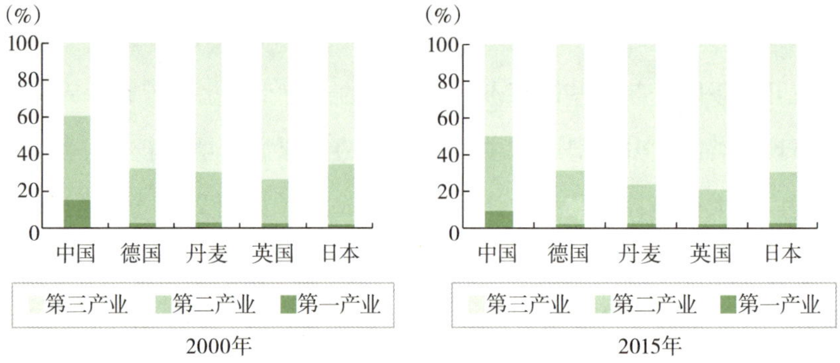

图 2－4　中国与德国、英国、丹麦、日本经济结构比较

数据来源：世界银行，2018

以英国为例，英国是传统的资本主义强国，是人类工业革命的主要发源地，在世界经济发展史上占有十分重要的地位。至今，英国一直是世界经济强国之一，2016 年国内生产总值达到 2.76 万亿美元（2010 年价），占全球经济总量的 3.6%，占欧盟经济总量的 15.1%，是世界第五经济大国和欧盟第二经济大国。同时，英国也是世界能源消费大国之一，2016 年能源消费达到 1.88 亿吨油当量，占全球的 1.4% 和欧盟的 11.5%，排全球第 13 位、欧盟第 3 位。英国是“起飞前—早期经济增长—现代经济增长—信息化”四阶段经济发展的典型代表，并且自 1990 年以来，出现了新的低碳发展阶段的趋势。

英国是第一个正式由官方提出低碳发展战略的国家，但英国能够在绿色发展方面取得如今的成就，并非是2003年以后的努力所造就的，而是“二战”后的70年来多种因素共同作用的结果，其中产业结构的调整是十分重要的因素。产业结构调整优化是单位GDP能耗下降的重要原因。1970—2010年，英国第二产业增加值占GDP的比重从42.2%下降到21.3%，下降了一半；而第三产业增加值占比从55.0%提升到了78.0%。从产业内部结构看，根据欧盟统计局数据，英国1990—2012年第二产业增加值占比下降，主要是制造业增加值占比下降造成的，如图2-5所示。

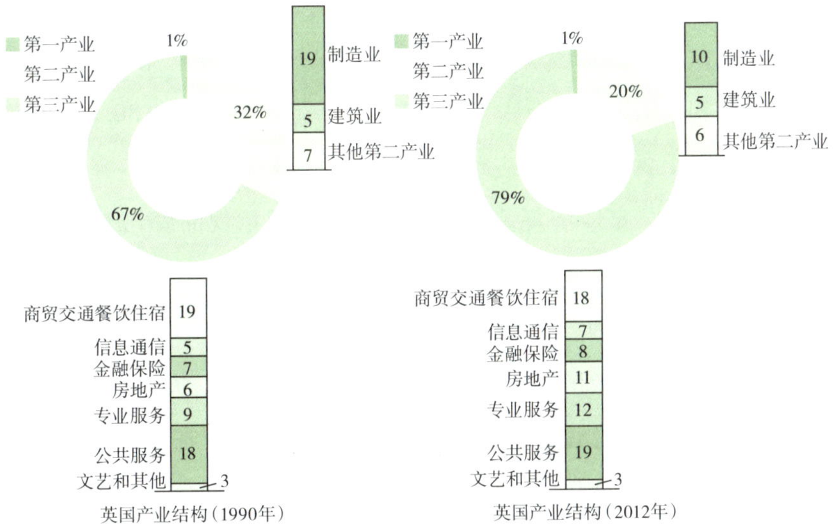

图2-5 英国产业结构变化

数据来源：Eurostat，2013

20年间，英国制造业增加值占比下降了9.2个百分点，到2012年仅占GDP的10.0%。与此同时，第三产业占比提升主要是房地产业和专业服务业（科技研发、法律服务、会计服务、咨询、建筑设计、工程设计、市场调查等）占比增加造成的，其占比分别提升了5个和3个百分点。金融保险业和公共服务业各提升1个百分点，但后者基本处于稳步上升趋势，金融服务业则经历了先升后降的趋势。英国的产业结构变化，一方面反映了社会经济发展的规律。当社会完成工业化后，经济增长将更多地依靠创新和效率驱动，就业人口从制造业部门转移到服务部门，一部分人将从事生活性服务业，提供更多直接的物质和精神消费，另一部分人将从事生产性服务业，以专业的服务和创新提高制造业等生产部门效率。另一方面也反映了全球化产业分工的趋势。英国制造业占比的降低，也得益于海外产品制造，这使得英国本土居民的日常消费、原材料和工业半成品可以通过国际贸易获得。

但绿色发展并不等于消灭以制造业为代表的实体经济。从已经实现绿色发展的西方发达国家看，日本和德国仍保持了较高的第二产业比重。2016 年日本和德国第二产业占 GDP 的比重分别为 29.5% 和 30.5%，制造业增加值占 GDP 的比重分别达到 21.2% 和 22.9%。而从 2008 年全球金融危机后主要发达国家经济复苏的经验看，德国因重视品牌培育和技术进步，依托研发和实用技术创新，使制造业不断高端化，实体经济与时俱进地发展，不仅没有成为绿色发展的阻碍，反而成了在面对金融危机时支撑国家逆势复苏的最重要的因素，“德国制造”也已经成为全球公认的高品质制造业发展典范。这说明绿色发展要大幅降低制造业在国民经济中的比重，但并不是只有去实体经济化一种模式。对于我国而言，借鉴德国和日本经验，在保持相对较高比重的实体经济前提下实现绿色发展，是我国绿色发展的正确方向。

3. 绿色发展要求优化能源结构，必须大幅降低化石能源消费

实现绿色发展的发达国家有一个共同特征——能源结构优化，非化石能源、天然气等低碳能源在能源结构中占比高。BP 统计显示（见图 2－6），2016 年丹麦非化石能源占一次能源消费比重已经超过 23%，而德国、丹麦、英国非化石能源和天然气合计占比都已经超过 40%，英国更是达到 55.3%，而我国还不到 20%；与此同时，我国煤炭占一次能源消费的比重仍超过

60%，这是在任何一个实现绿色发展的发达国家中都没有的现象。

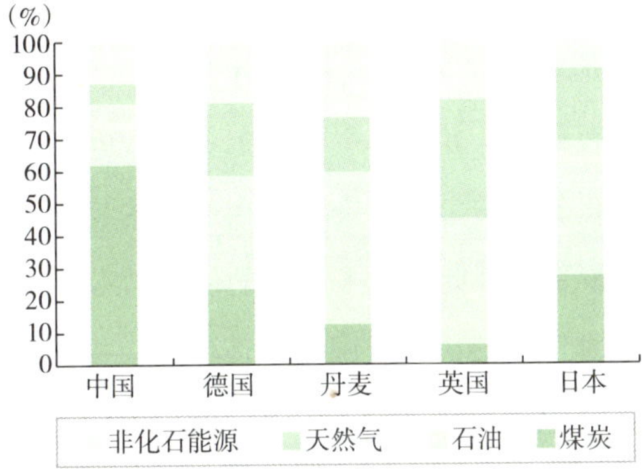

图 2－6　2016 年中国和德国、丹麦、英国、日本能源结构比较

数据来源：BP，2017

同样以英国为例，20 世纪 60 年代以来的能源结构调整对英国的环境污染物和二氧化碳减排起到了重大作用，是英国实现绿色发展的又一重要因素。尤其是煤炭在英国一次能源消费中的比重，从 1965 年的 59.6% 下降到 2012 年的 19.2%，如图 2－7 所示，对减排二氧化碳和环境污染物产生了重大影响。

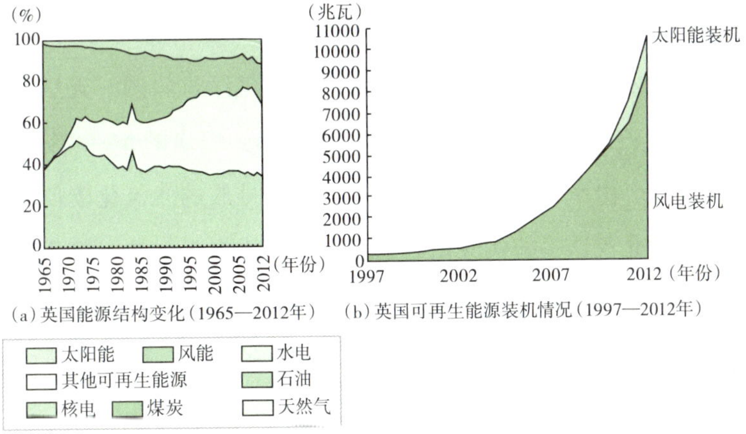

图 2－7　英国能源结构变化

数据来源：BP，2017

英国自第一次产业革命以来快速的经济增长和能源消费，尤其是煤炭的消费，导致环境污染事件频发。其中最典型案例是1952年发生的导致数千人丧生的“伦敦烟雾事件”，这已被作为全球“十大环境公害事件”之一列入世界各国的教科书。其原因主要是工业、发电和居民燃煤向大气中排放了大量的二氧化硫、粉尘等污染物，在逆温的特定气象条件下，污染物无法扩散并持续聚集，因此形成了有毒的硫酸盐等气溶胶。随着科学研究揭示出“伦敦烟雾”的成因，英国公众环保意识提升，国家则加强了环境保护的立法，《清洁空气法》（*Clean Air Act of* 1956）于1956年诞生，这促进了英国燃煤消费的急剧下降和能源结构的转变，伦敦的烟雾事件也逐渐减少。

自20世纪70年代以来，天然气替代煤炭成为英国能源结构最显著的变化。1964年通过的英国《大陆架法》（*Continental Shelf Act*）为开发北海油气田提供了法律保障。1964—1973年，布伦特油田（Brent Field）、Amethyst气田等陆续被发现和开发。1973年和1979年两次石油危机，加速了英国的油气开发，在逐步提高油气自给率的同时，为提高油气在一次能源消费中的比重提供了保障。英国从1973年的石油、天然气净进口国，到1990年已经成为石油净出口国，到2000年石油和天然气均实现净出口，但随着天然气使用量的增加，后来又成为天然气净进口国。天然气在一次能源消费中所占的比重，从20世纪60年代不到煤炭的5%，发展到现在的2倍于煤炭。由于天然气在提供单位热量时排放的二氧化碳仅为煤炭的60%左右，因此仅这一替代就相当于实现了减排1.2亿吨二氧化碳当量的温室气体①，这一数据相当于2011年英国温室气体净排放量的22%。

相比较之下，英国的非化石能源发展速度虽然快，尤其是风电装机在

① 按英国2013年温室气体清单（UNFCCC，2013），假设2011年英国能源结构与1965年相同（BP，2013），按照上述排放因子，英国能源燃烧的温室气体排放将比2011年实际情况高出1.2亿吨二氧化碳当量。

15 年间增长了 27 倍（见图 2－7），但是无论在发展速度还是规模上，英国都远远落后于中国、美国、西班牙，在西欧、北欧国家中，发展规模也远低于德国。但总的来说，能源结构调整是英国温室气体减排最重要的推动因素。

4. 绿色发展要求优化经济和产业布局，必须符合整个国土空间的生态功能

环境容量是保护和改善环境的重要参考指标。尽管环境的绝对容量难以计算，且理论性太强，实践应用意义不大，但是经济社会发展长期、大幅度突破环境容量则无疑是绿色发展的巨大障碍。从已经实现绿色发展的发达国家看，降低人类活动对自然环境的影响，减少生产和生活污染物排放，是实现绿色发展的必要条件。由于环境容量针对特定的地理单元，在这一单元内人类活动的强烈程度对环境质量具有重大影响，所以人口数量的多少、人口密度的大小往往决定了特定地理单元内经济社会活动的环境影响是否能够被控制在环境容量允许范围内。

在已经实现绿色发展的国家中，北欧国家属于典型的低人口密度区域，能够很好地将其经济活动对环境的影响控制在环境容量以内。相比之下，英国的伦敦、曼彻斯特，日本的东京、大阪等地区则在相对严峻的环境容量形势下，实现了绿色发展，更加值得我国借鉴。

东京都从 20 世纪 60—70 年代经济高速发展时期，就开始实施“工业分散”战略，将一般制造业外迁。以机械工业为例，自 20 世纪 60 年代中期以后，机械工业就开始分散到外围地区。这种“工业分散”战略既解决了东京大都市的过度膨胀问题，又促进了外围地区工业的发展。东京都实施“工业分散”战略之后，机械电器等工业逐渐从东京中心地区迁移至横滨市、川崎市等城市，进而形成和发展为京滨、京叶两大产业聚集带和聚集区。而东京中心城区则强化高端服务功能，重点布局高附加值、高成长性的服务性行业、奢侈品生产和出版印刷业。东京都产业布局从传统工业

化时期以一般制造业、重化工业为主的产业格局，逐渐蜕变为以对外贸易、金融服务、精密机械、高新技术等高端产业为主，而石油、化工、钢铁等重化工业则全面退出东京。这样的经济和产业布局优化促进了工业分布地域的扩展，也就扩大了应对这些工业影响的环境容量，从而使得环境能够得以保护和改善。

5. 绿色发展要求强化绿色产业，必须全面提高产业绿色化水平

绿色产业是实现绿色发展的重要助力，也是必要支撑。近年来，随着绿色发展概念的主流化，国际社会对绿色产业、绿色项目的认识也在逐渐系统化。多个国际金融机构或国际组织陆续推出了各自的绿色项目界定原则或标准，如国际资本市场协会制定了绿色债券原则，气候债券倡议组织发布了气候债券标准，巴克莱银行和明晟公司发布了绿色债券索引，世界银行提出了绿色主题列表等。

国际资本市场协会推出的绿色债券原则列举了10类常见的及期望获得支持的绿色项目，如表2－1所示，同时也说明绿色项目包括但不限于所列类别。从分类情况看，绿色债券原则只有一级分类，就列出的10个类别而言，生物多样性保护被单列一类，这在其他目录中比较少见；绿色建筑、清洁交通都被单独列出，但将新建和改造建筑归入能源效率类别中；工业领域绿色项目未被列出。从具体描述和要求来看，绿色债券原则对所列举的项目类别并未进行详细解释，也没有量化内容，如对能源效率类别的描述为：新建和改造建筑、储能、区域供热、智能电网、相关器械与产品等。

表2－1　绿色债券原则（2017版）分类情况

序号	类别名称
1	可再生能源
2	能源效率
3	污染物防控

续表

序号	类别名称
4	生物资源和土地利用的环境可持续管理
5	陆地和水生生物多样性保护
6	清洁交通
7	具有可持续性的水和污水管理
8	气候变化适应
9	生态效益和循环经济适应性产品、生产技术和流程
10	绿色建筑

资料来源：谷立静等，2018

以日本为例，日本的产业政策目标是优化产业结构、有效利用资源，在保护环境的同时提高国际竞争力。日本自然资源匮乏，大部分能源资源严重依赖进口。20 世纪 70 年代两次石油危机，使日本经济增长速度滞缓，结束了日本经济高速增长。为了摆脱对国外能源进口的依赖，日本不断调整产业结构，提高技术密集型产业比重，降低对能源的浪费性消耗，促使企业努力开发新能源，改变能源需求结构，提高日本产业的国际竞争力。与此同时，日本曾经依赖重化工业发展带来的经济高速增长，也带来比较严重的环境问题。大型重化企业排出的各种废气、废渣、废液超过自然净化的能力，严重污染自然环境，危及人类的生产和生活，迫使日本制定绿色产业政策，实现节能环保和资源循环再利用，积极展开环境保护工作。

日本绿色产业政策的重点是科技创新，加大对高新技术的研发与应用，加强节能和新能源等新兴产业发展，推广节能减排计划，发展绿色经济。日本先后颁布并实施节约能源法、关于促进利用再生资源的法律、合理用能及再生资源利用法、废弃物处理法、化学物质排出管理促进法、2010 年能源供应和需求的长期展望、面向 2050 年的日本低碳社会情景、新国家能源战略等一系列法律法规，停止或限制高能耗产业，发展新能源产业。具体做法包括：①实施 IT 立国战略。“贸易立国”“产业立国”“技术立国”是日本经济发展经历的三个阶段。IT 立国战略是指以信息技术产业为21世纪日本经济发展中首屈一指的主导产业，坚持“政府支持，民间主导”的原则，提高信息产业技术，恢复传统工业的活力，促进电子商务的发展，实现日本经济绿色可持续的高速增长。②制定技术创新发展规划。日本引进国外先进技术，弥补与欧美发达国家差距，制定实施产业技术政策鼓励本国企业进行技术创新，用几十年时间使日本的科技水平达到世界领先水平。在低碳经济社会建设中，日本政府十分重视绿色产业发展，通过实施绿色产业技术政策，加大环境能源技术革新，投入巨资开发新能源，发展节能减排技术，确保“新能源大国”地位。同时，扩大环境领域的经济规模，应对全球金融危机和环境危机对经济形势的负面影响，把绿色产业发展作为日本新的经济增长点。③财税政策措施。日本财税政策包括财政补贴、税收优惠和政府采购三方面。政府出台财政补贴制度，支援企业节能和促进节能的技术研发，对“国家节能技术开发项目”“企事业单位节能技术开发项目”给予财政补贴，对于企业引进节能设备和实施节能技术改造、企业和家庭引进高效热水器、住宅和建筑物引进高效能源给予政府补助。日本政府在2007年开始征收环境税，按照节能产品目录对使用目录的节能设备给予税收减免政策，如对努力降低排放量的高排放用户、使用指定节能设备的企业给予税收的减免，对节能汽车、家电产品、住宅、建筑等引进节能设备实施特别折旧制度，以此鼓励家庭和企业节能减排，重视环境保护，发展循环经济。制定政府绿色采购目标，确定采购商品的清单，建立了绿色采购的信息咨询、交流制度，引导企业生产和销售绿色环保产品，提高企业和国民的环保意识。

可以看出，无论是国际社会还是日本个案，发展绿色产业都将节能环保、清洁生产、清洁能源产业作为核心，但又不限于这些产业，同时也十分重视以节能环保的技术去改造传统产业，从而全面提高产业的绿色化水平。

6. 绿色发展要求强化资源循环利用，必须实现生产生活系统循环链接

随着联合国确立2030全球可持续发展目标和巴黎会议通过应对气候变化的《巴黎协定》，循环经济在世界各国的发展得到越来越多的重视，正在与低碳经济一起成为绿色发展的两个支柱。在欧美国家，研究作为新经济模式的循环经济，如果说以前是以学者的学术性研究和理论性研究为主导，那么过去10年来，政府、企业和非政府组织的政策性和操作性研究已经发挥越来越多的作用。

德国于1994年通过1996年实施的《循环经济与废弃物处理法》（1998年修订）和日本于2000年通过的《促进循环型社会基本法》以及配套的一系列专门法，是早期政府推动循环经济实践的重要事件。虽然两个国家已经强调了从物质流的整个寿命周期控制废弃物产生，但是政策重点仍然是作为物质流下游和末端的固体废弃物的再循环。

2015年12月2日正式通过的欧盟循环经济一揽子计划则是发达国家近年来实施的又一重大政策。这一计划旨在增强欧盟在全球经济中的竞争力，实现可持续发展要求的三赢目标，即减少废弃物的排放、推动绿色经济的增长、创造新的就业机会。欧盟的循环经济一揽子计划覆盖了从产品的生态设计、制造、消费、废物处理到二级原料的全生命周期过程。欧盟的循环经济提出了一系列具体的循环经济指标和愿景设定，包括：根据原材料消耗在国内生产总值中所占比例来计算资源生产率，到2030年将资源生产率提高30%；到2030年，城市垃圾回收率达到65%；到2030年，包装废弃物回收率达到75%（对于部分回收体系尚不完善的国家，例如罗马尼亚等东欧国家，此项指标考虑为65%～70%）；相应地，废弃物填埋目标是至2030年填埋量最大至10%；禁止在垃圾填埋场填埋可回收的废弃物（包括塑料、纸张、金属、玻璃和可生物降解的废物）等。

欧盟的循环经济新提案强调了从整个经济过程发展循环经济的具体措

施，包括：鼓励企业生产经久耐用的产品，提高产品使用寿命；提倡使用替换材料，减少使用危险或难以回收的材料；通过制定标准和政府采购的方式鼓励再生材料市场发展；鼓励生态设计，开发更易于维修、更新升级和回收再制造的产品；鼓励消费者减少废弃物并正确分类废弃物；资助建立废弃物分类和回收系统，最大限度地减少废弃物回收和再利用的费用；加强研究与创新来支持循环经济发展，加大对循环经济领域的投资，让企业发挥更大的作用，并鼓励消费者参与进来。最大限度回收利用废弃物，以使欧盟人均废弃物总量呈下降趋势，最终淘汰填埋废弃物，焚烧仅限于不可回收材料。

循环经济在发达国家绿色发展中发挥的重要作用不仅体现在对生产和生活废弃物的管理上，更重要的是树立了把废弃物从生产和消费流程中淘汰出去，从根本上避免废弃物的理念，从而实现经济增长与资源消耗和废物排放脱钩的目标。相比之下，当前我国国内搞了许多循环经济示范项目，但是资源消耗和废弃物排放仍然居高不下，某种程度上是传统线性经济①加上末端垃圾处理的表现。发达国家的经验为我国绿色发展提供了十分必要的借鉴。

7. 绿色发展要求建立低物质消费社会，必须形成绿色生活方式

社会生产的目的在于满足人的消费需求。要建立绿色发展的社会，仅从生产端着眼是不够的，还需要从消费侧着手，才能摆脱工业文明时代人类片面追求“大量生产、大量消费、大量废弃”的线性经济模式，避免其产生的一系列环境污染、生态破坏和资源短缺问题。

日本早在2000年就对绿色消费作出了定义：绿色消费指的是在购买产

---

① “循环经济”的对称是以资源线性流动为特征的经济模式，表现为传统经济中“资源—产品—废弃物”的单向流动。资源未得到充分利用即变为废弃物，大量消耗资源的同时造成环境污染。具有高消耗、高污染和低利用率的特征，实质是以增长的自然代价实现经济的数量型增长，与可持续发展背道而驰。从经济学观点看，是因为经济运行的价值链在无法产生利润的环节发生了断裂，不能维持循环运转。

品和服务（或称为商品）时，首先应充分考虑是否有必要购买，其次不仅要考虑商品的价格、功能、设计，还应考虑环境因素，选择购买产品生命周期内环境负荷小的商品。从经济社会运行体系总体视角考虑，在生产商品投入生产要素阶段就应考虑减轻环境负荷，从商品和企业环保视角，通过市场整体的绿色化，促进经济社会可持续发展。

日本的绿色消费理念和实践也不是与生俱来的。1945—1955 年，日本政府用了 11 年的时间，完成了经济的恢复和发展。1960 年，日本政府出台了《国民收入倍增计划》，旨在通过“大量生产、大量消费”的线性经济增长模式来拉动经济增长。在这一政策的指引下，由于日本企业追求利益最大化目标，导致市场上次品横行，出现了大量价低质劣的产品。日本老百姓的生活质量也受到影响，生活水平下降。基于当时的状况，1965 年日本创建了生活俱乐部，俱乐部的会员拒绝做商家主导下的被动消费者，而主张以“生活者”代替消费者，注重生活质量和消费质量的提高，在日常生活中主动思考和探索更高品质的生活方式，倡导充分考虑环境和自然、与自然和谐共存的“生活者”消费理念。另外，“生活者”运动还倡导购买生态的和安全的环保产品，鼓励产品使用节约且可循环利用的环保性包装。因此，伴随“生活者”运动的展开和深入，生活者理念和节能理念成为当时日本国内两种主要的生态消费理念。这为后来日本政府构建绿色消费制度奠定了良好的理论基础。

20 世纪 70 年代后，绿色消费理念获得了渗透和发展。1973 年第一次石油危机后，日本经济由高速增长转入了低速增长，日本企业的生产模式由“重厚长大型”向“轻薄短小型”转变，日本国民的消费模式也随之发生变化，开始注重产品的环保和节能性能。这一时期，伴随以丰田汽车为代表的节能、省油、小排量汽车的出现，节能环保产品开始陆续登场。日本政府号召消费者尽量选择使用再生环保包装或无包装的产品，鼓励消费者购买耐用、可维修的商品，选择购买对环境污染小或能源消耗少的产品等。这一时期日本政府大力加强对国民消费的环保意识教育，提倡循环利用及可持续消费。

进入20世纪90年代以来，日本经济增长陷入了长期停滞状态，日本政府开始着手构建“低碳”“循环”和“与自然共存”的社会。日本国民更加注重消费的质量，日本开启了绿色消费时代。1990年底，日本“泡沫经济”崩溃后，经济呈现严重衰退状态。经济的长期萧条促使日本政府改变立国方针，提出了“环境立国”战略。日本政府更加重视低碳能源、技术的利用，积极推进循环经济，并且明确提出实现“与自然和谐共存”和“富足而简朴的生活”。例如，这一时期一次性产品的消费逐渐减少，年轻人以背环保布袋为时尚，可直接饮用的自来水取代了需要消耗资源的瓶装水，消费者逐渐放弃追求奢侈的消费生活。日本社会消费进入了绿色低碳消费时代。

日本社会绿色消费的实现，既有公民环保自觉的因素，也是政府主动干预的结果。日本通过建立和完善相关法律法规体系，创造了绿色消费发展的良好社会环境；通过补贴、税收、绿色采购、环保积分等制度，以法律规范为本，通过制度建设极大地促进绿色消费，最终实现经济社会可持续发展。

二、新时代绿色发展的内涵和特征

绿色发展的目的是要改变传统的“大量生产、大量消耗、大量排放”的生产模式和消费模式，使资源、生产、消费、环境承载力等要素相匹配、相适应，实现经济社会发展和生态环境保护协调统一，人与自然和谐相处①，即需要同时实现资源节约与环境友好。实现绿色发展的核心是减少人类活动对自然界的扰动，使经济社会发展对自然环境的必需扰动降到最

① 习近平．在全国生态环境保护大会上的讲话：坚决打好污染防治攻坚战　推动生态文明建设迈上新台阶[EB/OL]．新华社，2018－05－20[2018－07－17]．http://baijiahao.baidu.com/s?id=1600941295287079568&wfr=spider&for=pc.

低，确保自然环境拥有持续的恢复力。在生态学中，“扰动”（disturbance）是指由于环境条件暂时性的改变，引起的生态系统明显变化。如果环境条件的暂时性改变得到终止、回复，则在自我修复能力下，生态系统已经发生的变化有可能得到复原；如果环境条件的暂时性改变发展为永久性改变，这一扰动就发展为永久性的生态破坏。从人类社会经济活动与自然生态环境的关系看，扰动即是指由于人类社会经济活动对自然资源和环境空间需求规模和速率的暂时性增大，引起的自然生态环境显著变化。如果这一扰动的规模和速率回复原有正常水平或者更低，则自然生态环境有可能恢复原有良好状态，如过度毁林开垦造成的生态系统退化，可以通过退耕还林还草恢复；如果扰动已经无法撤回，则自然生态环境也就无法再恢复，如人类为了提高社会经济发展效率建立了城市，其土地上原有的自然生态系统就不再可能恢复。人类活动对自然界的扰动包括两部分，一方面，资源节约要求在一切生产和生活中尽量减少对物质资源的利用，减少对自然界的一次扰动，即减少对自然生态环境原有风貌的影响；另一方面，环境友好要求尽量减少废弃物的过程性和终端排放，控制对于自然界的二次扰动，即减少社会经济系统把从自然界获得的资源加工转化后的副产品排入自然界，再一次影响自然生态环境的风貌。这表明，绿色发展是与过去粗放式发展相对立的精细化发展模式，它是以人与自然和谐共生的理念为指导，物质资源消耗少、资源利用效率高、环境负面影响小，依靠理念和技术创新，在生态环境承载力下最大、优质满足人的合理需求的发展模式。

（一）绿色发展要以人与自然和谐共生的理念为指导

习近平总书记指出，自然是生命之母，人与自然是生命共同体，人类必须敬畏自然、尊重自然、顺应自然、保护自然①。坚持人与自然和谐共

① 习近平．在纪念马克思诞辰200周年大会上的讲话［EB/OL］．新华社，2018－05－04［2018－07－17］．http：//www．xinhuanet．com/2018－05/04/c_1122784792．htm．

生，包括三个方面的重要内容：一是各区域之间的发展要和谐。从全球尺度来看，我们只有一个地球，各国共处一个世界，因此各国在追求本国利益时应兼顾他国合理关切，坚持“人类命运共同体”的意识。从国家尺度来看，不同地域单元的主导生态功能不同，应因地制宜地制定不同区域的发展规划，维护各区域生态平衡与经济发展。二是生产建设要与生态保护和谐。需要根据各区域的生态承载力确定各区域的生产建设规划，不能为了创造财富，就片面地开发土地。国家不同区域的功能不同，要有上海的创业中心、广东的世界工厂，也要有安吉的绿水青山。三是人与自然和谐共生的理念要融入经济发展当中。我们要坚持人与自然和谐共生，牢固树立和切实践行绿水青山就是金山银山的理念，动员全社会力量推进生态文明建设，共建美丽中国。

（二）绿色发展是物质消耗减量化的发展

绿色发展的核心是减少人类社会发展对自然界的净扰动，这就要求对人类活动消耗的物质资源做到精细化管理。尽管随着科学技术进步，人类可以通过各种手段帮助自然进行恢复，但是人的认知有限，自然界自身发展规律一旦被打破，人类修复自然就会面临诸多不可控因素，是否能够使自然恢复到干扰前的状态存在巨大的不确定性，例如生物多样性一旦丧失就无法恢复。因此，尽管人类社会发展需要改造自然，而人类也有一定的能力帮助自然进行恢复，但是在绿色发展理念下，应当尽量平衡人为扰动与修复，尽量减少对自然界的净扰动。

在减少物质资源消耗的同时尽可能满足社会发展需求，就要求社会生产和消费符合“3R 原则”，即减量化（Reduce）、再利用（Reuse）和循环化（Recycle）。3R 原则最初针对的是废弃物管理，要求社会生产减少废弃物排放，加大已排放废弃物的再利用。某一个产业、企业的废弃物，对于另一个产业、企业而言就是生产资料，应尽量使社会生产的组织通过不同产业、企业的循环链接，将这些产业、企业组织在一起，从而减少社会生产系统的废弃物排放。而在绿色发展中的3R原则，则是扩展到了整个经济和社会发展领域，在一切生产和生活中应当尽量减少对物质资源的利用，减少对自然界的一次扰动，同时尽量减少废弃物的过程性和终端排放，控制对自然界的二次扰动，从而最大程度地降低自然界状态恢复的不确定性，使人类社会发展与自然的需求相协调。

（三）绿色发展是高效率的发展

绿色发展既然要减少物质消耗，又要最大、优质满足人的合理需求，就必须是高效率的发展，要做到对物质资源的精细化利用。高效率既体现在物质利用的高效率，也体现在满足人的需求的高效率。

物质利用的高效率主要是通过各种科技手段，使一定量的物质得到最大化利用，使生产所需的物质的量得到最大化的削减。从理论上讲，这是一种对事物本质深刻认识基础上的再现。3D打印就是这样一种技术。当人们明确意识到自己需要的产出属于何种构造、需要何种材料后，通过3D打印技术组织必要的构造程序和物质材料，直接对构想中的目标产出进行物质呈现。这样既节约了物质材料的投入，因为仅需要最终产品所必须包含的那一部分，避免了边角料，又提高了组装过程的效率，因为不需要每个组件各自分别加工再运输和组装，还减少了不同组件库存的需求，可以做到随用随造。

高效率满足人的需求主要是通过各种科技、管理手段，使人的需求在尽量少的社会物质资源总消耗的状态下得到满足。从理论上讲，这是社会和生产组织的高效率。共享经济采用的就是这样一种科技和管理手段。如当一个人需方便快捷地从家门口移动到地铁站时，采取点对点的方式为其提供一辆自行车就能解决问题；但当其进入地铁站后，这辆自行车就闲置了，直到他再度需要从这个地铁站返回家门口。同时，这也限制了此人的移动轨迹，即他必须再度回到这个地铁站，这不利于人的自由发展。共享经济提出的解决方案则是在大数据和信息技术支撑下，将众多人的类似需求集合起来解决。当一个人的单向点对点需求得到解决后，自行车在相对于此人的闲置期间可以满足其他人的需求，同时此人也可以在其他不同地点便利地满足其下一个自行车需求。当然，要便利地满足一切人的需求，还需要在信息技术支撑下，灵活及时地实现物质资源的分布调整，为不同区域、不同时间段的不同人群需求提供便利和满足。

（四）绿色发展是低排放的发展

绿色发展既然仍然要消耗自然资源，就不可能不对自然造成扰动，但这种扰动应当控制在尽可能小的幅度，除了对物质资源消耗的减量化外，还应当尽量减少废弃物排放对环境的负面影响，做到对生产生活废弃物的精细化排放控制。

在物质消耗已经减量化、物质利用已经高效率后，社会生产和生活不可避免的剩余废弃物排放主要需要依靠科技手段进行处理，尽可能降低对生态环境的影响，也就是环境污染末端治理。社会生产生活实现废弃物零排放固然是好事，但考虑到生态环境有一定的自净能力，而完全实现零排放的社会经济成本可能很高，因此在环境效益与经济效益二者之间形成平衡时的状态下，在生态环境阈值内尽可能低地排放自然界能自净、对人类和生态系统无毒害的废弃物是可行的。由于不同地理单元的环境容量不同，在对生产和生活布局时，就应当结合地理、气候等特征，考虑最终废弃物产生情况进行规划，对于穷尽经济可负担的技术手段后剩余的废弃物，应结合气象、水文等条件，有组织地排放。随着科技进步，污染末端治理的能力将不断提高，经济成本降低，人类社会将逐渐趋近无废社会。

（五）绿色发展要依靠理念和技术创新实现

如上所述，绿色发展要实现人的需求与自然的需求和谐，依靠的并不是减少人的需求，而是减少人的需求对自然的净扰动。从三个途径看，无论是物质消耗减量化，还是物质消耗和利用的高效率，或是末端污染治理的低排放，技术创新在其中都起着重要作用，尤其是在整个物质资源利用的末端，当废弃物排放不可避免时，技术手段起着为绿色发展兜底的作用。

绿色发展更重要的是要依靠理念创新来实现。绿色发展本身就是一种理念，正确的人与自然义利观也是理念，精细化发展也是理念。绿色发展是总体要求，正确的人与自然义利观是行动的前提，精细化发展是对行动的具体指导。在这些理念下，如何更好地组织社会生产和生活，如何更好地利用技术手段来满足绿色发展需求，如何根据绿色发展需求提出新的技术发展思路，这些就需要具体行动理念的创新。

（六）绿色发展要在生态环境承载力允许范围内最大、优质满足人的合理需求

绿色发展并不是为了保护生态环境就停止一切可能影响生态系统、排放污染物的生产和生活活动，绿色发展要维护生态环境，不断使生态资本增值，但也要满足人的合理需求，要在生态环境承载力允许的范围内，实现“每个人的自由发展”和“一切人的自由发展”，是一种每个人的需求、一切人的需求与自然的需求相和谐的发展。

马克思、恩格斯指出“生产将以所有的人富裕为目的”，“所有人共同享受大家创造出来的福利”。发展的目的就是满足人民对美好生活的需求。而自然的需求，就是要保持自然界在面临各种自然和人为扰动时能够自我恢复的能力。人类社会的发展要改造自然，不可避免地会对自然界造成影响。要使人的需求和自然的需求相和谐，就必须将人的需求控制在自然能够承受的范围内。在自然界能够自我修复的生态环境承载力下，人类可以尽可能利用自然满足需求，同时帮助自然进行恢复，二者形成良性循环互动。

党的十九大报告指出，我国社会主要矛盾已经转化为人民日益增长的

美好生活需要和不平衡不充分的发展之间的矛盾。其中，对优美生态环境的需求固然要通过实践绿色发展理念来实现，而对物质、精神文化的需求，也应当以绿色发展的理念进行引导，形成适度消费、不过分依赖物质消费的社会需求，并以绿色发展理念引导社会生产来满足人的这些合理需求。不尊重自然、突破生态环境承载力的需求，就是不合理的需求，不属于绿色发展要满足的对象。

综上所述，绿色发展是要解决好人与自然和谐共生的问题，既要满足人的自由发展要求，又要满足自然自身的发展要求。绿色发展的核心是减少人类社会发展对自然界的净扰动，指导思想是实现发展的精细化，必要依托是理念和技术创新。具体途径包括：一是物质资源消耗的精细化，可用可不用的就不用，有可以再利用的资源，就不用一次资源；二是物质资源利用的精细化，要用也要尽可能少量地用，不能无度索取；三是末端治理的精细化，精准利用地理、气候条件，充分挖掘技术潜力，尽可能快地实现自然的自我恢复。

三、绿色发展体系在现代化经济体系中的定位及作用

生态文明是人类社会进步的重大成果，是工业文明发展到一定阶段的产物。人类社会步入生态文明阶段，其社会发展应当是创新、协调、绿色、开放、共享的发展，在经济建设、政治建设、文化建设、社会建设、生态文明建设各领域实现“五位一体”全面发展。建设现代化经济体系虽然主要属于经济建设领域的范畴，但其与生态文明建设等其他四个建设的要求是交织的，贯穿的五大发展理念是一致的。

党的十九大报告指出“我国经济已由高速增长阶段转向高质量发展阶段，正处在转变发展方式、优化经济结构、转换增长动力的攻关期，建设现代化经济体系是跨越关口的迫切要求和我国发展的战略目标”。现代化经济体系是由社会经济活动各个环节、各个层面、各个领域的相互关系和

内在联系构成的一个有机整体，而“绿色发展是构建高质量现代化经济体系的必然要求”，也就是说，五大发展理念中的绿色发展理念与其他理念一起，统领、贯穿并融入现代化经济体系的各个组成部分中。现代化经济体系中的绿色发展体系与其他五个体系并行，具有独立性和针对性，专门用于解决发展过程中的资源节约和环境友好相关问题，如图2－8所示；但同时，绿色发展体系又与其他体系相互交织、相互影响，共同构成现代化经济体系。

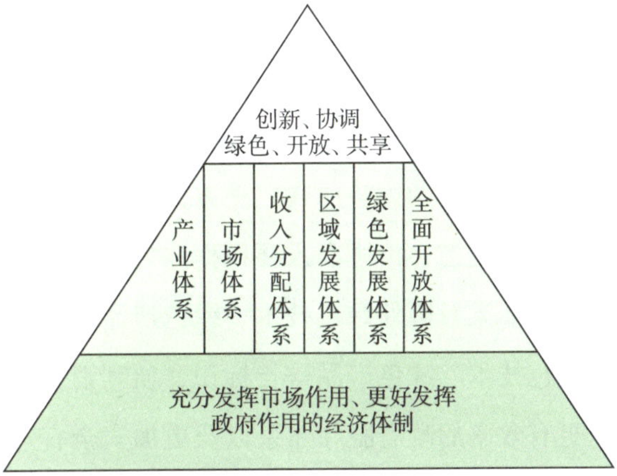

图2－8　现代化经济体系的内在联系

建设创新引领、协同发展的产业体系，必须实现产业发展的绿色化。绿色发展是产业发展的重要组成部分，同时产业发展也要体现绿色发展的要求。一方面，人民群众对生态环境质量日益提高的要求，使得节能环保产业、清洁生产产业、清洁能源产业在产业发展中的地位逐渐凸显。另一方面，在绿色发展理念下建设创新引领、协同发展的产业体系，应当以物质资源消耗的减量化、资源利用的高效率为准绳，以基于生态环境容量制定的环境标准作为导向和约束条件，通过对传统产业进行改造，使之绿色化，同时发展新的节能环保产业、清洁生产产业、清洁能源产业以及发达的制造业，尤其是高级装备制造业以及门类齐全、迅速发展的现代服务业，实现产业结构以及产业本身的绿色化。产业体系绿色化重在实体经济绿色化，要以资源节约、环境友好的理念和技术创新为保障，金融等虚拟经济要为实体经济绿色化提供支持，实现绿色产业技术进步在发展中的贡献份额不断得到提高、绿色产业国际竞争力不断得到增强，从而为现代化经济体系打下物质基础，高质量地满足人民群众日益增长的合理消费需求。同时，产业体系的空间布局也需要绿色化，即打造国土资源利用效率较高、要素密集程度较大、生态容量适度的生产力布局结构。

建设统一开放、竞争有序的市场体系，必须有利于绿色产品提高竞争力。新时代中国特色社会主义市场体系的主要特征是要让市场在资源配置中起决定性作用，同时更好地发挥政府的作用。市场和政府的“两只手”都要起作用，这是我国发展的优势所在。一方面，必须将环境要素纳入成本，采用市场手段进行调控，市场准入要根据绿色发展要求，按照环境标准设置绿色门槛；要加大对国外绿色技术、绿色产品、绿色投融资的市场开放力度；要对绿色技术、绿色产品进行标识，便利消费者自主选择。另一方面，应建立更有效率的政府服务体系以及更加安全有效的宏观调控与政策协调机制，从调整生产关系与生产力关系的角度出发，将生态环境作为生产力的重要组成部分，调整现行生产资料所有制、人们在生产中的地位和相互关系、产品分配形式等不符合生产力发展的内容。

建设体现效率、促进公平的收入分配体系，必须确保人民公平享有生态环境产品和服务。生态环境产品和服务是个人的货币化收入买不来的，国家一方面应当确保生态环境质量的普遍提高，另一方面也应当通过再分配体系调节区域收入差异，尤其是对生态环境涵养地区、资源输出地区、受环境污染影响较大的地区民众进行必要支持，提高其保护和改善生态环境的能力及意愿，最终实现生态产品和服务的公平享有。为实现相对科学、合理、可量化的分配，国家应指导地方尽快完成自然资源资产负债表编制，摸清自然资源“家底”，细致管控生态环境质量，应用自然资源资产负债表，可以更有效率、更公平地对不同生态价值地区的民众进行生态补偿和转移支付。

建设彰显优势、协调联动的城乡区域发展体系，必须将环境容量和环境质量作为重大经济政策和产业布局的先决条件。城乡区域发展必须从二元割裂走向一体融合，打破行政区划和层级障碍，注重横向衔接和有机联系，实现主体功能区划、生态红线、城乡规划、土地规划等“多规合一”，科学合理布局和整治城乡生产、生活、生态空间，构筑生态边界与秩序，一方面使生态红线得到保障，另一方面在地区、城乡之间进行必要的社会资源均等化、产业布局优化，落实城乡生态协调、京津冀区域协调、长江经济带协调等战略，带动人口疏解，缓解环境容量压力。

建设资源节约、环境友好的绿色发展体系，必须以最小的生态环境扰动实现人民美好生活需求。绿色发展体系需要建立健全相关体制机制，保证在一切生产和生活中，通过物质消耗减量化、高效率、低排放以及理念和技术创新，以对自然界最小化的扰动实现人民美好生活需求，使人类社会发展与自然的需求相协调。

建设多元平衡、安全高效的全面开放体系，必须在构建人类命运共同体和全球环境治理大背景下确保我国和世界的绿色发展。我国应当在国际规则和条件允许的情况下，推动国与国、地区与地区之间的协调联动发展，推动在各国平等发展、贡献生态环境产品和服务的前提下的物质资源全球有效配置。从我国的角度来看，可考虑利用我国日益增加的进口，鼓励全球其他国家利用本国优势资源，采用资源节约、环境友好的工艺，生产最有利于全球优化配置资源的产品；同时也需要考虑我国的出口产品是否符合资源节约、环境友好的要求，在我国资源紧张、环境问题突出的国情下，严格控制“两高一资”产品的出口，减少这些出口对我国自身的资源、环境影响，也贡献于全球的资源有效配置和环境整体改善。

四、构建资源节约、环境友好绿色发展体系主要内容

绿色发展是反对“大量生产、大量消耗、大量排放”的精细化发展模式，既需要将其贯穿于经济、政治、文化、社会、生态文明五位一体建设中，贯穿于现代化经济体系的一体建设、一体推进中，也要根据自身发展规律，构建起以精细化发展为主要特征的绿色发展体系，才能确保绿色发展有思路、有方案、有抓手、能实现。构建绿色发展体系，需要以绿色发展目标责任制度为导向，以绿色发展制度为保障，以绿色供给模式和绿色消费模式为两大基本支柱，以现代化绿色清洁低碳能源系统、资源再生循环利用系统和区域城乡绿色协调发展机制为三大关键支撑，形成生产生活循环链接，资源、生产、消费相匹配相适应的有机整体，如图2-9所示。

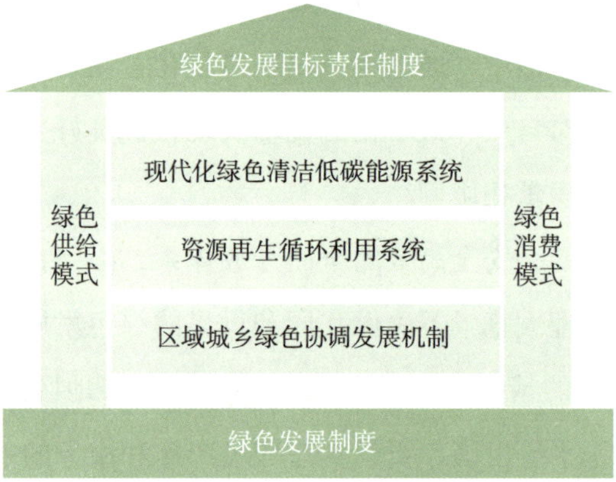

图2-9　资源节约、环境友好的绿色发展体系构成

（一）建立绿色发展目标责任制度

绿色发展需要通过实践来落实。为了指导实践，尤其是对于相对新生事物的系统性的实践，构建目标责任体系是行之有效的方法。绿色发展的目标体系是要设立绿色发展需要达到的目标，形成对发展的目标导向。体系中应该包括：物质资源消耗总量指标，用以反映经济社会发展对物质资

源的消耗是否实现了精细化和集约化；物质资源利用效率指标，用以反映经济社会发展对物质资源的利用是否达到了精细化和高效率；生态环境质量指标，用以反映经济社会发展在一定技术条件下不可回避的废弃物排放控制是否做到了精细化和最小化；此外还应该有发展水平指标，用以反映经济社会满足人的合理需求的程度。

绿色发展的责任体系是要设立促进绿色发展所需的过程性和手段性目标，督促形成绿色发展的实践路径。从理论上说，绿色发展是全社会每个人、每个群体的责任，但因为国家代表全民对生态环境进行管理，因此绿色发展的责任体系针对的是国家机关。体系中应该包括绿色产业指标，反映经济社会供给侧对精细化生产、提供产品和服务、控制废弃物排放的水平；绿色生活和消费指标，反映经济社会消费侧在生态环境承载力下进行合理消费的水平；绿色能源指标，反映经济社会的能源利用绿色化水平；区域协调发展指标，反映经济社会系统性、全局性统筹平衡发展和布局优化水平。

在不同的经济社会发展阶段，针对不同的指标应当设置可尽力而为、量力而行的具体目标，以确保绿色发展能够整体逐步推进。

（二）构建绿色供给模式

构建绿色供给模式的基本思想是通过深化供给侧结构性改革，减少无效、低端、不绿色的供给，扩大有效、中高端和绿色的供给，增加供给结构对绿色消费需求变化的适应性和灵活性。构建绿色供给模式既包括广义的传统产业绿色化改造，即发展高效农业、先进制造业和现代服务业，也包括狭义的针对资源节约、生态环境保护，助力传统产业绿色化改造和生活绿色化的节能环保产业、清洁生产产业和清洁能源产业发展。

传统产业绿色化的重点是传统制造业的绿色改革，其本质是激活传统产业的绿色产品需求，实现清洁高效生产，包括采用清洁生产技术，采用无害或低害的新工艺、新技术，降低原材料和能源消耗，实现少投入、高产出、低污染，尽可能把污染物消除在生产过程之中。同时，从整个制造业系统看，需要调整产品结构、管理结构、装备结构，强化优质产品制造功能、能源高效转换功能、废弃物处理—消纳及再资源化功能。工业绿色发展与工程科技创新相结合，应推动五大引领性重大工程：节能环保系统集成优化工程，绿色工艺改造及产品创新工程，绿色产业生态链接工程，信息化、智能化提升改造工程和工业装备优化提升工程。特别是应打造工业生态链，即在工业系统中，物质流和能量流沿不同节点组成的流程网络逐级流动，原料、能源、废物和各个环节要素之间与不同类型企业之间形成立体环流结构，资源和能源在其中反复循环利用，在经济、环保合理的条件下获得最大限度的利用。

共享经济产业是现代服务业的一个新兴表现形式，其本质是整合闲置的各种资源，通过信息技术使其便利地得到高效利用，以满足人的精细化消费需求。尽管共享经济产业因为各种管理的、技术的因素不完善面临各种问题，使得其发展距离理论还有较大差距，但共享经济产业所反映的以提供功能（例如运输）代替提供物质产品（例如汽车），在满足人的需求的同时，减少物质资源消耗、提高资源利用效率、减少废弃物排放的思想，是符合绿色发展需求的，因此应当纳入绿色发展产业体系。

环保产业是在经济结构中，以防治环境污染、改善生态环境、保护自然资源为目的而进行的技术产品开发、商业流通、资源利用、信息服务、工程承包等活动的总称，是一个跨产业、跨领域、跨地域，与其他经济部门相互交叉、相互渗透的综合性新兴产业。现阶段大力发展节能环保产业，应当扩大绿色环保标准覆盖面，支持推广节能环保先进技术装备，广泛开展合同能源管理和环境污染第三方治理，加大建筑节能改造力度，加快传统制造业绿色改造，开展全民节能、节水行动，推进垃圾分类处理，健全再生资源回收利用网络。

（三）构建绿色消费模式

构建绿色消费模式的基本思想是提高消费层次，增加绿色消费比重，把追求物品拥有提升到追求服务满足，把功能消费和分享经济作为提高生活质量的目标，增强绿色生产与绿色消费的互动，使供给侧结构性改革成果能够满足按需生产的要求。构建现代绿色消费体系的主要内容包括：①强化宣传教育，营造绿色消费良好社会氛围，提高全社会的绿色消费意识；②扩大绿色产品、技术和服务的有效供给，积极实施创新驱动，鼓励企业加大绿色产品研发、设计和制造投入；③规范产品市场，加快建立产品质量追溯制度，创新和强化事中事后监管，严厉打击虚假标识等违法行为，营造公平竞争的绿色产品市场环境；④完善推广机制，建立并推行绿色产品市场占有率统计报表制度，完善绿色产品标准体系，加大财税激励，加强绿色债券、基金、信贷等金融扶持；⑤公共机构率先垂范，党政机关、学校、医院等公共机构要率先垂范，优先采购和使用绿色产品，创建节约型机关、绿色学校、绿色医院等。

（四）构建现代化绿色清洁低碳能源系统

能源是现代经济社会发展的命脉，贯穿于生产生活的方方面面。构建现代化绿色清洁低碳能源体系，实现能源系统绿色、经济、安全是绿色发展的一个关键支撑。构建现代化绿色清洁低碳能源系统要以保障安全为出发点。立足国内，推动能源供应多元化，着力优化能源结构，加快形成煤、油、气、核、新能源和可再生能源多轮驱动、协调发展的能源供应体系。坚持互利共赢开放战略，全面提升能源国际合作质量和水平，积极参与全球能源治理，构建广泛利益共同体，实现开放条件下的能源安全。

以节约优先为方针。坚持“开源”“节流”并重，坚决控制能源消费总量，彻底改变粗放型能源消费方式，科学管控劣质低效用能。提高能源利用效率，推动产业结构和能源消费结构双优化，推进能源梯级利用、循环利用和能源资源综合利用，加快形成能源节约型社会，降低社会用能成本。

以绿色低碳为方向。坚持能源绿色生产、绿色消费，切实减少对环境的破坏，保障生态安全。根据资源环境承载能力科学规划能源资源开发布局，推动能源集中式和分布式开发并举，坚持优存量和拓增量并重，降低煤炭在能源结构中的比重，大幅提高新能源和可再生能源比重，使清洁能源基本满足未来新增能源需求，实现单位国内生产总值碳排放量不断下降。

以主动创新为动力。加快能源科技创新步伐，推动能源技术从被动跟随向自主创新转变，着力突破重大关键能源技术，加快建设智慧能源管理系统，增强需求侧响应能力，实现能源生产和消费智能互动。推动能源体制机制创新，加快重点领域和关键环节改革步伐，提高能源资源配置效率，为能源转型发展提供不竭动力。

（五）构建资源再生循环利用系统

构建资源再生循环利用系统，就是要“变废为宝”，加大废弃物的再利用和资源化。某一个产业、企业的废弃物，对于另一个产业、企业而言就是生产资料，应将这些产业、企业组织在一起，从而减少社会生产系统的废弃物排放。

（六）建立区域城乡绿色协调发展机制

绿色发展要树立大局观、长远观、整体观，要从生态系统整体性着眼，这对于我国人口、资源分布严重不均的形势而言尤为重要。构建区域城乡绿色协调发展机制，实现全国绿色发展整体性和系统性是绿色发展的另一个关键支撑。

建立区域城乡绿色协调发展机制，首先，要遵循主体功能区建设这一我国经济发展和生态环境保护的大战略。完善主体功能区战略和制度，要发挥主体功能区作为国土空间开发保护基础制度作用，推动主体功能区战略格局在市县层面精准落地，健全不同主体功能区差异化协同发展长效机制，加快体制改革和法治建设，为优化国土空间开发保护格局、创新国家空间发展模式夯实基础①。

其次，在各地，发展过程中要结合所在的区位条件、资源禀赋、经济基础，放在区域、流域、全国高质量发展“一盘棋”中，研究提出差异化协同发展的新目标、新举措；各大中小城市在明确自我发展定位和方向时要立足整个城市群的发展定位和方向，找到自己错位发展的重点方向，解决好同质化发展的问题②。

最后，深入实施乡村振兴战略，打好脱贫攻坚战，发挥农村生态资源丰富的优势，吸引资本、技术、人才等要素向乡村流动，把绿水青山变成金山银山，带动贫困人口增收；积极探索推广绿水青山转化为金山银山的路径，选择具备条件的地区开展生态产品价值实现机制试点，探索政府主导、企业和社会各界参与、市场化运作、可持续的生态产品价值实现路径③。

（七）建立绿色发展的制度

绿色发展的理念和目标要依靠具体实践来落实，而实践需要有必要的绿色发展制度来保障。

根据已经实现绿色发展的发达国家经验，我国在生态环境保护领域数十年的探索，以及改革开放以来我国经济社会发展的实践经验，绿色发展的制度体系应当包括：①法律法规，例如保护生态环境质量的法律法规、绿色市场准入法律法规、环境质量标准、绿色产品与服务标准等；

① 习近平．站在更高起点谋划和推进改革[EB/OL]．新华网，2017－08－29[2018－07－17]．http://www.xinhuanet.com/politics/2017－08/29/c_1121565529.htm.

②③习近平．在深入推动长江经济带发展座谈会上的讲话[EB/OL]．新华社，2018－04－26[2018－07－17]．http://politics.people.com.cn/n1/2018/0613/c1024－30055863.html.

②决策治理和监督等行政政策，例如绿色发展规划，生态环境信息透明度，生态环境监察、督察等；③经济政策，例如生态转移支付、资源和生态环境税、排放权限额交易、鼓励绿色投融资等；④绿色市场体系，例如构建多层次、跨区域的绿色交易市场体系，促进绿色发展的价格、税收及信用体系，以及绿色市场负面清单等市场管理制度；⑤科技和创新转化政策，例如设立科技研发专项、促进绿色科技创新转化便利化等；⑥宣传教育政策，例如支持绿色发展理论研究、将绿色发展纳入教育体系等。

五、中国建设资源节约、环境友好的绿色发展体系面临的挑战

虽然绿色发展已经成为中央确定的发展理念，建设生态文明已经成为新时代坚持和发展中国特色社会主义的基本方略，近年来我国产业结构调整、能源结构调整、节能减排和控制温室气体排放取得了显著成就，公众的绿色环保理念也得到较快提升，然而我国推进绿色发展还存在很多问题，有些还是发达国家没有遇到过的问题，需要我国自行探索解决。

（一）中国经济发展尚未从根本上摆脱对资源的依赖，产业结构仍然偏重

我国经济结构自改革开放以来虽然已经得到较大幅度调整，但产业结构仍然偏重。第二产业占 GDP 的比重从 1978 年的 47.7% 下降到 2016 年的 39.8%，但与 2016 年日本的 29.5% 和德国的 30.5% 相比，还处于相对较高的状态。且从第二产业内部看，我国的第二产业增加值主要来自基础金属、化学原料和化学制品制造业以及食品加工制造业，这些行业对矿产、能源、水等资源的消耗较高；而日本的第二产业增加值主要来自汽车制造业、食品加工业、化学原料和化学制品制造业；德国的第二产业增加值主要来自机械和设备制造、汽车制造业、化学原料和化学制品制造业。同

时，我国经济整体发展对能源的依赖仍显著高于已经实现绿色发展的发达国家。2016 年我国单位 GDP 能源消费为 3.21 吨标准油当量/万美元（2010 年不变价），是同期日本的 4.4 倍，德国的 3.8 倍，丹麦的 6.5 倍，英国的 4.7 倍。这表明我国经济发展尚未从根本上摆脱对资源的依赖，经济增长与资源消耗脱钩的趋势尚不明显。

（二）中国不可能依靠进口解决经济社会发展的能源资源投入和社会消费，较大规模的能源和资源投入在所难免

2016 年，我国经济总量已经达到 11.20 万亿美元（当年价），位居全球第二，进口总额 1.59 万亿美元，出口总额 2.10 万亿美元，分别占全球的 10.8% 和 14.3%。我国的原材料进口已经占到全球的 19.8%，终端消费品出口占全球的 16.8%，终端消费品进口仅占出口的 26%。同期，英国终端消费品进口是出口的 1.57 倍，日本是 1.26 倍，丹麦是 1.14 倍，人均进口总量分别是我国的 25.6 倍、10.9 倍和 42.3 倍。2016 年，我国能源消费总量达到 30.53 亿吨标准油当量，位居全球第一，其中能源净进口量已经占到消费总量的 17.8%，石油净进口量占到消费总量的 67.6%，天然气净进口量占到消费总量的 34.3%。这表明，一方面，我国需要维持必要的农业和制造业，满足经济社会发展的消费需求，英国那种第一产业占比降到 0.6%、制造业占比降到 10.1%、大量消费品依靠进口的模式不可能满足我国经济社会发展的消费需求；另一方面，我国也急需降低经济社会发展对能源资源的投入，不能过度依赖进口，导致能源安全出现重大风险。

（三）绿色产业规模小，缺乏创新支撑，国家和地方推动绿色发展缺乏产业依托

推动绿色发展需要有相应的产业作为依托。党的十九大提出，要发展绿色金融，壮大节能环保产业、清洁生产产业、清洁能源产业，作为推动

绿色发展的重要抓手。然而据研究，截至2016年底，中国21家主要银行金融机构的绿色信贷余额达到7.51万亿元，同比增长7.13%，只占各项贷款余额的8.83%，是2016年全社会固定资产投资60.65万亿元的12.4%。2015年底，我国节能环保产业增加值占GDP比重达到2.1%左右，预计到2020年，节能环保产业增加值占GDP比重将超过3%，虽然近年来出现了快速增长，但尚不能起到支撑国民经济发展的作用。

另外，国内不少地区提出要推动绿色发展，开展了绿色发展、循环经济、低碳发展试点示范。然而这些地区提出的调整产业结构措施，几乎都是发展现代服务业、战略性新兴产业、高端制造业、低碳农业和改造传统产业，尤其是提高第三产业比重，大力发展文化创意产业、旅游业、金融服务业等，概念上较为空泛，容易新瓶装旧酒、统计贴标签，缺乏具有明确地方特色的绿色产业规划和目标。而实践表明，也不是什么地方都适合发展所有这些门类的产业。从全国看，我国各地区的文化创意产业在政府的扶持下都有了不同规模的发展，如表2－2所示，但是整体的结果却差强人意或者效果不彰，这还不包括提出要打造文化创意产业高地的一些中小城市数据。存在的问题主要包括：政府在文化创意产业发展中的角色不明，过多地参与发展扶持或者经济支撑，导致文化创意产业失去了本来应有的世界竞争能力；资金运作的狭隘思想、简单的集资行为或者民间小资本不可能造就大规模的国际化产业，自然也就退出了全球发展的舞台；缺乏科学的态度，没有完整的高等教学体系和人才培养方案，文化创意产业的发展陷入了传统的窠臼；许多地区在文化创意产业建设中，轻视自身的文化传统、原味的历史风貌，一味追求新、奇、特的文化风格，模仿、复制、抄袭现象处处可见，导致千城一面、千村一面，“空心”文化、变味的古镇比比皆是。

表 2－2　中国主要城市文创产业数据

城市	GDP（亿元）	文创增加值（亿元）	占比（%）
杭州	11050	2541	22.99
北京	24899	3751	15.06
上海	27466	3410	12.42
深圳	19493	1950	10.00
长沙	9323	810	8.69
西安	6257	500	7.99
苏州	15400	1200	7.79
武汉	11913	890	7.47
成都	12170	650	5.34
广州	19611	1043	5.32
重庆	17560	615	3.50

（四）中国改善能源结构难以实现完全脱碳化

虽然我国正在从清洁电气化和加速非电行业脱碳化两个方面同步推进能源结构转型，但我国能源结构偏重于煤炭的现象在短期内难以得到显著改变。第一，从发电侧来说，中国主要依靠燃煤电厂参与电力系统调峰，因此电源结构很难实现完全脱碳化；第二，在工业行业，很多工艺热需求难以用电力实现完全替代，导致仍存在一定量的煤炭需求；第三，在交通行业，电动汽车的推广仍需一定时日，燃油汽车还会排放大量温室气体。已有研究表明，即使在高可再生能源情景下，2050 年煤炭消耗下降到 5.8 亿吨（在一次能源总量中占 17%），但 2050 年二氧化碳排放量仍达 30 亿吨，能源结构难以实现完全脱碳化，这与一些西方国家提出的 2050 年实现净零碳排放还有很大差距，如图 2－10 所示。

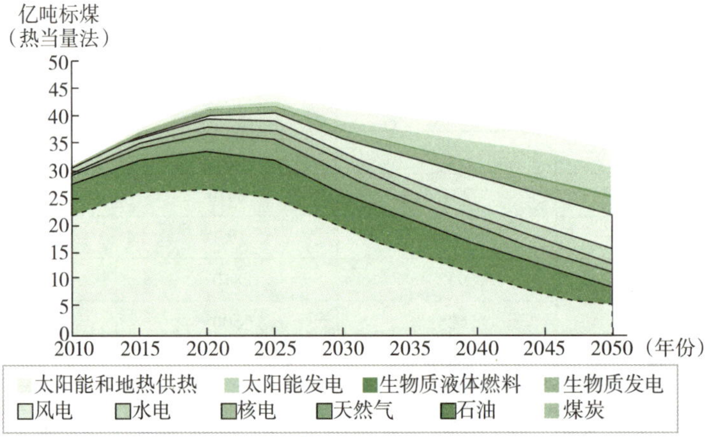

图2－10　中国一次能源消费

（五）中国物质消费快速增长缺乏必要引导

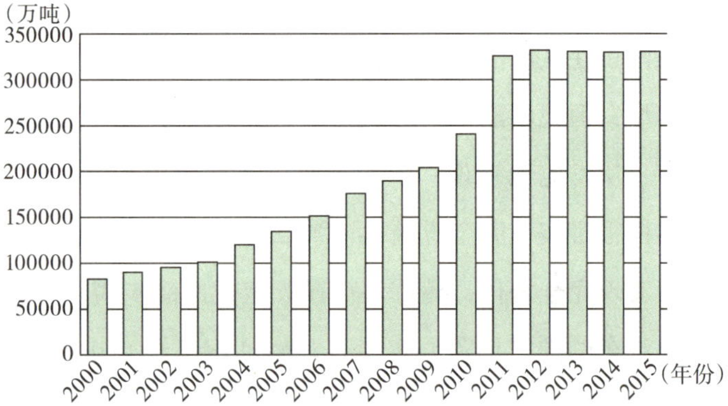

图2－11　2000—2015年中国工业固体废弃物产生量变化

绿色发展是高水平的发展，要满足人民群众的物质消费需求；但绿色发展同时也是资源节约的发展，不能提倡奢侈浪费型消费。我国近年来固体废弃物产生量快速增长，除了传统工业生产的固体废弃物排放外，如图2－11所示，一些新业态在成为新经济增长点的同时，带来的环境污染不容忽视。我国由快递包裹产生的包装废弃物达到了百万吨级，但回收率不足10%；一年使用的胶带长度可以绕地球赤道425圈，需要上百年才能够在大自然中被完全降解。另外，我国耐用消费品的使用寿命普遍偏低，中国建筑的平均寿命为23.2年，远低于美国建筑的74年、法国建筑的102年以及英国建筑的130年。从基于消费的角度来看，建筑业2011年的全生命周期用水量、能耗量以及碳排放量分别贡献了全行业的4.7%、14.1%和17%，远远高于它的直接贡献（0.65%、0.80%和0.31%）。其原因非常明显，建筑行业对于它的上游行业依赖性非常大，例如电力、钢铁和水泥等行业，而这些上游行业都是高能（水）耗、高排放行业。这也不利于我国建设节约型社会，不利于实现绿色发展。

（六）国土空间开发格局有待优化，部分地区人口密度过大，容易突破环境容量

绿色发展必须确保生态环境质量维持在高水平，而我国部分地区人口密度过大，加上能源和资源消费缺乏有效节约控制，导致这些地区的环境容量极易被突破，造成持久性、频繁性、高强度环境污染。由于自然环境和历史原因，“胡焕庸线”东南方43%的国土，居住着全国94%左右的人口。沿海各省市以全国12%的面积，承载着全国56%的经济总量和40%的人口，这对土地资源、水资源、大气环境和水环境造成了很大的压力。京津冀、江浙沪和广东省等区域是中国城镇化水平最高的区域，城镇化的发展需要占用大量的土地和生态空间，而我国资源利用效率的提高显著滞后于城镇化的发展，造成区域资源枯竭和环境容量超载。

前文提到，日本人口众多、人口密度大，2015年日本地均能耗为1685吨标准煤/平方千米，比英国的1117吨标准煤/平方千米和德国的1270吨标准煤/平方千米都高出许多，更是丹麦的3倍、瑞典的10倍。即便如此，日本的地均能耗水平也不到我国北京的1/2，上海的1/10（如图2-12a）。这主要是我国大城市人口过于密集、产业偏重造成的。

钢铁和水泥行业是典型的高耗能、高污染、资源密集型行业，“两高一资”产业在京津冀、江浙沪和广东省的密集发展（图2-12b和

图2－12c），给区域生态承载力带来了巨大压力。虽然国务院从2006年至今出台了多个化解产能过剩的政策文件，但多年来迅猛发展积累的布局不尽合理的、与资源能源环境等外部条件的发展不相适应的过剩产能很难在短期内化解。同时，需要注意到，去产能会带来大量的失业工人。虽然中央财政安排1000亿元专项奖补资金予以支持，用于分流职工安置。然而，由于劳动技能的不匹配，这些被解雇的工人仍然面临着重新就业的巨大挑战，在人员密集地区，这些由于去产能带来的社会问题必须被妥善处理。

除了工业用能需求之外，京津冀、江浙沪和广东省高密度的人口聚集，也引致了大量的生活用能需求（如交通用能需求和居民建筑用能需求等）。高用能需求加上以化石能源为主的能源结构，产生了大量的大气污染物排放。如图2－12d、图2－12e和图2－12f所示，天津、河北、江苏和上海的地均二氧化硫、氮氧化物以及烟（粉）尘排放量，与其地均钢铁和水泥产量有较高的一致性；北京的污染物排放主要来自移动源。2017年京津冀城市优良天数比例仅为56.0%（平均值）；长三角地区和珠三角地区2017年城市优良天数比例分别为74.8%和84.5%，但是均比2016年有所下降。空气污染带来的健康影响与人口密度高度相关，人口密度越高，带来的健康损害也就越高，该区域的疾病负担就越重。疾病负担加重会导致疾病治疗成本的显著提升，如果不及时改善这一状况，这些区域的国民经济和社会发展的成果将被抵消，人民的生活质量也将受到影响。

由于人口密集以及工业发展偏重，京津冀、江浙沪和广东省等区域也产生了大量的COD排放（图2－12g）、工业固体废弃物（图2－12h）以及生活垃圾（图2－12i）。COD排放会显著污染周边水体，京津冀与江浙沪附近的近海海域水质均为劣四类到三类海水；广东与澳门和香港接壤的珠江口也为劣四类海水。同时，这些地区大量的工业固体废弃物以及生活垃圾没有得到良好的处理，只是简单填埋，导致面临“垃圾围城”的窘境。

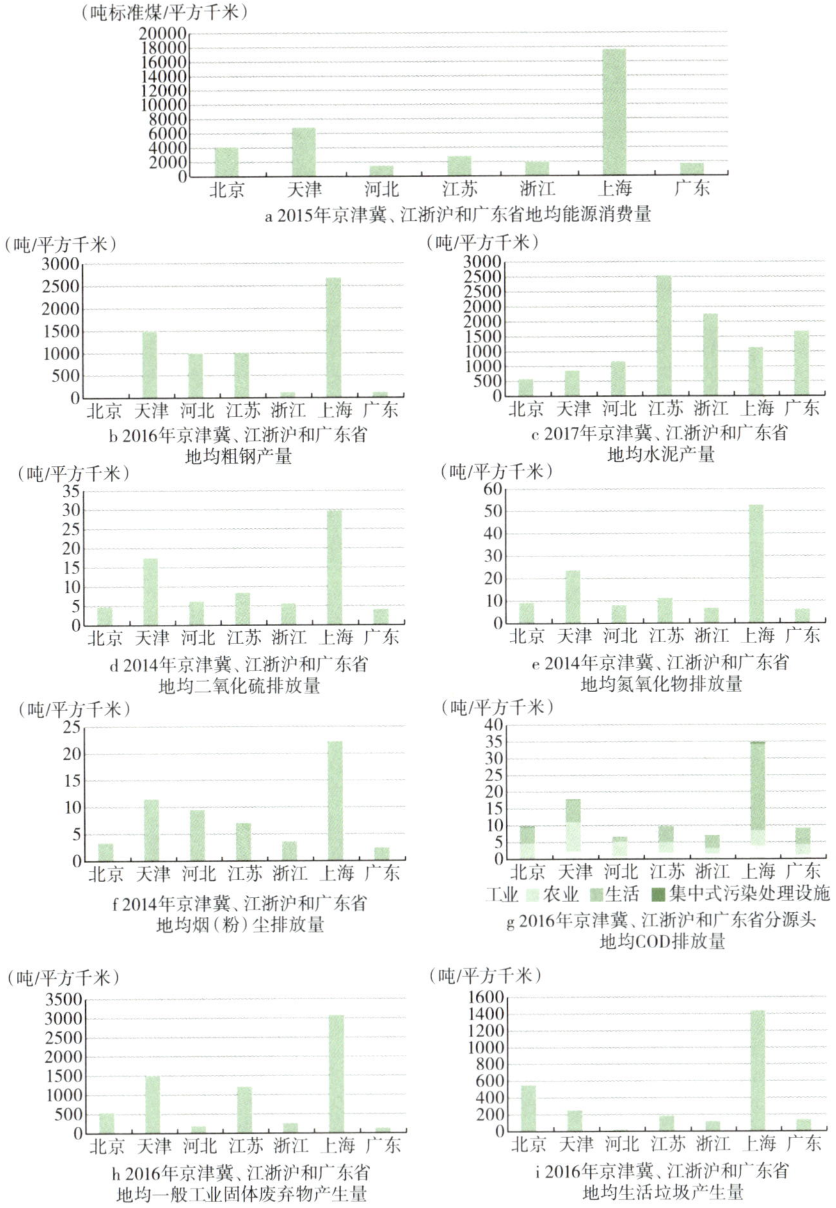

图2－12　京津冀、江浙沪和广东省相关经济指标

（七）人口素质尚不足以满足绿色发展需求

很难对人口素质与公众的绿色发展和生态环境保护意识进行标准化的

统计。国内的一些研究认为，在我国，对环境质量的需求不仅取决于客观的污染程度，还取决于人们的收入水平。收入水平提高后，人们对环境质量改善的需求更强烈，也具有更强的支付能力来支持生态环境保护。而对北京市、上海市、福建省的调查研究表明，居民普遍接受环境保护的观念，但环境意识的总体水平不高；对环境问题的关注呈典型的“自我保护型”，对远离自己生活的环境问题则敏感性不强、关注程度较低、保护环境的行为也相对消极和被动，这与西方发达国家公众普遍关注气候变化等全球性环境问题显著不同；对环境保护责任主体的认知呈明显的“政府依赖型”，这也与西方发达国家公众自觉采取环境保护行动的状况不同；受教育程度更高、环境知识水平更高，对环境状况的认知更为准确、持有的环境价值观更为正确，保护环境的态度和行为也更为积极；观念与行为相对脱节，观念先行，行为滞后，这也表现在习近平总书记 2016 年指出的“垃圾分类试点试行了十六年基本上仍在原地踏步”。

六、总结

构建资源节约、环境友好的绿色发展体系，是现代化经济体系建设中具有引领性的组成部分，是现代化经济体系建设能否推动实现高质量发展的关键。绿色发展要摒弃“大量生产、大量消耗、大量排放”的生产模式和消费模式，以正确的人与自然和谐共生的理念为指导，形成物质资源消耗少、资源利用效率高、环境负面影响小，依靠理念和技术创新，在生态环境承载力下最大、优质满足人的合理需求的精细化发展模式。

构建绿色发展体系，需要以绿色发展目标责任制度为导向，以绿色发展制度为保障，以绿色供给模式和绿色消费模式为两大基本支柱，以现代化绿色清洁低碳能源系统、资源再生循环利用系统和区域城乡绿色协调发展机制为三大关键支撑，形成生产生活循环链接，资源、生产、消费相匹配、相适应的有机整体。

我国当前构建绿色发展体系，面临着产业结构偏重、能源结构偏煤、产业布局偏乱、进口难以替代国内能源资源投入、绿色产业规模偏小、物质消费增长过快、缺乏引导等问题。

为构建绿色发展体系，我国还应当提升人口素质，使绿色发展的观念融入社会生产与生活，使创新引领经济社会发展成为可能；完善绿色转移支付，在保护绿水青山中探索推广绿水青山转化为金山银山的路径；完善绿色消费政策，发挥消费品质提升对物质、精神和生态产品供给的引领作用；强化绿色科技研发，以技术作为资源节约、环境保护的兜底手段。

参考文献

[1]《老子》第二十五章。

[2]《老子》第四十六章。

[3]《论语·八佾》。

[4]《论语·学而》。

[5]《论语·学而》:“道千乘之国,敬事而信,节用而爱人,使民以时”。

[6]《论语·尧曰》。

[7]《论语·子罕》。

[8]《吕氏春秋·孝行览·义赏》:“竭泽而渔,岂不获得？而明年无鱼;焚薮而田,岂不获得？而明年无兽”。

[9]《墨子·辞过》。

[10]《墨子·节用(上)》:“去无用之费,圣王之道,天下之大利也”。

[11]《秦律·田律》:“春二月,毋敢伐材木山林及雍堤水。不夏月,毋敢夜草为灰,取生荔、麛鷇,毋毒鱼鳖,置罔,到七月而纵之”。

[12]《史记·五帝本纪》。

[13]《史记·周本纪》:“成王既崩,二公率诸侯,以太子钊见於先王庙,申告以文王、武王之所以为王业之不易,务在节俭,毋多欲”。

[14]《周易·节卦》:“不节若,则嗟若,无咎;安节,亨”。

[15]《朱子语类·卷十二》。

[16]《庄子·齐物论》。

[17]《资治通鉴·唐纪十四》。

[18] BP (British Petroleum). 2017 Statistical Review of World Energy [EB/OL]. [2017-12-13]. https://www.bp.com/en/global/corporate/energy-economics/statistical-review-of-world-energy.html.

[19] Cai W, Wan L, Jiang Y, et al. The Short-lived Buildings in China: Impacts on Water, Energy and Carbon Emissions[J]. Environmental Science & Technology, 2015, 49(24):13921-13928.

[20] DTI (Department for Trade and Industry). Energy White Paper: Our Energy Future- creating a Low Carbon Economy[M]. London: TSO,2003.

[21] Eurostat. Database [EB/OL]. [2018-06-11]. http://ec.europa.eu/eurostat/data/database.

[22] http://www.sohu.com/a/240997887_371463.

[23] https://www.bp.com/en/global/corporate/energy-economics/statistical-review-of-world-energy.html.

[24] IEA (International Energy Agency). Energy Policies of IEA Countries: The United Kingdom, 2012 Review. Paris: International Energy Agency, 2012.

[25] UNEP (United Nations Environment Programme). Establishing China's Green Financial System: Progress Report 2017[R]. 2017.

[26] Waller R E. London Fog[J]. Science, 1968, 161(3836):6-7.

[27]白瑞，秦书生．论我国绿色发展思想的形成[J]．经济纵横，2012(7)：106-109.

[28]蔡闻佳，惠婧璇，宫鹏，等．中国应对气候变化和改善公众健康的挑战与政策建议[J]．科学通报，2018(13).

[29]董鑫，李伟．全球能源转型将加速“脱碳化”[EB/OL]．2017-08-20[2018-06-30]．https://www.yicai.com/news/5333058.html.

[30]高吉喜，陈圣宾．依据生态承载力优化国土空间开发格局[J].环境保护，2014，42(24)：12－18.

[31]谷立静，裴庆冰，白泉．国内外绿色产业和绿色项目界定情况比较研究[J].环境保护，2018(10)：25－31.

[32]国家统计局能源统计司．中国能源统计年鉴2017[M].北京：中国统计出版社，2017.

[33]黄茂兴，叶琪．马克思主义绿色发展观与当代中国的绿色发展——兼评环境与发展不相容论[J].经济研究，2017(6)：17－30.

[34]金瑶梅．何以引领美丽中国建设——绿色发展理念的理论渊源[J].探索与争鸣，2017(11)：18－20.

[35]经济参考报．快递包装污染:包装回收不足10%　胶带降解需百年[EB/OL].2017－05－16[2018－06－30].http://www.xinhuanet.com/politics/2017－05/16/c_1120978273.htm.

[36]黎昕．民间环境意识与现代环境保护——关于沿海地区民间环境意识的调查分析[J].福建论坛(经济社会版)，2003(2)：54－58.

[37]李稻葵．德国经济模式的五个支柱及借鉴意义[J].中国中小企业，2013(7)：40－41.

[38]李果，郭婧玉．11城文创产业比拼:杭州稳居文创第一城[EB/OL].2017－08－02[2018－06－30].http://finance.sina.com.cn/china/dfjj/2017－08－02/doc－ifyinwmp1339366.shtml.

[39]李维刚，于存皓．人均GDP和幸福指数的关系分析[J].中国经贸导刊，2013(11)：12－13.

[40]李晓西，王佳宁．绿色产业:怎样发展，如何界定政府角色[J].改革，2018(2)：5－19.

[41]李晓西．"绿色化"突出了绿色发展的三个新特征[EB/OL].2015－05－20[2018－07－17].http://www.xinhuanet.com/politics/2015－05/20/c_127820349.htm.

[42]联合国工业发展组织数据库,https://stat. unido. org/app/country/VA. htm? Country =004&Group = null.

[43]刘思华. 科学发展观视域中的绿色发展[J]. 当代经济研究,2011(5):65 – 70.

[44]马本,张莉,郑新业. 收入水平、污染密度与公众环境质量需求[J]. 世界经济,2017,40(9):147 – 171.

[45]每日财经网. 日本东京湾区产业发展分析:专业分工错位发展[EB/OL]. 2017 – 03 – 20 [2018 – 06 – 11]. http://www. mrcjcn. com/n/211768. html.

[46]孟祺. 德国制造业产业升级对中国的启示[J]. 国际经济合作,2013(3):38 – 41.

[47]彭璟玮. 中国文化创意产业:现状、特征及问题[J]. 经济师,2017(10):49 – 51.

[48]人民政协网. 李克强:加大对落后产能的去产能力度[EB/OL]. 2018 – 03 – 05[2018 – 07 – 17]. http://www. ccement. com/news/content/9397468743904. html.

[49]生态环境部. 2017 年中国生态环境状况公报[EB/OL]. 2018 – 05 – 13 [2018 – 07 – 17]. http://www. zhb. gov. cn/hjzl/zghjzkgb/lnzghjzkgb/.

[50]施锦芳,李博文. 日本绿色消费方式的发展与启示——基于理念演进、制度构建的分析[J]. 日本研究,2017(4):56 – 62.

[51]史世伟. 德国国家创新体系与德国制造业的竞争优势[J]. 德国研究,2009,24(1):4 – 8.

[52]世界银行,https://wits. worldbank. org/countrysnapshot/en/CHN.

[53]世界银行. 世界银行公开数据[EB/OL]. [2018 – 06 – 11]. https://data. worldbank. org. cn/.

[54]苏宁金融研究院. 去产能两年半,还有哪些产业存在过剩? [EB/OL]. 2018 – 07 – 15[2018 – 07 – 17].

[55]孙晓霞. 日本绿色产业发展政策分析[J]. 现代营销(下旬刊),2017(12):12.

［56］王芳，杨雄．上海市民的环境意识：现状、问题与对策研究［J］．华东理工大学学报（社会科学版），2006，21（1）：1－11.

［57］王金南，曹东，陈潇君．国家绿色发展战略规划的初步构想［J］．环境保护，2006（3b）：39－43.

［58］王善成．绿色消费发展情况［J］．中国经贸导刊，2018（12）：37－38.

［59］王彤．健康，如何“融入万策”［EB/OL］．2017－02－10［2018－04－10］．http://views.ce.cn/view/ent/201702/10/t20170210_20108364.shtml.

［60］王颖杰．绿色发展理念的人文意蕴［J］．中共浙江省委党校学报，2017（6）：123－128.

［61］吴敬琏．中国增长模式抉择（第三版）［M］．上海：上海远东出版社，2008.

［62］．杨玉英．中国生产性服务业发展战略［M］．北京：经济科学出版社，2010.

［63］习近平．保护生态环境应该而且必须成为发展的题中应有之义［A］//习近平谈治国理政（第二卷）［M］．北京：外文出版社，2017：392.

［64］习近平．在纪念马克思诞辰200周年大会上的讲话［EB/OL］．新华网，2018－05－04［2018－07－17］．http://www.xinhuanet.com/2018－05/04/c_1122784792.htm.

［65］习近平．在全国生态环境保护大会上的讲话：坚决打好污染防治攻坚战　推动生态文明建设迈上新台阶［EB/OL］．新华社，2018－05－20［2018－07－17］．http://baijiahao.baidu.com/s? id = 1600941295287079568&wfr = spider&for = pc.

［66］习近平．在深入推动长江经济带发展座谈会上的讲话［EB/OL］．新华社，2018－04－26［2018－07－17］．http://politics.people.com.cn/n1/2018/0613/c1024－30055863.html.

［67］习近平．站在更高起点谋划和推进改革［EB/OL］．新华网，2017－08－29［2018－07－17］．http://www.xinhuanet.com/politics/2017－08/29/

c_1121565529. htm.

[68]习近平．在十八届中央政治局第六次集体学习时的讲话[EB/OL]．人民网,2013－05－24.

[69]习近平:建设美丽中国,改善生态环境就是发展生产力[EB/OL]．2016－12－01[2018－07－17]．http://cpc. people. com. cn/xuexi/n1/2016/1201/c385476－28916113. html.

[70]我国节能环保产业增加值占 GDP 比重已超过 2%[EB/OL]．新华社，2016－11－28[2018－06－30]．http://www. xinhuanet. com/2016－11/28/c_1120007907. htm.

[71]徐占忱，刘向东．借鉴德国经验做大做强我国实体经济[J]．宏观经济管理，2012(11):83－84.

[72]央广网．北京发布新一轮 PM2. 5 源解析　本地排放中移动源占比最大[EB/OL]．2018－05－14[2018－07－17]．http://china. cnr. cn/NewsFeeds/20180514/t20180514_524232908. shtml.

[73]杨伟民．党的十九大报告辅导读本(第一版)[M]．北京:人民出版社，2017: 371－377.

[74]杨文利．周恩来与中国环境保护工作的起步[J]．当代中国史研究，2008(3):21－26.

[75]于惊涛，王珊珊．基于低碳的绿色增长及绿色创新——中、美、英、德、日、韩实证与比较研究[J]．科学学研究，2016，34(4):528－538.

[76]张晨栋，宋德勇．工业化进程中碳排放变化趋势研究——基于主要发达国家 1850—2005 年的经验启示[J]．生态经济，2011(10):24－28.

[77]中国网新闻中心．京津冀深陷“垃圾围城”窘境　北京日产垃圾 1. 83 万吨[EB/OL]．2013－03－20[2018－07－17]．http://news. china. com. cn/txt/2013－03/20/content_28307140. htm.

[78]周光毅．中国文化创意产业的发展现状与问题研究[J]．艺术百家，2015(3):76－84.

[79]周景博，邹骥．北京市公众环境意识的总体评价与影响因素[J]．北京社会科学，2005(2):128-133.

[80]朱坦，高帅．关于我国生态文明建设中绿色发展、循环发展、低碳发展的几点认识[J]．环境保护，2017，45(8):10-13.

[81]诸大建．最近10年国外循环经济进展及对中国深化发展的启示[J]．中国人口·资源与环境，2017，27(8):9-16.

[82]祝丹．福建省人均GDP预测模型及其应用[J]．闽南师范大学学报(哲学社会科学版)，2008，22(2):35-39.

专题二　资源节约、环境友好绿色发展体系国际经验研究

内容提要：为应对高能耗、高污染的“褐色经济”带来的一系列社会、经济与环境问题，绿色发展成为世界经济秩序重构和全球环境治理的重要手段。从当前全球绿色发展形势出发，报告分析国际组织及各国推动绿色发展的政策框架、激励机制等先进经验，提出绿色发展成为破解我国资源环境约束和经济可持续发展的必然要求，需构建完善的绿色发展法律体系，并形成绿色财税政策、绿色技术创新、绿色金融共同推动的激励机制，以推动我国绿色发展实施路径。

一、绿色发展理念成为当今世界经济秩序重构和全球环境治理的重要手段

（一）应对“褐色经济”带来的社会、经济与环境问题

21 世纪的第一个 10 年，环境危机和能源资源危机以及世界金融体系和经济体系危机呈爆发式加剧，使各类长期存在的社会问题加速变化，深刻影响了整个世界。2008 年以来，绿色发展这一理念从环境发展经济学的专业领域中脱颖而出并逐步完善，成为世界经济秩序重构和全球环境治理的重要手段。

2008 年 10 月，联合国环境规划署在主题为“筹集资金，迎接气候挑

战”的全球环境部长会议上提出了“全球绿色新政”和“发展绿色经济”的倡议，呼吁全球从“褐色经济”向“绿色经济”转变。随后的2009年3月，联合国环境规划署发布了绿色新政的政策简报，并于同年9月向20国峰会提交了全球绿色新政报告的更新版本，希望通过重构关键部门的政策和投资，促进经济的“绿色化”转型，在复苏经济、增加就业的同时，更有力地应对气候变化。2011年2月21日，联合国环境规划署在第26届理事会暨全球部长级环境论坛上发布了《绿色经济报告》，为全球经济描绘了绿色发展的新蓝图，阐明绿色经济是全球经济增长的新引擎，也是就业机会的新来源，将成为实现可持续发展和消除长期贫困的重要战略。

OECD国家在2009年6月通过部长级理事会宣言，“绿色增长”被重点倡导，期望在短期内通过绿色投资和政策工具促进经济复苏，长期内以建立绿色经济的环境友好型基础设施来促进可持续增长，同时向可持续的低碳经济转变。

2011年，全球绿色增长论坛（3GF）由丹麦、韩国、墨西哥等国家共同发起成立，旨在为各国政府部门和企业界搭建互动沟通并能协调行动的高层对话平台，为持续推动绿色能源和绿色经济的发展寻找解决方案。

（二）将绿色发展与全球经济增长及转型紧密结合

近年来，世界各国纷纷立足全球视野，及时把握国际环境政策发展趋势，持续推进国家环境政策革新，及早制定可持续、绿色发展的国家与地区环境政策规划，优先确立环境政策领潮者地位和国际竞争优势。联邦德国渐进有序地将“生态现代化”从学术圈研讨确立为执政党的基本国策。荷兰自1988年起连续推出本国的《国家环境政策计划》，强调绿色发展的体制创新。生态现代化模式以环境保护与经济增长目标的并重与共赢为核心理念，是欧盟及其核心国家成功探索出来的一种绿色发展理念和战略。欧盟自1973年以来连续制定实施6个环境行动计划（EAPs），使绿色经济与技术优势成为欧盟在全球气候变化谈判中的政治实力，欧盟及其核心国家也从 20 世纪 90 年代中期起成为全球气候变化应对中的绿色领袖。

（三）积极探索设计良好的政策框架，指引绿色发展方向

欧盟强调绿色发展多领域的协调与整合，2009 年，正式启动欧盟区域范围内的整体绿色经济发展计划，计划投资 1050 亿欧元支持绿色发展计划在各欧盟成员国的推行，包括用来帮助欧盟各国执行欧盟环保法规、研究创新改善废弃物的处理技术，预算费用分别为 540 亿欧元和 280 亿欧元，以此来促进欧盟绿色就业和经济增长，使欧盟的绿色产业发展具有国际先进水平和全球竞争力。2010 年 3 月，欧盟委员会发布了《欧盟 2020 战略》，将低碳经济发展作为引导欧盟走出经济危机、促进经济复苏的重大举措。德国以可再生能源和工业的生态化转型为发展重点。2009 年德国《可再生能源法》正式生效，同年 6 月，德国公布了一份旨在推动德国经济现代化的战略文件，强调发展生态工业政策应成为德国经济的指导方针。2010 年 4—6 月，法国先后公布了《绿色法案》及《2010—2013 年国家可持续发展战略》，试图从绿色工业和可持续性农业等方面构建“绿色而公平的经济”，以实现“生态善治”。丹麦、荷兰、瑞典已经成功摆脱传统的粗放型增长方式，形成有利于资源环境可持续发展的绿色发展方式。丹麦是绿色发展的全球领跑者，在实现经济增长的同时，能源消耗维持不变，二氧化碳排放量逐步下降。在 20 世纪 70 年代以前，丹麦约 93% 的能源消费需要依赖进口。但 70 年代的两次世界石油危机让丹麦开始尝试改变过去依赖于传统能源的模式，在能源消费结构上努力实现从“依赖型”向“自力型”转变。从 1980 年起，丹麦掀起了两次能源革命，把发展低碳经济置于国家战略高度，并制定了适合本国国情的能源发展战略。随后，丹麦政府采取了一系列政策措施来推动零碳经济，例如，实行财政补贴和价格激励政策；推动可再生能源进入市场，包括对“绿色”用电和近海风电的定价优惠；对生物质能发电采取财政补贴激励政策；等等。在制定了一系列低碳经济发展政策后，丹麦政府又进一步加强立法来巩固既定政策的

实施。自1993年通过环境税收改革的决议以来，丹麦逐渐形成了以能源税为核心，包括水、垃圾、废水、塑料袋等16种税收的环境税体制，具体举措则包括从2008年开始提高现有的二氧化碳税和从2010年开始实施新的氮氧化物税标准。与此同时，丹麦政府也对节能环保的产业与行为进行税收减免。长期以来，公私部门和社会各界之间的有效合作（Public - Private Partnership）是丹麦绿色发展战略的基础。在发展绿色大型项目时，在商业中融合自上而下的政策和自下而上的解决方案，有效地促进了领先企业、投资人和公共组织在绿色经济增长中取长补短，更高效地实现公益目标。

为了落实里约会议通过的人类可持续发展战略，荷兰自1988年起连续推出《国家环境政策计划》，制定了经济发展与环境保护的互利性原则，政府与各行为主体互动性原则，经济增长与环境压力、资源消耗脱钩原则，全球环境治理原则，全球环境市场原则，并明确强调，荷兰未来的首要原则是“可持续发展”（环境、经济和社会的平衡发展）。瑞典一直将生态环境保护放在首位，要求生产环节必须节约资源，保护环境。瑞典更是长期致力于本国以及国际生态环境建设，既要创建绿色之邦，又要推动人类的可持续发展。瑞典在新能源开发及利用、循环经济、生态农业、环保建筑、环境教育、生态城市、环境法以及环保节能技术等方面都形成了一套自身独特的绿色发展思路和经验。

英国于2009年7月15日发布了《低碳转型计划》和《可再生战略》等国家战略文件，明确要求英国政府将碳排放管理规划放在政府预算框架内，标志着英国成为世界上第一个特别设立碳排放预算的国家。

美国国会通过《综合环境反应、补偿和责任法》，明确以保护环境责任为目标；为了应对气候变化，2007年，美国国会先后通过了《气候安全法案》《低碳经济法案》《减缓全球变暖法案》《气候责任法案》《全球变暖污染控制法案》以及《气候责任和创新法案》等一系列相互配合的重要法案。2010 年 10 月，美国 56 个行政机构发布并开始实施《可持续力绩效战略规划》，发动政府部门在温室气体减排、水资源与能源利用、污染预防和废物减量化等领域做出表率，以经济复苏为契机倡导建立“清洁能源经济”。

日本于 20 世纪 90 年代就开始了保护环境、减少污染、节约资源的循环经济政策实践，并于 2000 年颁布《建立循环型社会基本法》，正式确立了发展循环经济、构建循环社会的目标。2009 年 7 月，韩国公布《绿色增长国家战略及五年计划》，计划 2009—2013 年累计投资 107 万亿韩元发展绿色经济，争取通过发展绿色产业、应对气候变化和能源自立等战略在 2020 年跻身全球 7 个“绿色大国”。

（四）设置绿色发展机构，协调经济和环境等多重领域的工作任务

各国在机构设置方面也进行了大胆尝试。美国政府在《可持续力绩效战略规划》实施过程中，通过设置独立协调机构和专门官员均衡各方力量，保证可持续力战略目标的实现。美国通过 13514 号行政命令，授权专门的协调机构——联邦环境执行官办公室确定该规划的实施策略，并监督主管部门执行情况，协调环保署与其他部门间的环境事务和冲突，同时明确指定由环境质量委员会和管理与预算办公室承担该规划跨部门指导委员会的职能。前者负责可持续力目标的制定、监督与评估，后者负责预算、绩效及拨款事宜。此外，联邦环境执行官办公室根据该规划的重点领域，确定了由包括环保署在内的 4 个业务主导部门拟定相关技术导则和减排策略，并要求各个执行机构指派高级官员专门负责该规划的编制与实施。

为促使经济实现绿色发展，北欧各国纷纷建立并不断完善绿色机制，同时成立相关机构行使指导、推进、监管等职责。早在 1967 年，瑞典就成立了环境保护局，这是世界上第一个环保机构。1972 年，挪威也成立了环境部，后续设立国家污染控制局、自然资源管理局等环保机构。1976 年，丹麦能源署正式设立，成为推进绿色发展的重要机构和领导核心，同

时丹麦还设有环境部，共同解决相关环境问题。

在推进绿色增长战略时，韩国设置了直属于总统办公室的绿色增长委员会负责相关协调工作，其下设 3 个子委员会，分别命名为绿色增长和行业、气候变化和能源、绿色生活和可持续发展。还设置了绿色办公室专门负责二氧化碳减排。同时，韩国财政部、环境部、知识经济部均采取措施支持绿色技术的开发、推广应用和产业化，通力配合打造韩国的绿色竞争力。

（五）创新财税金融政策，支持绿色发展

英国用家庭补偿金来鼓励民众主动改造房屋中的落后耗能设备，以安装清洁能源设备为替代，另外还倡导绿色消费，鼓励人们购买绿色环保产品。为了顺利走上绿色经济发展道路，德国鼓励私人在环保方面进行投资，希望通过筹集公众和私人资金来建立环保和创新基金，以补充国家的资金投入。同时，德国也是国际绿色信贷的主要发起国之一，经过多年的发展，德国绿色信贷政策成熟完善，体系健全完备，成效显著。表现在政府和各种政策性银行能够为环保和节能项目提供低管理成本的贴息贷款，政府在这个过程中通过制定贴息及相关的管理办法来规范绿色信贷行为，保证各类贷款项目都通过公开、透明的招标形式开展。美国在税收方面对企业购买使用符合标准的环保设备予以减免税优惠，对企业和家庭使用太阳能发电设备减免所得税的最高额度是投资成本的 30%。同时，美国政府积极推进绿色采购，要求政府机关必须优先采购绿色产品、使用再生物品，并公布了《环境有利型产品之采购指南》，进一步规范了政府的绿色采购行为。丹麦政府为发展低碳经济、实现绿色发展，征收名目繁多的绿色税。瑞典政府为使民众减少使用化石能源，规定消耗化石能源必须缴纳二氧化碳税。日本为节约能源的家庭提供补助金，对企业实行税收优惠和补助金制度。

绿色金融已经成为推动绿色发展的重要动力。美国作为发达经济体，

在绿色金融领域起步较早。美国将绿色环保责任写入相关环境法律，并制定相应的绿色金融法规，保证绿色金融有法可依，运用法律制度的强制力促进绿色金融发展。在完善的环境法律体系之下，联邦政府及各州政府制定了多部促进绿色金融发展的法律、法规，明确了对金融机构、产业部门、市场中介和个人等主体的相应规范，为优化配置绿色金融资金奠定了良好基础。在欧洲，主要是由各国政府通过制定规则、培育市场支持绿色金融发展。以绿色债券为例，国际资本市场协会（ICMA）联合 130 多家金融机构共同发布《绿色债券原则》，指出绿色债券是“将所得资金专门用于环境保护、可持续发展或减缓和适应气候变化等绿色项目融资或再融资的债券工具”。虽然《绿色债券原则》是不具有强制效力的自愿性规则，但欧洲各国政府仍然积极推动行业协会等非官方机构制定此类规则。这些规则作为绿色金融市场基础设施的重要组成部分，是培育绿色金融市场的重要基石。我国需尽快完善国内绿色金融政策和规则，并积极参与国际绿色金融市场和国际规则制定，争取全球绿色金融领先地位。

（六）重视绿色技术创新与推广

欧洲国家创新指数一直居于世界前列，且许多绿色技术居世界领先水平，为欧洲国家的绿色发展提供了有力的技术支持。瑞典环境技术处在全球先进水平，不仅服务于本国的环境保护，而且环境技术的出口也有力地推动了其他国家的绿色发展。丹麦的能源技术处在世界前沿，为新能源产业发展提供了技术支撑，同时能源技术出口量逐年上升，使能源产业成为丹麦的主要经济增长点。英国政府通过支持研发新的绿色技术来推动绿色制造业的发展。为了确保英国在碳捕获、清洁煤等新技术领域始终处于优势地位，英国政府从政策和资金方面向低碳产业倾斜，并不断降低新生产汽车的二氧化碳排放标准，要求在 2007 年的基础上平均降低 40%。美国在能源和环境领域加大了科研投入与总体部署，不断扩大替代能源的使用范围，减少化石能源消耗和碳化物的排放。同时美国政府还对大学、实验室等研究机构提供资金支持，为绿色发展提供技术支撑。

（七）通过国际环境协议的形式推动绿色转型

《关于消耗臭氧层物质的蒙特利尔议定书》作为最为成功的多边环境协议之一，促进了淘汰臭氧层消耗物质工业的发展；《联合国气候变化框架公约》是对推进绿色发展最具影响力的多边环境协议，该公约要求发达国家作为温室气体的排放大户，采取具体措施限制温室气体的排放，发展中国家需制订并执行含有关于温室气体源与汇方面措施的方案。而在《联合国气候变化框架公约》下的《京都议定书》针对发达国家首次规定了具有法律约束力的减少温室气体排放的具体目标和时间表，这在应对全球气候变化、绿色转型中是一个突破，代表着经济和环境政策全球化倾向的一个高峰，并界定了21世纪全球努力解决气候变化的基本结构要素，已经促进了许多绿色行业的增长，而后京都碳框架的续签将是决定未来全球绿色发展速度和规模的最重要因素。

二、国际绿色发展的显著特征

（一）绿色发展在观念上已经达成共识

21世纪的第一个10年，环境危机和能源资源危机以及世界金融体系和经济体系危机呈爆发式加剧，使各类长期存在的社会问题加速变化，深刻影响了整个世界。2008年以来，为应对高能耗、高污染的“褐色经济”带来的一系列社会、经济与环境问题，绿色发展成为世界经济秩序重构和全球环境治理的重要手段。各国都在调整发展方向，在技术开发、国际贸易、国内国际投资等领域瞄准未来绿色发展方向，实施绿色转型战略。2009年经合组织（OECD）部长级理事会上，30个成员国连同智利、爱沙尼亚、以色列和斯洛文尼亚等34个国家发布《绿色增长宣言》，倡导绿色增长。2011年，联合国环境规划署发布的《迈向绿色经济——实现可持续发展和消除贫困的各种途径》报告指出，从2011年到2050年，每年将全球生产总值的2%投资于10大主要经济部门可以加快向低碳、资源有效的绿色经济转型。2013年世界银行与中国国务院发展研究中心共同推出的《2030年的中国：建设现代、和谐、有创造力的社会》的报告强调指出："目前，世界正处在一个发展的十字路口。由于现有发展方式难以持续，无论是中国还是世界，都需要寻找新的模式。绿色发展就正是这样一种新模式，其有可能带来经济、社会、环境以及政府角色的全面转型。它是一个机遇：一扇新的机会之门。"在这种全球绿色转型的大背景下，2015年巴黎气候大会《巴黎协定》的达成无疑为这种已经开始了的全球趋势注入了更加强劲的推动力量，预示着全球化石燃料时代将会走向终结。2016年G20峰会首次将"绿色金融"纳入议题，2017年达沃斯论坛热议绿色发展路线图。绿色发展在观念上已经成为共识，已经成为全球性潮流。

（二）全球发达国家和新兴市场国家逐步向绿色发展转型

自2008年全球金融危机以来，绿色发展理念成为世界经济秩序重构和全球环境治理的新动力，许多国家和地区都加大了绿色经济发展的力度，将绿色、低碳经济作为发展的新引擎。一是发达国家纷纷出台促进绿色发展战略，拉动经济增长。2008年全球金融危机爆发后，美国、欧洲、日本等发达国家和地区陆续出台经济刺激计划，力图通过科技、产业创新推动国内经济向绿色经济转型。美国积极调整环境和能源政策，明确提出"绿色新政"，通过大力发展清洁能源，在新兴产业的全球竞争中抢占制高点。欧盟更是绿色经济的倡导者和先行者，发展绿色经济不仅能缓解就业难题，还能提高欧盟国际竞争力，是欧洲国家走出经济危机的唯一出路。自2009年起，欧盟在10年内斥资1550亿欧元支持"绿色经济"，促进就业和经济增长，保持其在低碳产业的世界领先地位，并于2010年提出在可持续增长的框架下发展低碳经济和资源效率欧洲的路线图。2012年，日本推出"绿色发展战略"总体规划，特别把可再生能源和以节能为主题特征的新型机械、加工作为发展重点，计划在5～10年内，将大型蓄电池、新型环保汽车以及海洋风力发电发展为日本绿色增长战略的三大支柱产业。

二是绿色发展成为新兴市场国家转型升级的必由之路。在世界经济复苏乏力的背景下，新兴市场国家对以往发展模式进行反思，普遍意识到：只有通过绿色发展实现增长方式转型，才能避免在下一轮国际经济竞争中陷入被动。巴西拥有丰富的生物质能资源，重点发展生物能源和新能源汽车，成为发展中国家推动绿色经济转型的典型。印度土地资源、水资源、林业资源等都非常有限，资源约束和环境压力较大，2008年印度政府颁布"气候变化国家行动计划"，涵盖了使用太阳能、提高能源效率、可持续生活环境、水资源保持等八大计划，并提出相应配套措施，要求电网系统必须购买可再生能源电厂发的电，并施行累进目标制度。此外，印度还把应对气候变化需要与经济发展目标相结合，将促进可再生能源使用与全国农村就业保障法案、节能灯推广计划等社会发展规划结合起来，带来了良好的社会效益。

（三）全球绿色发展机制正在形成

从20世纪60年代起，以1962年《寂静的春天》和1972年《增长的极限》为标志，经过1992年联合国里约环境与发展大会，到2008年的"绿色经济倡议"、2011年的《迈向绿色增长》和2012年的"里约＋20"联合国可持续发展会议宣言《我们希望的未来》，绿色发展成为可持续发展理念的延伸。不过，全球范围内的绿色转型过程都面临巨大挑战。这既与各区域、各部门的巨大利益冲突和转型成本有关，也与各国自身制度框架体系的高度复杂性有关，还受到难以统一、协同的全球合作机制影响。不过，在逐步放缓的经济现实和日益严峻的资源环境危机面前，大多数国家都首先选择了通过体制机制创新来适应绿色发展，大力推动"绿色新政"以实现绿色转型。2009年联合国环境署发布《全球绿色新政政策概要》，启动"全球绿色新政及绿色经济计划"。2015年12月，全球气候变化巴黎大会上达成

《巴黎协定》，欧盟、美国等国家（地区）积极推进环境政策革新，敦促本国大力发展绿色经济、绿色科技、绿色新政，成为生态现代化和绿色发展的代表性国家。2014 年 APEC 发表了《APEC 绿色发展高层圆桌会宣言》，就促进亚太地区绿色发展、加强绿色供应链领域合作达成共识。2015 年底在巴黎气候大会上达成的《巴黎协定》标志着全球气候治理步入了一个新的历史阶段，将采取更加严厉的政策措施限制或减少化石能源的使用，绿色发展必将成为全球经济社会发展的潮流。2016 年，G20 峰会在全球经济治理体系中不断纳入绿色发展理念，提出规范并逐步取消低效的、鼓励浪费的化石燃料补贴，首次将“绿色金融”纳入议题，就促进全球绿色发展达成共识。

（四）绿色金融推动全球绿色发展

绿色金融对推动全球绿色发展发挥了重大作用，引导资金流向环境友好型企业，能够从企业、产业及产业链整合三个维度推动产业升级，有效克服市场失灵。从绿色投资来看，根据联合国环境署《2018 年全球可再生能源投资趋势报告》，截至 2017 年，全球可再生能源年投资额已连续 8 年超过 2000 亿美元，极大地推动了绿色技术创新、产业快速提升。从政策性资金支持来看，为应对气候变化，世界银行于 2013 年不再为燃煤发电项目提供贷款。世界银行贷款逐步向支持绿色发展方向转移，世界银行（WB）和国际货币基金组织（IMF）于 2010 年提出了积极推进以彻底的零排放和零浪费为目标的绿色基金计划。

（五）绿色发展的不平衡

从全球发展情况来看，绿色发展水平非常不均衡，西半球绿色发展水平高于东半球，而且亚洲地区绿色发展效率要显著低于其他地区。具体从国家层面看，为抢占未来全球经济发展的制高点，美国、日本以及西欧国家等世界发达国家纷纷寻求绿色发展之路，均将绿色增长作为提高国家竞争力的核心战略，在全球绿色发展道路上走在了前列。而发展中国家如印度、巴西、泰国、印度尼西亚绿色发展水平较为落后。特别是非洲等国家，由于气候变化、资源短缺和环境恶化的影响，自身不具备绿色发展能力，绿色发展的不均衡在加剧。非洲目前仍处于工业化初期，有6亿无电人口，人均能源消费量仅为世界平均水平的1/3。非洲85%的人口生活在PM2.5超标地区，使用化石能源是造成这种情况的主要原因之一。而非洲的水能、风能、太阳能储量分别占全球储量的10%、32%和40%，有条件发展绿色能源，需要多方支持，共同推动全球区域绿色发展。

三、国际绿色发展对中国的启示

改革开放40多年来，我国经济发展取得了巨大成就，但也付出了沉重的资源环境代价。环境承载能力已经接近上限，走绿色发展之路不仅是经济发展问题，也已成为社会问题和政治问题。发达国家的绿色发展已经取得不错的成绩，我们要将我国的实际发展情况与借鉴国外绿色发展先进经验相结合，探索出适合我国的绿色发展道路。

（一）建立健全绿色发展法律体系

各国经验表明，完善的法律体系为绿色发展提供了法律保障。绿色发展涉及经济社会各个方面，因此，我国的绿色发展顺利进行需要完备的法律体系。一方面，需确保已有法律能够有效实施，做到严格执法，有法必依，违法必究，有效衔接行政执法与司法制度。另一方面，需不断完善法律法规体系，根据绿色发展需要，修订和补充相关法律法规，既要增强法律的可操作性又要提高违法的处罚力度。同时需加大绿色发展监管力度，开展绿色法律培训以提高执法水平。

（二）统筹绿色发展协调机制

从国际经验来看，健全的机制能够有效推动绿色发展，我国需进一步完善绿色发展工作协调机制。需统筹中央与地方的关系，明确中央和地方政府在绿色发展中的分工定位；需统筹协调政府部门之间的关系，细化部门职责，形成相关部门齐抓共管的工作机制。

（三）充分利用促进绿色发展的政策工具

从当前的国际做法来看，主要通过征收环境税、税收优惠、绿色债券、绿色信贷等手段引导绿色产业发展，通过理顺激励机制，引导市场向绿色转型。因此，市场机制是推动绿色发展的内在动力。我国一方面需通过相关规制推动绿色发展，增加违法成本；另一方面需设计有效的激励机制，通过税收、价格、财政补贴、绿色信贷、排放交易等经济政策工具，实现外部成本和效益内部化，使市场机制发挥正向激励作用，引导市场主体绿色生产和消费，调动全社会向绿色转型的积极性。

（四）统筹规划与重点发展

绿色发展需结合我国国情，统筹规划，协调管理，重点推进绿色发展。绿色发展涉及的范围广泛，发达国家的绿色发展之路都是自上而下，通过顶层设计，多方相互协调，全面统筹规划，与重点协同发展。各个国家由于制度、经济体制、发展水平的差异，在推进绿色发展的具体战略措施和行动方案等方面存在差异，各国都根据其自身特点确定发展的重点和方向。日本以循环经济为主，丹麦以新能源产业为方向，瑞典以开发环境技术为核心。我国的能源消费结构以煤炭为主，因此在积极推动可再生能源应用的同时，需加强对火电、钢铁、水泥等重点行业的治理。

（五）重视绿色技术创新与推广

绿色创新是国家经济转型和国家竞争优势的核心动力，科技是第一生产力，科技创新是绿色转型的关键因素。因此，我国需树立使用绿色技术的新观念，提高政府、企业、公民重视绿色科技的意识，在全社会营造良好的绿色科技创新氛围。进一步加快绿色科技体制改革创新步伐，建立以政府、企业、高校、研究机构为主体的官产学研协调发展的绿色科技创新体系。明确绿色科技创新重点领域，加强资源、环境、生态等方面的科技创新，围绕绿色生产、绿色消费等环节开展科技创新。需创设与绿色发展相关的专业和学科，包括设立资源、环境、生态等自然科学和绿色经济学、绿色消费学、绿色社会学等人文社会科学，进而为培养大量绿色科技创新型人才打下坚实基础。

四、中国绿色发展的实施路径

综合各国绿色发展政策与实践经验可以看出，绿色发展的推进需要从制度和政策制定着手做起，政策实施效果的监测评估密切跟进，经济发展和环境保护并驾齐驱、相互促进，绿色就业和劳动力素质提高紧紧伴随，生态补偿和生态产权交易确保了保护方的利益，利益相关者参与贯穿决策、实施、监测、评估的各个环节。尽管各个国家由于制度、经济体制、发展水平的差异，在推进绿色发展的具体战略措施和行动方案等方面存在差异，但一些共同认可的经验和成功案例对我国绿色发展实施路径具有一定的借鉴和指导作用。

（一）将发展新兴产业作为加快产业绿色转型的突破口

以物质财富与生态财富同样重要、不可或缺为出发点，坚持以低碳发展、循环发展和绿色发展为基本导向，推动发展转型。从生态整体主义视野出发，走出一条脱胎于工业文明的绿色发展之路。在保持国家工业体系完整性的前提下，积极化解产能过剩，淘汰钢铁、有色、建材、化工等行业的高耗能高污染产能，推进企业兼并重组，推动落后产能和僵尸企业退出。加快传统产业绿色改造升级，加大投资支持力度，打通传统产业与绿色技术之间的通道，将绿色技术、绿色工艺渗透应用到传统产业各环节。大力发展新兴绿色技术和产业，将发展新兴产业作为加快工业绿色转型的突破口，加大对新兴绿色产业基础技术、前沿技术和共性技术的研发支持力度，加强对新兴绿色产业的财政金融支持。

加大公共产品供给力度，加强绿色基础设施建设。实施创新驱动发展战略，通过绿色技术创新提高资源使用效率。政府要加大对绿色共性技术研发的支持和加快绿色产品、产业标准的建立完善。应针对当前我国经济处于全球化分工链中的低端，加大自主品牌和核心技术研发与合作。应加强研发和推广低碳煤炭利用技术，包括能效更高的火电技术、清洁煤炭利用技术、碳捕获与封存技术等。积极培育企业绿色技术战略联盟。结合我国人力资源丰富且存在结构性差异的特点，加强培育绿色人力资源。需提高本国劳动生产率、扩大国内消费市场，支撑经济发展转型。

（二）城乡一体化是绿色发展的重要实施平台

生态系统本身是一个通达、流动和渗透交融的整体。应大力建设绿色城镇、美丽乡村，提高城乡发展的宜居性，实现生产空间集约高效、生活空间宜居适度、生态空间山清水秀。应进一步用绿色发展理念统筹城乡发展，以城乡一体化思维来统筹协调生态治理，实现城乡“绿色化”联动。通过完善绿色城乡规划体系，推动基础设施建设绿色化，建设绿色城市、绿色社区、绿色乡镇，形成人与自然和谐共生的空间格局。

专栏 2－1　瑞典老工业区改造与转型主要做法

作为最早的工业化国家之一，瑞典许多老工业区面临着改造和转型，其中斯德哥尔摩是最具标志性的转型样板，也是全球可持续发展的样板。在斯德哥尔摩的改造和转型中，始终遵循可持续发展的理念，运用成熟的技术和有序完善的管理方法，充分考虑斯德哥尔摩城市未来发展的方向，把休闲、工作、学校教育甚至养老结合在一起，有效减少城市的人口流动，反对“摊大饼”式的城市扩张。同时，坚持社会文化、经济和生态相统一的原则，把城市中所有的子系统包括能源、供水、污水、交通、绿地、城市功能、建筑等都整合于一体，通过全面、综合的方法和立体的思维来改造老工业区。

在建筑方面，注重空气质量，严格限制有害建筑材料的使用；建筑物要承受温差，调节室温，在不使用空调的情况下，做到冬暖夏凉。住房建筑注重质量，在建设时就考虑到要居住几百年。

在垃圾处理方面，严格分类，建立地下管网，真空回收；整个真空垃圾收集系统，在已经预先输入程序的电脑控制下自动化工作，完全不经人手操作，全部“隐形”；实行精细化管理，精确计量每个家庭各类垃圾的数量和分类质量。

在交通方面，致力于发展公共交通，减少停车场的建设。交通出行的道路优先权是：行人 > 自行车 > 公共交通 > 私人汽车。

在环境方面，先是治理过去因工业开发而污染了的土地。为了适应气候变化，要求绿地面积不低于60%，包含屋顶绿化、墙体绿化等。由于相关各方对于区域环境了如指掌，可以相互监督，以达到推进可持续发展的目的。

在能源方面，充分利用太阳能和生物质能（沼气），大公司（如爱立信等）参与了智能电网系统的建设。斯德哥尔摩人引以自豪的是：1972 年兴办了第一次世界环发大会、2010 年被欧盟委员会评为“欧洲绿色之都”、2050 年实现 100% 使用可再生能源。

经验教训

将“政府主导、目标统领”作为低碳城镇建设的保障

瑞典低碳城镇的创建均离不开政府的有力推动，政府在整个开发过程中扮演着总导演的角色。一是政府部门负责确定低碳城镇建设的理念和总体目标，并制定一系列具体的指标强化目标统领。二是在明确总体目标后，政府部门负责确立各项规划。对于城市新区或开发项目，在确定规划后，政府部门或派出机构开展招商“选”资，要求开发商必须拿出有说服力的方案证明能够达到低碳要求才能竞拍土地，且开发商必须严格按照规划实施开发等。三是在建设推进方面，政府部门把控开发进度，通常采取循序渐进的模式，一方面逐步积累经验并

指导下一期的开发，另一方面可以降低投资成本。四是国家层面往往还通过资金补贴等方式支持低碳城镇建设。瑞典政府自1998年起开始资助提高能效、开发可再生能源、提高生物多样性、水管理、交通系统等资源可持续发展项目。

将能源、交通、建筑、生态四大领域作为低碳城镇建设的重点

能源系统、交通系统、建筑系统、生态系统是低碳城镇创建的四大重点。能源消费是二氧化碳排放的主要来源，是低碳城镇创建关注的核心领域。在能源低碳化方面，一是注重前期能源规划，科学评估未来能源需求预期；二是因地制宜，探索符合本地特色的低碳能源模式；三是支持合理开发光伏、风电等；四是普及节能设备、节能建筑，减少能源需求。

将生活垃圾作为低碳城镇能源供应体系的重要组成部分

瑞典高度重视垃圾的回收和资源化，已经做到了近“零垃圾”排放。2015年瑞典全国共产生生活垃圾442万吨，其中48.3%用作能源，35.6%用作回收利用，13.3%用作生产沼气用于公共交通，仅有1.6%填埋。伴随着新城建设，瑞典率先通过创新的分类、收集和处理方案实现新城能源绿色低碳转型。

（三）注重统筹区域经济绿色发展

受自然条件、资源禀赋、地理气候、历史文化、政策导向等多种因素的交互影响，我国区域经济发展不平衡、不协调的矛盾长期存在。鉴于我国经济总量巨大、各地条件迥异，未来区域层面的质量提升政策应因地制宜地考虑不同地区的实际情况，充分发挥市场机制在配置资源中的决定性作用，引导鼓励各地深度挖掘独特的区位优势，创新区域质量提升的思路和模式，形成差别化、协同化的区域发展格局。统筹不同地区结构转型和绿色发展的目标，形成区域发展的绿色布局。国家应进一步完善主体功能区建设规划，促进西部大开发、中部崛起、振兴东北老工业基地以及各项沿海、区域开发战略的配套政策，协调地区之间的绿色转型进程，缩小转型成果分配的差距，缓解绿色发展中的地区不平衡矛盾。各地区则要充分发挥各自优势，协同合作，在产业绿色转型中扮演不同角色。

专栏2-2 丹麦森讷堡“零碳项目”打造绿色生态城

位于丹麦南部的森讷堡市拥有500平方公里土地和8万人口。2007年，该市开始实施“零碳项目”规划，确立了在2029年之前成为“零碳城市”的目标，并制定了详尽的路线图。经过数年努力，这个毗邻德国的小城已成为一个以节能技术、区域供热及可再生能源产业为重心的绿色生态城。

森讷堡市所处的阿尔斯岛上有众多“零碳项目”：太阳能设施随处可见，区域供热能源以垃圾焚烧和地热为主，生物质能、风能等可再生能源逐步取代了传统的化石能源发电和供热方式。

“零碳项目将在20年内把森讷堡打造成一座零碳排放生态城，实现经济社会的可持续发展，同时创造大量绿色工作岗位”。“零碳项目”将在该地区创造至少5000个绿色工作岗位。

为实现这个愿景，“零碳项目”规划了三条路径：首先，通过提高能源效率来增强企业竞争能力和降低居民的能耗支出。其次，加强对可再生能源的综合利用。最后，采用智能动态能源体系使能源消耗与能源生产高效互动，能源价格根据能源供应量浮动，合理控制能源消耗。

热电联产供应绿色能源

垃圾焚烧是森讷堡目前热能供应的主要来源之一。森讷堡的热电站每年焚烧约7万吨废物，包括食品包装、纸盒和塑料等生活垃圾。

垃圾焚烧厂采用最新技术，燃烧效率高达98%，焚烧炉实现了1000摄氏度的稳定高温燃烧，减少了二氧化碳等有害气体排放，净发电效率达49%。发电后产生的尾气则被输送到余热锅炉以蒸汽的形式通过管道用于区域供暖。

在大力发展热电联产、变废为宝、充分提高能源利用率的同时，森讷堡还在探索如何更好地利用太阳能、地热能、风能及生物质能等多种可持续能源。

森讷堡目前有3个太阳能发电站。其中一个面积为6000平方米，年供电达2736兆瓦时。此外，2012年落成的一个地热发电站在投入运行后，森讷堡的热能生产将实现零碳排放。

“被动式正能量屋”创造零碳生活

最新统计显示，欧洲人约90%的时间待在室内，而建筑物本身消耗能量就高达40%。“零碳项目”的另一项创举是大力推广和发展“被动式正能量屋”，使房屋产生的能量大于消耗的能量。

被动式正能量屋最主要的能量来源是太阳，通过屋顶覆盖的太阳能电池板给房屋供暖供电，并通过绝佳的隔热层减少屋内热量的损失，最大限度降低能耗。

在森讷堡，一座安装了太阳能电池板的“被动式正能量屋”可发电6000千瓦时/年。在阳光充足的日子里，能量屋产生的多余电能可出售给电网，而在日照不足的冬季，能量屋再上网购电。计划到2029年，森讷堡所有的新建筑都是以零碳建筑的标准建成。

自2009年起，在“零碳项目”的推动下，不少森讷堡家庭已开始把应对气候变化的节能减排方案引入家庭日常生活，如采用智能热泵、安装太阳能集热板和散热器采暖控制等。到2010年初，这些“零碳示范家庭”的用电量减少了30%，用水量减少了50%。

绿色发展模式实现多赢

按照“零碳项目”规划，森讷堡地区的企业在2015年以前每年要降低5%的能耗，并逐步淘汰对化石燃料能源的使用。此外，该地区还将大力扶持绿色产业来创造新的发展机遇。

“零碳项目”的意义在于实现能源自给自足和零碳排放的同时，通过大力发展绿色环保产业创造更多的绿色工作机会，实现经济效益、社会效益和环境效益的多赢。

（四）建构绿色发展的市场工具

市场是可持续发展的动力支撑，通过挖掘制度红利，丰富市场工具，发挥其在绿色管理中的关键性作用。应通过完善水资源、CO_2等排放交易体系，利用金砖国家开发银行，探索更多市场手段来推动可持续发展。如，完善排放交易制度，切实让排放的单位付出代价，借鉴生态税制，尽快启动生态税，明确征收对象，以污染物排放量为基本依据确定税基，综合区域发展特征确定税率，从而产生减排的动力。政府坚持不间断的排放监管，逐步培育潜在排放交易市场的参与者。应以政府财政、税收、金融的政策供给为先导，设立绿色发展基金，引导更多社会力量参与绿色管理。如，财政政策要补贴新能源，鼓励节能减排；货币政策要对绿色发展给予优惠利率，探索完善水交易、碳税、资源等市场建设。稳步推行市场化步伐，探索利用市场机制与创建新型资源产权和排污许可证交易市场，加快实施资源有偿使用制度、生态补偿制度、环境税收体系，以充分发挥市场在生态建设领域的作用。

专栏 2-3　美国能源经济转型

美国是世界生产大国，也是第一大能源消费国和进口国。在经历资源破坏、环境污染等一系列灾难及能源危机的重创后，美国开始采取一些举措，逐步走上了节约型绿色发展的道路。近些年，为应对气候变化，摆脱金融危机导致的经济困境，发展绿色经济在美国受到了空前的重视。同时，为了促进绿色发展、实现绿色复苏、推动经济向清洁能源型经济转型，美国政府推出了大量政策措施，可以总结归纳为以下方面：注重节能增效，美国在《清洁能源和安全法案》中提出，要制定更高的工业、建筑、照明、家电、交通能效标准，推广建筑能效标识、发展智能交通，实施公共部门节能计划、补贴旧房改造、奖励电力和热能回收、推进合同能源管理等，达到提高能源使用效率的目的；

发展清洁能源及相关设备制造业；控制温室气体排放，应对气候变化；建立推进清洁能源经济转型的市场机制，包括建立总量控制与排放交易机制和设立抵消交易制度；制定相关法律法规。

（五）形成政府力量与市场力量有效协同的绿色发展监督体系

牢固树立绿色民生观，探索生态保护红线，明确环境安全的底线、资源使用上限和生态空间界限，强化政策法规的硬约束；应进一步完善信息公开制度，促进社会监督；通过发挥社会力量，倒逼政府强化对生态环境保护。如，公开提供排污者的实时排放数据，增加排污透明度，引导更多公民、社会组织参与其中，提高监管效率。继续推进绿色发展硬约束体系，完善从人治向法治的发展历程，引导公益诉讼主体进一步扩大化。进一步完善信息公开条例，强化社会监督，通过听证会、政府信箱、法律诉讼等形式，引导群众和社会组织有序参与环境保护监督。完善监管个体的独立性，财政由公费供养、人员随机产生。

（六）加强绿色生产、绿色消费实践

一是大力发展绿色生产。构建绿色产业体系，淘汰落后产能，优化产业结构，推动产业服务化，大力发展服务业，实现产业结构从“二三一”转向“三二一”；加快发展节能环保产业、新能源产业等战略性新兴产业，使之成长为我国支柱产业；重点发展绿色农业、生态农业、有机农业，使之成为第一产业的重要经济增长点。二是积极倡导绿色消费。消费是经济活动的最终环节。当前，我国既应充分发挥消费对经济增长的重要拉动作用，又应面对扩大消费带来的资源环境压力，在吃、穿、住、行等各方面逐步培养绿色消费习惯。通过发展绿色生产、提供绿色产品促进绿色消费，并通过引导绿色消费刺激绿色需求、拉动绿色生产，促使绿色生产与绿色消费实现良性循环。

（七）推动与发达国家和金砖国家的绿色发展合作

我国应加强绿色发展的对外交流，利用各种渠道学习和借鉴其他国家成功经验，探索适合自身国情的绿色发展道路。同时，兼顾维护国家利益和应对气候变化的国际责任，积极参与国际民航组织框架下的国际碳交易市场规则制定，在多边场合呼吁国际社会制定并实施鼓励绿色经济发展的贸易政策，反对各种形式的贸易保护主义。重点加强与金砖国家的绿色发展合作，增强能源资源生产国与消费国的互利合作，从双边入手逐步发展金砖国家间的多边合作。

参考文献

[1] UNEP. Global Green New Deal: An Update for the G20 Pittsburgh Summit, September, 2009.

[2] Wuppertal Institute for Climate, Environment and Energy. A Green New Deal for Europe: Towards Green Modernization in the Face for Crisis[Z]. Brussels: Green European Foundation, 2009.

[3] Stephen Young (ed.). The Emergence of Ecological Modernization: Integrating the Environment and the Economy[Z]. London: Routledge, 2000.

[4] 中国人民银行宿州市中心支行课题组，陈明政．构建区域性企业绿色信用体系研究——基于绿色金融视角[J]．征信，2017，35(11)：42-45.

[5] 舒绍福．绿色发展的环境政策革新：国际镜鉴与启示[J]．改革，2016(3)：102-109.

[6] 黄娟．新时代社会主要矛盾下我国绿色发展的思考——兼论绿色发展理念下"五位一体"总体布局[J]．湖湘论坛，2018，31(2)：60-69.

专题三　建设绿色发展体系的重点任务研究

内容提要： 作为世界上最大的发展中国家，要从根本上破解我国资源环境、气候变化、能源安全等诸多挑战，必须开拓绿色发展融入高质量现代化经济体系的创新路径。本研究综述了我国传统经济发展模式演变趋势与特征，分析了在中国特色社会主义新时代背景下我国绿色发展面临的挑战与机遇，针对消费体系、产业体系、能源体系、区域城乡协调发展体系、资源再生循环利用体系等具体方面，从创造新供给、孕育新技术、催生新业态、满足新需求等方面出发，提出全面创新资源节约、环境友好绿色发展模式的重点领域与任务，为构建高质量现代化经济体系提供决策参考。

改革开放以来，我国经济发展取得举世瞩目的辉煌成就，经济总量跃居世界第二位，人均国民收入接近中高收入国家水平。但与先行发达国家相比，我国传统发展模式主要依靠投资和出口拉动，在驱动经济高速增长的同时，也付出了巨大的资源和环境代价，积累了一系列深层次的问题和矛盾，面临严峻挑战。作为世界上最大的发展中国家，要实现党的十九大提出的新的“分两步走”战略目标，没有现成的模式和路径，必须按照新发展理念要求，探索资源节约、环境友好的绿色发展模式和路径，这是构建高质量现代化经济体系的必然要求。

一、中国传统经济发展模式演变趋势与特征

（一）中国经济发展模式在曲折中持续调整

中华人民共和国成立以来，我国不断探索适合国情的发展道路，经济发展模式也在实践中不断调整和创新。中华人民共和国成立初期，我国主要推行重工业优先发展的赶超战略，希望在最短时间建立比较完备的工业生产体系。通过采取计划配置资源等方式，虽然在较短时期建成了比较完整的中国工业经济体系，但也造成经济结构严重扭曲、微观经济效率低下，赶超战略实际上并不成功。改革开放以后，我国注重发挥劳动密集比较优势，通过积极参与国际产业分工，吸收借鉴国际先进理念和技术设备，在“引进来”“走出去”“干中学”过程中，产业和技术竞争力不断提升。

在路径选择上，我国主要采取渐进式改革，灵活发挥市场配置资源效率优势和政府集中力量干大事优势，探索适合国情的经济发展模式。一方面，遵循发挥动态比较优势原则，推动产业发展由纺织业到重化工业、制造业不断升级；另一方面，通过设立经济特区、经济开发区等，主动承接国际产业转移，以及实施“中国制造 2025”战略等，促进产业跨越式发展。通过选择差异化发展路径，一定程度上拉大了城乡区域产业之间的发展差距，但也为产业梯度升级和外溢发展带来创新活力和空间。

（二）经济增长仍旧主要依靠资源投入扩张

我国传统经济发展模式尽管不断调整，但经济增长主要建立在资源投入扩张基础上。以能源为例，1980—2016 年，我国能源消费增长了 6 倍，支撑经济增长了 27 倍，尽管能效提升速度全球领先，但从横向比较看，我国目前创造单位国内生产总值的能源投入仍然过大。2017 年，我国单位 GDP 能耗是世界能耗强度平均水平的 1.4 倍，是发达国家平均水平的 2.1

倍，是美国的 2.0 倍、日本的 2.4 倍、德国的 2.7 倍、英国的 3.9 倍（见图 2－13）。

我国能源等各类资源消耗高居世界首位，许多资源消耗甚至占全球一半左右，传统数量型粗放扩张模式已经难以为继。2017 年，我国以全球 19% 的人口，创造了全世界 15% 的 GDP，但是消耗了全球 64% 的铁矿石、50% 的煤炭、57% 的铝、47% 的钢铁、铜和铅锌。资源消耗数量大、强度高，并且越来越多地依靠进口，给我国经济发展带来了巨大的成本代价。2017 年，我国仅石油进口花费就达 1623 亿美元，仅次于进口芯片花费。

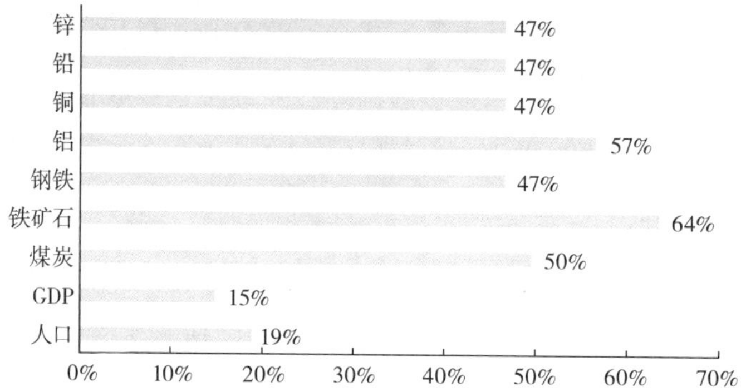

图 2－13　中国主要大宗商品消费占全世界的比重

（三）生态环境日益成为经济增长的“硬约束”

我国主要污染物排放数量过大，远远超过环境容量，实际上已经不存在牺牲生态环境换取经济增长的空间。“十一五”以来，尽管我国二氧化硫、氮氧化物等污染物排放总量持续减少，但雾霾等突出环境问题愈演愈烈，生态环境质量整体改善的拐点仍未到来。虽然传统经济发展理论把生态环境作为经济增长的外在因素，但从近年来部分城市出现的“环境移民”现象、PX 项目“散步”现象可以看出，生态环境已经对劳动力要素流动、先进工业生产力布局等形成“天花板”硬约束。

此外，从近年来雾霾治理实践看，解决生态环境问题不仅仅是技术和成本问题，更涉及生产方式和消费模式，关系到深层次发展模式和路径问题。与发达国家相比，我国人口和经济活动更加集聚，仅依靠末端治理、严格排放标准、增加财政投入等远远不够，必须在源头层面对发展内容和技术选择做出重大变革，探索资源节约、环境友好的绿色发展道路，从根本上降低经济社会活动的资源消耗和环境影响。

二、新时代绿色发展面临的形势与挑战

伴随中国特色社会主义步入新时代，我国社会主要矛盾已经转化为人民日益增长的美好生活需要和不平衡不充分的发展之间的矛盾。在新的国内外形势下，要实现党的十九大提出的提前15年基本实现现代化和美丽中国目标，我国绿色发展面临一系列严峻挑战。既要突破资源能源对传统动能的制约矛盾，解决区域环境污染与全球气候变化双重挑战，还要实现能源环境现代公平普遍服务，实现资源型地区经济可持续转型等。要在较短时间内完成发达国家上百年的发展历程，我国面临的挑战前所未有。

（一）传统增长动能不足，亟待实现绿色化、精细化创新

我国经济增速持续放缓，亟待挖掘新的增长潜力。近年来，我国经济增速已经由10%左右下滑到6%～7%，并且还将持续放缓。在劳动年龄人口已经达到峰值、边际投资效益持续递减情况下，继续依靠扩大劳动力、资本等要素投入不可持续。作为世界上最大的能源、资源生产和消费国之一，面临人均资源相对不足制约，我国也没有继续大规模增加能源资源投入的空间。大幅提升能源资源利用效率，实现经济增长与能源资源消耗“脱钩”，是我国培育、催生新动能的重要方向。

我国是制造业第一大国，传统产业绿色化、精细化升级发展具有很大空间。我国200多种工业产品产量居世界第一位，并且先进与落后产能并存，在提升节能环保水平、促进产业循环链接、实现产城融合发展等方面具有很大潜力。从国际比较来看，没有落后的行业，只有落后的企业。在

壮大实体经济过程中，绿色发展是变革传统产业发展的质量、效率和动力的重要方向。

（二）环境约束不断强化，面临区域环境与全球气候变化双重挑战

我国到2035年同步实现现代化和美丽中国目标，面临的生态环境约束更加严峻。一方面，我国面临的复合型、叠加型、压缩型污染问题突出，要在数十年内解决发达国家数百年积累的环境问题，面临旧账未还、新账又来的困境；另一方面，主要发达国家在20世纪70年代普遍解决区域环境污染问题时，已经实现从以煤为主到以油气为主的转变，并且在国际产业分工调整中将一些高能耗、高排放行业转移到其他国家。相比之下，我国一些贫困地区能源消费主要依赖煤炭甚至传统薪柴，还面临较重的工业化和城市化发展任务，仍面临经济增长与保护环境的两难困境。

此外，我国还面临尽早实现二氧化碳排放峰值、积极应对全球气候变化新的挑战。目前，我国二氧化碳排放总量居世界第一位，超过美国和欧盟排放总量之和，人均二氧化碳排放水平比全球平均水平高。要实现《巴黎协定》提出的2℃温升控制目标，全球要到21世纪下半叶实现温室气体零排放。我国已经承诺到2030年实现二氧化碳排放峰值并力争提前实现，这对煤炭、石油等化石能源消费形成“天花板”约束，未来还将面临持续减排二氧化碳甚至实现零排放的更大挑战。

（三）推动区域城乡协调发展，绿色跨越转型是唯一出路

我国许多地区的发展建立在资源型经济基础上，亟待实现绿色跨越转型。以山西为例，由于工业经济的80%以上来自煤炭及相关高耗能行业，在产能过剩情况下遭遇严重困境。2010—2016年，山西经济增速由13.9%下滑到4.5%，GDP增速2014年全国倒数第一，2015年倒数第二。2015年，山西省80%的城市财政收入出现负增长，其中一半以上的城市财政收入同比降低15个百分点以上，降幅最大的朔州市下降了近41个百分点。

此外，我国沿海部分发达地区也出现高耗能行业占工业比重不降反升现象，工业发展重型化趋势明显，也面临严峻的绿色升级发展压力。

实现乡村振兴和区域城乡协调发展，绿色发展是重要着力点。当前，我国还有很多农村和偏远地区经济发展水平较低，面临打赢蓝天保卫战的严峻挑战，也面临长期可持续发展的艰巨任务。落实绿水青山就是金山银山的发展理念，推动资源优势、环境优势切实转化成为发展成果，需要因地制宜地探索绿色发展的具体模式和路径，形成新的绿色发展比较优势。同时，生态环境是最重要的公共产品，也是新消费需求的重要来源，在推动高效能源服务、优美生态环境公平普惠供给基础上，积极培育绿色低碳等新的消费内容，也能为欠发达地区“弯道超车”提供新的发展机遇。

（四）中国绿色发展需要模式和路径创新

要实现超过 13 亿人口的全面绿色发展和现代化目标，人类历史上没有先例可循，需要我国在发展模式和路径上持续探索创新。在发展模式创新方面，从国际比较看，发达国家在工业化过程中实际上利用了全球较为宽松的资源供应条件，也在全球化进程中利用国际分工转移了部分资源环境压力。相比之下，未来相当长时期，我国实体经济增长还有很大发展空间，在充分利用“两种资源、两个市场”的同时，需要大幅提升我国实体经济的绿色发展水平，这不仅要求在节能环保方面比发达国家做得更好，还要在产业结构、增长内容、技术工艺路线等方面不断培育绿色发展新动能。

在路径创新方面，推动经济增长与绿色发展深度融合，也不是仅靠发挥社会主义集中力量办大事的优势就能解决，需要针对各个领域、关键问题，在发挥市场决定性作用和更好地发挥政府作用之间，创新具体的、可操作的实施路径。特别是，我国还是世界上最大的发展中国家，人均资源禀赋相对不足、自然生态环境整体脆弱、能源开发利用以煤为主是我国的基本国情，仍处在由计划经济向社会主义市场经济转轨过程中，又面临资源环境、气候变化等领域严峻的“市场失灵”挑战，面临乡村振兴、区域协调发展等诸多战略任务，在这种背景下，必须开拓绿色发展融入高质量现代化经济体系的创新路径，推动绿色发展成为全面小康和现代化的普遍形态。

三、建设资源节约、环境友好绿色发展体系重点领域与任务

绿色发展不是一蹴而就的，而是一场涉及经济社会发展方方面面的全方位深刻变革。绿色发展的重点是破解资源环境瓶颈约束，难点是如何构建发展体系。建设资源节约、环境友好的绿色发展体系，需要立足我国国情和发展阶段，针对实体经济、能源体系、国土布局、城乡发展、消费升级等各个方面的突出问题，从创造新供给、孕育新技术、催生新业态、满足新需求等方面出发，全面创新技术路线选择、发展模式与实施路径，为构建高质量现代化经济体系奠定坚实的绿色发展基础。

（一）构建绿色发展产业体系，大幅提升资源环境生产力

产业经济是我国繁荣发展的重要根基，是一国生产力和竞争力水平的集中体现。作为一个大国，我国不能追求“脱实向虚”，持续振兴壮大实体经济是长期战略方向。要支撑实体经济持续增长，依靠增加资源资本劳动力的传统扩张模式已经难以为继。特别是在日益强化的资源环境约束下，必须加快实体经济绿色高质量转型，利用有限的资源环境要素投入，不断创造更多的增加值和附加值。

1. 推动高耗能、高排放行业减量升级发展

21 世纪以来，钢铁、水泥、有色、石化、化工、煤电等行业规模持续扩张，是支撑我国经济增长的重要来源，也是造成资源环境代价倍增的根本原因。2000—2017 年，我国粗钢产量增长了 5.5 倍，水泥产量增长了 2.9 倍，火电装机增长了 3.6 倍（见图 2－14）。高耗能、高排放行业不仅

是资源能源消耗、污染物排放的主体，也占据了大量的社会信贷资源，但实际创造的就业和增加值都比较有限。2016 年，六大高耗能行业占我国工业部门能源消费的 70% 左右，占工业部门二氧化硫、氮氧化物排放的 80% 以上。但同时，六大高耗能行业创造的产值仅占工业总产值的 1/3 左右。推动高耗能、高排放行业减量升级发展，已经成为经济绿色高质量转型的关键。

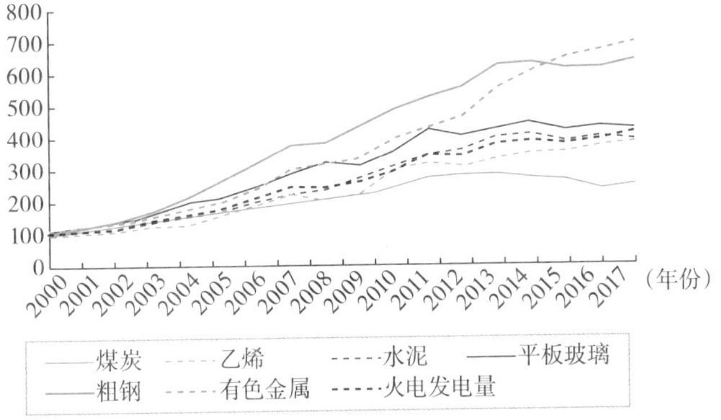

图 2－14　2000—2017 年中国主要工业产品产量变化趋势（2000 年＝100）

（1）持续推动高耗能、高排放行业“去产能”

我国高耗能、高排放行业普遍存在严重产能过剩，僵尸企业数量众多，行业整体劳动生产率水平不高。如果考虑资源能源消耗、生态环境破坏等外部成本，高耗能、高排放行业的社会效益更低。伴随我国基础设施和房地产建设逐步进入饱和阶段，高耗能、高排放行业面临需求减量的长期趋势。为破解低水平竞争的“囚徒困境”，需要持续深化供给侧改革，在稳定市场供需的前提下，把去产能的范围由煤炭、钢铁扩大到其他高耗能、高排放行业。通过严格落实节能环保安全等法规标准约束，促进高耗能、高排放行业集中度和绿色发展水平持续提升。

（2）促进高耗能、高排放行业“优进优出”发展

在建设美丽中国背景下，我国大气、水、土壤等各种生态环境标准要

求将不断提高，许多资源环境要素投入密集型的高耗能、高排放行业，在我国已经不具备比较竞争优势。继续“两头在外、大进大出”的传统发展模式，也不适应全方位开放发展新形势。在新的国际分工格局下，我国高耗能、高排放行业要“优进优出”发展，由进口资源能源向进口高载能产品转变，由出口低端原材料向出口高附加值产品以及产品、技术、服务的“全产业链出口”转变。

（3）加快工业内部结构和产品质量升级

我国资源能源消耗总量大，与产品质量不高、建筑使用寿命短等因素有关。要转变大拆大建传统模式，树立全生命周期绿色发展理念，积极研发设计资源能源消耗低、生态环境影响小、再生利用潜力大的产品，通过打造绿色供应消费链实现“物尽其用”。以废钢回收利用为例，相比传统长流程炼钢可节约近 80% 的能源消耗。

2. 大幅提升制造业节能环保和清洁生产水平

我国制造业规模居全球首位，也是建设高质量现代经济体系的主战场。按照国际标准分类，在工业的全部 22 个大类中，我国在纺织品、电力装备、交通工具等七大类行业规模名列全球第一。在 500 多种工业产品当中，我国有 220 多种产量居世界第一，工业制成品出口约占全球 1/7，是全球最大的工业制成品出口国。但同时，我国先进产能与落后产能并存，整体绿色发展水平与发达国家存在明显差距，全面提升节能环保和清洁生产水平具有很大空间。目前，我国每万名工人机器人保有量只有 36 台，只有全世界平均水平的一半左右，只有韩国等领先国家水平的 1/10（McKinsey）。

（1）推动工业整体能效水平尽快达到世界领先水平

作为世界最大的工业生产国，我国有条件在全球能效进步中发挥引领作用。目前，我国电力、钢铁、电解铝等行业技术效率已经达到世界先进水平，一些企业达到世界领先水平。在工业供给侧改革过程中，通过普及推广先进工艺、技术、装备等，淘汰落后产能设备，强化节能精细化管理，我国工业整体能效水平有望提高20%以上，实现用能成本显著下降，为绿色发展奠定坚实的技术基础。

（2）全面提升制造业清洁生产水平

当前，我国污染物减排仍以末端治理为主，从源头推行清洁生产还处于起步阶段。中小企业自愿清洁生产动力不足，环境污染重点区域强制审核落实不到位。为从源头减少污染物排放，需要针对重点行业全面实施清洁生产改造，推广近净成型、增材制造、无废弃物制造等清洁高效制造工艺。针对挥发性持久性有机物等高风险污染物排放，以及汞、铅等有毒有害物质使用，通过优化设计和生产工艺，推广减量和替代技术，从根本上降低环境风险。

3. 壮大节能环保、清洁能源等绿色新兴产业

节能环保产业、清洁能源产业是绿色产品服务的主要提供者，是建立资源节约、环境友好绿色发展体系的产业支撑。发展壮大绿色新兴产业，可以用绿色新技术对存量经济进行升级改造，实现传统产业老树发新芽；可以优化重构增量经济，形成新的经济增长点和发展动能。作为全球最大的能源生产和消费国，我国具备打造世界一流竞争优势绿色新兴产业的有利条件和战略机遇。

（1）做大做强节能环保产业

我国节能环保产业发展迅速，2016年产业产值达5.1万亿元，从业人数3000多万，涌现出一批年营业收入超百亿元的龙头企业。但与发达国家相比，我国节能环保产业集中度较低，产品技术和服务附加值不高，自主创新和综合服务能力较弱。要扩大市场空间，推动政府和企业将能源管理、环境管理外包给专业化的第三方机构。要拓展服务能力，由单一的设备供应、工程改造向诊断、设计、融资、建设、运营等“一站式”全方位服务延伸。要增强市场竞争力，在超高效技术设备、余热余压利用、除尘脱硫脱硝、生活污水处理等方面实现“走出去”。

（2）打造清洁能源战略性新兴支柱产业

我国是世界最大水电、风电、太阳能发电装机国家，核电建设规模居世界首位。在风电全产业链、低风速风电机组、晶硅电池、核电设计建造技术等方面，在国际上都具备较强竞争力。要在清洁能源规模化发展基础上，把技术进步和效益提升作为重点，推动清洁能源产业成为高质量发展的战略支柱产业。要推动清洁能源由集中生产向分布式开发利用拓展，在储能服务、智慧用能、电动汽车共享租赁、智能微电网、能源互联网等方面，形成新的业态和增长点。要着眼全球市场提升竞争力，推动由单纯设备出口或投资项目转向国际化综合服务，打造成为新的“中国名片”。

（二）构建现代绿色能源体系，支撑经济绿色繁荣

我国长期大规模、粗放式开发利用煤炭、石油等化石能源，是造成环境污染、生态破坏的根本原因，也是制约经济转型升级、城乡区域协调发展的重要因素，已经成为新时代经济绿色高质量发展的突出短板。构建现代绿色能源体系，要对标国际先进水平，大幅提升工业、建筑、交通运输等领域节能标准要求。加快发展天然气、核电、可再生能源，推动清洁能源成为生产消费主体能源（见图2－15）。大幅提升电气化水平，构建新一代绿色智能电力体系，推进能源生产消费迈向更加绿色、高效的中高级形态。

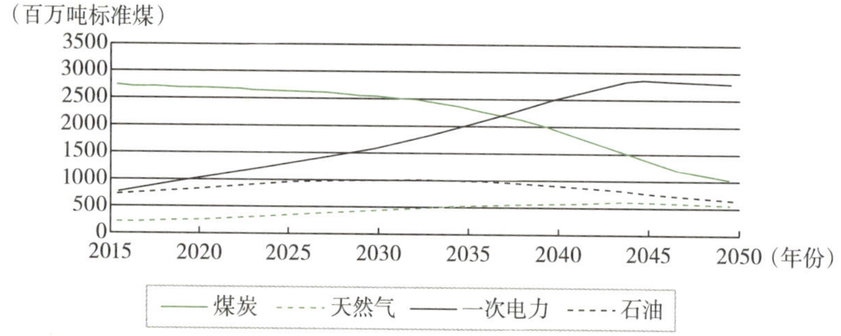

图2－15　中国能源革命发展展望

1. 大幅提升全社会能源利用效率

（1）把节能和提高能效作为满足能源需求增长的“第一能源”

我国长期以“保供应”为主的能源发展思路，造成产能持续扩张、能源粗放利用，对加快转变发展方式带来不利影响。伴随节能技术持续进步，依靠提高效率不仅能够直接满足能源需求增长，而且能够间接减少上下游行业的能源需求。过去20年，我国粗钢产量增长了7.4倍，而能源消耗仅增长了2.7倍，累计节约能源超过8亿吨标准煤，比目前山西省的煤炭产量还要多。今后，通过深入挖掘行业内部、跨行业之间的降耗潜力，节能将成为满足我国能源需求增长的最主要来源。在经济发展新常态下，要树立全社会“大节能”理念，转变传统以需定供的发展模式，在安全生产、生态环境、水资源等红线约束内，推动能源科学供给满足合理需求；要大幅提高工业、建筑、交通运输、公共机构等领域能效水平，在能源消费总量和强度“双控”目标约束下，以需求模式高效转变引领供给体系不断升级，实现能源供需两侧系统效率最大化。

（2）推动能源利用技术效率和经济效益同步提升

“十一五”以来，我国能源利用效率持续进步，电力、钢铁、电解铝等行业技术效率达到世界先进水平。但与发达国家相比，我国能源利用整体效率水平不高，能源消耗创造的国内附加值比较有限。目前，我国单位GDP能源消耗仍然是世界平均水平的1.4倍以上，是发达国家水平的2～4倍，也高于许多发展中国家水平。作为世界第一制造业大国，能否有效降低能源使用成本，关系到实体经济发展活力和企业转型升级能力。通过加快工业、建筑、交通、电力等领域能效赶超升级，大幅提升能源利用效率和效益，能够有效降低全社会能源投入成本，这是增强我国绿色低碳国际竞争力的前提基础。

（3）挖掘跨部门跨领域系统节能潜力

传统上，实体经济增长、城镇化扩张都会增加资源消耗和污染物排放，但通过打破生产者、消费者的界限，促进产城绿色融合，在高效利用资源能源、发展可再生能源等方面能够带来很大潜力。以工业余热用于建筑取暖为例，研究表明，我国北方地区电力、钢铁、石化等行业低品位余热资源高达 3 亿吨标准煤，超过北方城镇集中采暖的总用能需求。此外，有效利用城市建筑屋顶、工业厂房等发展光伏发电、太阳能热水等，也能够显著减少煤炭等化石能源利用。以北京为例，研究表明，仅屋顶光伏资源装机潜力就达 168 万千瓦，每年发电潜力达 21 亿千瓦时。

2. 推动清洁能源成为生产消费主体能源

（1）破解清洁能源消纳突出瓶颈

我国清洁能源已经步入规模化快速发展阶段，但仍面临消纳不足的严重制约。2017 年底，我国清洁能源占能源消费比重为 21.2%，低于全球平均水平，但弃水、弃风、弃光、弃核总量超过 1000 亿千瓦时。要明确全国及各地区清洁能源消费约束性目标，推行优先利用清洁能源的消费模式。

（2）持续增加清洁能源供应规模

推进流域大型水电基地建设，加快建设龙头水库。在确保安全的前提下，在沿海地区开工建设一批先进三代压水堆核电项目，长远实现沿海与内陆并重发展。建设一批“三北”地区外送大型风电、太阳能发电基地，积极开发海上风电，推动太阳能热发电规模化发展。大力发展分布式发电，扩大分散式风电和“光伏 +”多元化利用。大力拓展太阳能热利用和地热能利用的规模，积极推进海洋能和氢能技术应用。加快陆上气田持续增产，加大海上气区勘探开发力度，积极推进页岩气示范区建设，加快煤层气资源勘查和规模化抽采利用，积极开展天然气水合物勘探。

3. 加快化石能源减量替代利用

（1）推动煤炭减量绿色发展

根据我国各煤炭赋存区的不同条件，在生态环境承载力范围内开采煤炭，从源头上实现煤炭减量生产。推广煤矿保水开采、充填开采等新技术，减轻采空区土地塌陷，做到绿色开发。采用高效采煤技术，大力提升采煤机械化水平，提高煤炭资源回采率。采用煤与瓦斯共采、煤与地下水共采、煤与伴生资源共采技术，提高低浓度瓦斯利用水平，做到资源综合利用。采用先进的煤矿水害防治与煤矿瓦斯防治技术，实现煤矿安全开发。加大土地复垦投入和工作力度，采用采空区生态恢复与治理技术，实现矿区生态修复、环境治理和土地复垦利用。推广煤炭提质加工技术，加大煤炭洗选能力建设。

（2）提高油气资源勘探开采能力，实现油气低成本绿色开发

确保国内原油产量保持稳定，天然气产量到2030年翻两番。突破非常规油气资源勘探开发技术瓶颈，积极有序推进非常规油气勘探开发，优先加快致密油气的勘探开发，积极推动页岩气勘探开发。实施“两深”战略，尽早实现深层与深海油气资源进入规模开发阶段。综合应用多种技术，努力提高油气资源采收率。强化技术创新与精益管理，大幅降低油气生产成本。

4. 构建新一代绿色智能电力体系

构建灵活智能电力新系统是能源发展新时代的必然要求。目前，我国电网网架和现有电源的运行难以满足大规模可再生能源发电的接入与消纳，也难以适应西北大型煤电基地向东部地区输电规模扩大需求，更难以满足分布式能源发电和电动汽车推广带来的新挑战。要加强电网的输送能力、调峰能力和系统集成能力，使下一代电网能更好地适应新形势、满足新要求。

（1）全面提升电网输送能力，促进能源资源大范围高效配置

综合考虑我国电力负荷分布及电源布局，未来我国将形成大规模的“西电东送”“北电南送”电力流格局。科学布局、有序推进跨区域特高压电网建设，提升电网输送能力。

（2）加强电网智能化建设，支撑可再生能源大规模接入

建立与可再生能源发展相适应的电网和运行规则，利用智能电网集成先进的探测、信息、自动化等技术，大幅提高电网对广域量测信息和风能、日照等实时资源信息的综合分析和处理能力，进行风电和太阳能发电功率预测、需求侧响应和储能、柔性输电和优化调度，全面提升电网在能量管理和调度方面的智能预测以及优化调度水平，促进可再生能源消纳。

（3）深度挖掘需求响应能力，推动用户信号向供应侧反馈

开发用户侧发电资源，积极开发用户侧光伏发电、余能回收发电潜力，鼓励“就地发电、就地消纳”的新模式。深入挖掘需求侧响应能力，借助智能家电、联网设备，提高电网智能化技术和互联网技术，让用户侧用能设备与电网能够实现深度互动，在优化负荷曲线的同时降低系统成本。深度开发用户侧储电资源，在发展电动汽车充电桩的基础上，加强研究电动汽车作为储能设备参与电网调峰的技术途径和商务模式，实现电动汽车充放电功能与区域性电网电力调度紧密结合。

（三）构建生态国土空间体系，加快区域城乡绿色协调发展

国土是绿色发展的空间载体，我国长期高强度开发利用资源，既付出了巨大的资源环境代价，也加剧了部分资源型地区的“资源诅咒”。要破解资源型地区经济转型这一世界难题，必须把绿色发展作为根本途径，把区域城乡发展作为有机整体，把山水林田湖草作为生命共同体，按照人口资源环境相均衡、经济社会生态效益相统一的原则，整体谋划国土空间开发。构建生态国土空间体系，加快区域城乡绿色协调发展，是我国社会主义优越性的生动体现。

1. 优化国土空间利用结构

（1）构建绿色发展导向的国土空间组织体系

从资源环境投入看，各地区建设用地资源消耗强度差异很大，华北、

华东最高，东北、中南和西南地区次之，西北地区最低，为此，有必要引导人口和产业均衡发展，促进国土均衡开发，减少跨区域、远距离物流，防止社会经济总量与国土自然基础之间过度失衡。落实主体功能区战略、构建空间规划体系，从地区层面看，要着力构建分散与集中发展相结合、多中心网络型的国土开发格局，强化三大城市群的国际功能，加快区域性城市地区的发展，在促进均衡开发的同时提高地区竞争力。

（2）促进生产力布局与资源环境条件相适应

目前，我国许多西部城市工业经济仍以高耗能、高排放行业为主，东部沿海一些城市群还在新建石化、化工等产业园区，这都不适应绿色发展的要求。在建设生态文明背景下，要严格按照土地、矿产、地下水、地质环境、生态安全等要素条件，合理布局重大生产力。工业升级发展要把系统高效作为主要方向，加强重大生产力规划布局和匹配衔接，避免各地区产业趋同、重复建设造成的能源浪费。同时，推动传统实体经济与城镇化深度融合，在绿色低碳领域发掘新的增长内容。例如，我国一些城市钢铁厂、水泥厂通过消纳垃圾污泥等废弃物，以及利用工业余热用于城市建筑采暖等，不仅大幅减轻了资源环境影响，还为改善城市绿色发展水平做出了贡献。

（3）提高城乡国土要素资源利用效率

落实最严格的节约用地制度，实施建设用地总量和强度双控行动，有序推进城镇低效用地再开发和工矿废弃地复垦利用。加快转变土地利用方式，按照严控总量、盘活存量、优化结构、提高效率的原则，加强土地资源利用全过程管理，推进节约集约用地。改变开发区大面积成片用地出让模式，支持社会投资或政府国有平台公司打造“小微园区”，集中建设多层工业厂房，推进生产、研发、设计、经营多功能复合利用。支持新产业、新业态用地管理创新，合理提高容积率和建筑高度，探索工业用地产权分割和转让，促进产业集群发展、集约用地。结合中心城市功能疏解与实施乡村振兴战略，深化农村土地制度改革，建立城乡统一的建设用地市场，唤醒沉睡的农村土地资源资产，促进城乡一体化发展，为绿色低碳发展奠定重要基础。

2. 促进城乡一体绿色融合发展

城镇是集聚人口增长、创造就业机会、发展实体经济的主要平台，也是资源消耗、污染物排放压力最集中的地区。我国城镇化发展还有很大空间，是实体经济发展最大内需所在，但面临的资源环境约束也最为突出。促进城镇化与绿色经济融合发展，既是新型城镇化发展的内在要求，也是实体经济绿色转型的重要途径。

（1）提升城乡基础设施绿色低碳水平

实体经济发展与生产性服务业密不可分，都离不开现代化基础设施的保障。提升教育、医疗、金融、物流、文体等现代服务业的绿色发展水平，除了与使用者相关，更取决于城市建筑、交通等基础设施的整体水平。加快服务业绿色转型，需要坚持紧凑型城市和城市群发展方向，把超低能耗建筑、公共交通、充电桩等作为城市基础设施的重要组成，不断增强城市绿色低碳吸引力和竞争力。

（2）构建紧凑型城乡一体发展模式

我国城乡发展要以紧凑型、智能型为导向，统筹规划建设节约型交通基础设施网络、分布式智慧能源系统、资源能源回收和循环利用体系等，并且严格保障规划的严肃性和权威性，避免大拆大建造成的能源浪费。

（3）壮大农村绿色经济发展

建立农业绿色开发机制，统筹推进产业发展和生态保护，将贫困地区生态环境优势转化为产业优势、经济优势、后发优势。发展绿色产业、生态产业、循环产业，发展休闲农业和乡村旅游，推进一二三产业融合发展；抓住农业供给侧结构性改革的有利机遇，在贫困地区大力发展绿色、有机和地理标识优质绿色农产品，支持打造品牌，提升特色优势产业的核心竞争力，带动农民群众脱贫致富。

(4) 探索资源环境优势转化为经济优势

在市场经济条件下，落实“绿水青山就是金山银山”，需要探索产业生态化、生态产业化的有效模式。要健全自然资源资产产权制度，明确占有、使用、收益、处分等权利归属关系和权责，推动自然资源参与经济增长、价值创造，并按照贡献获得增加值分配。资源环境要素的开发要与发展阶段、产业基础等相符合，统筹短期收益和长远效益的关系，并按照社会化大生产、市场化经营方式提供生态产品和服务，推动资源环境要素由生产要素、生态财富向物质财富转变，实现资源环境的保值增值。

(四) 构建绿色消费体系，引领经济动能转换

党的十九大做出我国社会主要矛盾转化的重大判断，明确要求在继续创造物质和精神财富的同时，提供更多优质生态产品以满足人民日益增长的美好生活需要。当前，我国深入实施创新驱动发展战略，大力推广大众创业、万众创新，新业态、新模式不断涌现，移动支付、电子商务、共享经济等居于全球领先地位。在绿色发展背景下，培育绿色消费新文化、新模式，创造更多绿色产品服务新供给，既能满足消费升级和美好生活的需要，也能进一步拓展市场空间，为经济增长注入新的动力。

1. 加快消费绿色升级，引领供给创新

在市场经济中，消费是一切生产经营活动的出发点和落脚点，对生产组织等起引领作用。消费具有个体性、主观性、不确定性等特征，但也具有一定的社会性、可塑性。当前，我国居民消费由温饱型逐步向富裕型、享受型方向发展，个性化、多样化消费逐渐成为主流。在居民消费升级过程中，培育绿色低碳新的消费内容，有利于更好满足人民群众对美好生活的期待，有利于促进技术创新、产品创新，引领产业高质量发展。

(1) 有效增加绿色产品和服务供给

我国已经完全摆脱“短缺经济”，绿色消费从生态有机食品向空气净

化器、净水器、节能节水器具、绿色家电、绿色建材等不断拓展，但整体供给质量和水平仍不能满足人民群众的需求。要把公共交通、绿色建筑等作为城市基本公共服务的重要内容，提升城市绿色宜居水平。要对标发达国家水平，提高绿色产品和服务的质量标准要求，遏制以降低质量为代价的恶性竞争。要按照打造“百年老店”目标，全面提高消费品质量，不断提升企业品牌价值和中国制造整体形象。要加强知识产权保护，鼓励和引导企业加快产品服务升级。

（2）鼓励绿色消费业态和模式创新

当前，过度消费、奢侈浪费等现象仍然普遍，绿色的生活方式和消费模式尚未成为主流。要推动大众创业、万众创新蓬勃发展，增加共享经济、电子商务等绿色产品和服务供给，为新产品、新业态、新模式成长提供支撑。要推广利用“互联网+”促进绿色消费，推动开展二手产品在线交易，满足不同主体多样化的绿色消费需求。要推动公共机构率先采购可再生能源和电动汽车，开展无纸化办公和包装物减量再利用等，扩大政府绿色采购规模和范围。

（3）发挥制度优势在重塑消费模式中的作用

我国社会主义制度优势既反映在集中力量办大事等方面，也体现在广泛吸收各国制度的先进因素，不断自我完善、自我变革方面。在我国从温饱到小康、现代化发展过程中，要摒弃发达国家奢侈浪费的消费习惯，借鉴学习后工业化时代绿色低碳消费文化。通过系统调整财税、金融、投资、土地、人才和环境政策，为消费者购买绿色电力、电动汽车、节能环保产品服务等创造激励条件。通过完善自然资源产权和资产核算制度等，为发展循环经济、生态经济、低碳经济、生态农业等，以及提升旅游、健康、养老、创意设计等生活和生产服务业绿色发展水平等，提供创新的投资机会和创业空间。

2. 推动生活和生产系统循环链，加快建设“无废社会”

我国资源消耗规模大、强度高，但循环利用水平比较落后，“垃圾围城”现象较为普遍。不仅传统垃圾废弃物等问题愈演愈烈，新的资源浪费问题也不断出现。例如，我国由快递包裹产生的包装废弃物达到了百万吨级，但回收率不足10%。实现“无废社会”发展目标，需要从根本上改变“大量生产、大量消费、大量废弃”的传统生产消费方式，构建资源再生循环利用体系。

（1）推行生产方式绿色精益化，加强供需两侧衔接互动

利用物联网、大数据、云计算等，推动研发设计、原材料供应、加工制造、产品销售等全过程精准协同，强化生产资料、技术装备、人力资源等生产要素共享利用。加快建设无废工业园区。企业集聚发展、产业生态链接、生产生活互动，能源、土地、水等资源一体化规划利用。企业之间原料互供、资源共享、链接共生，提高资源利用效率。建立绿色供应链，以汽车、家用电器、机械设备等企业为依托，建立生产者责任延伸制度和原料、产品可追溯系统，带动上游零部件、元器件供应商和下游回收利用企业建立协作关系，形成涵盖采购、生产、营销、回收、物流等各环节的绿色供应体系。

（2）构建智能化资源回收利用体系，建设“无废社会”

推动资源回收利用体系应用“互联网+”，利用物联网、大数据开展信息采集、数据分析、流向监测，鼓励再生资源利用企业智能回收机向互联网回收延伸，推动电子商务平台向资源回收领域拓展。利用电子标签、二维码等物联网技术，跟踪废弃电子产品的流向。推动现有骨干再生资源交易市场向线上线下结合转型升级，形成行业性、区域性、全国性再生资源交易平台。

以电动汽车废旧电池利用为例，目前，动力电池编码制度已经发布，未来将围绕编码形成覆盖动力电池全生命周期的可追溯管控体系，通过落

实生产者责任制度，完善政策扶持、技术开发、商业模式等，加强废旧电池回收、拆解、评价、资源化利用，能够形成动力电池回收网络和退役电池循环利用体系。特别是在共享经济、自动驾驶等新业态、新技术的推动下，快速充电和智能充电需求将不断增加，结合价格机制和商业模式创新，废旧电池利用具有很大的商业空间。

3. 引导消费理念和文化转变，形成全社会绿色消费新风尚

加强公众宣传和政策引导，推动全社会树立节约适度消费理念，促进消费理念和文化根本转型。要深化供给侧改革，转变大量生产、大量消费传统模式，推动科学供给满足合理需求、适度消费匹配柔性生产。要以明确价格和政策引导信号为重点，完善能源开发利用价税费体系，理顺各类化石能源与清洁低碳能源比价关系，完善有利于节能低碳发展的财税政策体系，激励绿色消费、低碳消费，抑制不合理消费和奢侈浪费。

完善我国公众参与制度，加强生态决策民主化，最大限度地保护公众的环境利益和生态环境。建立、健全生态环境信息公开制度，强化公众生态环境知情权；在生态保护与建设立项、审批、实施、后评价等诸环节，增强公众的参与决策权，维护公众的生态环境利益；从法律和政策上鼓励发展民间团体，完善公众监督举报制度、听证制度、新闻舆论监督制度等，扩大公众参与的有效途径，调动公众参与的积极性。

四、主要结论与政策建议

党的十九大提出新的“分两步走”战略，到2035年基本实现社会主义现代化和美丽中国目标，到2050年把我国建成富强民主文明和谐美丽的社会主义现代化强国。与“三步走”战略相比，实现美丽中国发展目标提前了15年，并且纳入现代化内涵要求。在新的发展形势下，我国要把绿色作为高质量发展重要抓手，融合经济、社会、环境发展的方方面面，通过深入推进能源生产和消费革命，着力解决突出环境问题，推动绿色发展水平

迈上新台阶，为人民群众提供更多优质能源服务和生态产品。

（一）转变发展理念，以绿色发展论英雄

树立节约集约循环利用的资源观，作为经济高质量发展的立足点和突破口。转变依靠扩大能源环境投入拉动经济增长的理念，把提供优美生态环境、高效现代能源服务作为新时代各级政府和领导干部绩效评价的主要内容，形成推动高质量发展的目标约束体系、政绩考核体系。还原能源商品属性，建立统一开放、竞争有序的现代能源市场体系，放开能源市场准入，加强对自然垄断环节的监管。加快推进生态环境损害、代际补偿等能源外部成本内部化，改变当前基础能源比价关系逆绿色发展的倾向，发挥市场在推动绿色发展中的决定性作用。

（二）以能源革命为突破口培育绿色发展新动能

按照2035年达到世界先进、2050年达到世界领先要求，大幅提升工业、建筑、交通运输等领域节能标准要求。加快发展天然气、核电、可再生能源，在实现增量替代的同时，逐步实现存量替代。大幅提升电气化水平，结合现代制造业、新型城镇化发展，大力推动清洁电力替代传统化石能源消费，推进能源消费迈向更加绿色、高效的中高级形态。发挥全球能源生产和消费第一大国作用，在超低能耗建筑、电动汽车、高速铁路、新一代核电、智慧能源等方面，培育壮大绿色产业和技术发展新优势。

（三）完善绿色高质量发展政策机制

加强公众宣传和政策引导，推动全社会树立节约、适度消费理念，促进消费理念和文化转型。深化供给侧改革，转变大量生产、大量消费传统模式，推动科学供给满足合理需求、适度消费匹配柔性生产。鼓励地方政府开展用能权、碳市场、差别电价等机制创新，以市场机制激发能源技术创新和优化配置的活力。完善有利于节能低碳发展的财税政策体系，激励绿色消费、低碳消费，抑制不合理消费和奢侈浪费。健全科学完备、先进适

用的能源法律法规体系，加强执法落实，引导政府、企业、公众自觉实践绿色发展。

参考文献

[1]中共中央宣传部．习近平新时代中国特色社会主义思想三十讲[M].北京:学习出版社,2018.

[2]周大地,等．迈向绿色低碳未来:中国能源战略的选择和实践[M].北京:外文出版社,2018.

[3]高世楫,李佐军．用制度创新促进绿色发展[M].北京:中国发展出版社,2017.

[4]俞可平．改革开放研究丛书:中国的治理变迁(1978—2018)[M].北京:社会科学文献出版社,2018.

[5]杜祥琬,等．低碳发展总论[M].北京:中国环境出版社,2016.

[6]戴彦德,等．重塑能源:中国(综合卷)[M].北京:中国科学技术出版社,2017.

[7]钱易,等．生态文明建设和新型城镇化及绿色消费研究[M].北京:科学出版社,2017.

专题四　建立绿色发展的目标责任体系研究

内容提要：绿色发展目标责任体系是促进绿色发展的重要“指挥棒”。围绕资源节约型、环境友好型绿色发展的理论内涵，本研究从生产生活绿色度、绿色发展协调度、绿色发展持续度、绿水青山保持度四个维度对绿色发展进行分析和评价。首先，按照评价指标体系构建的基本逻辑和步骤，研究建立了涵盖绿色生产、绿色能源、绿色生活、再生循环、城乡协调、区域协调、政府支持、社会参与、资源消耗、环境改善、生态保护11个专题层共27个指标的绿色发展评价指标体系，可对全国及各省区年度绿色发展状况进行综合评价。其次，基于国家绿色发展愿景，即建成美丽中国，成为在绿色发展方面具有全球影响力的国家，研究确立了2025年、2035年和2050年绿色发展分阶段目标。最后，设计了绿色发展目标责任考核体系，以有效引导各部门、各地方切实践行绿色发展。相应地，研究提出了“十四五”绿色发展目标责任体系建设的主要任务。

绿色发展目标责任体系是建设资源节约型、环境友好型绿色发展体系的重要组成部分，能够发挥有效引导绿色发展的“指挥棒”作用。建立绿色发展目标责任体系，一是要建立充分体现新时代我国绿色发展内涵和特征，与现代化经济体系建设相融合，反映出推动绿色发展所需的各方面努力的绿色发展评价指标体系；二是要确立与国家绿色发展战略愿景相衔接，与人们对美好生活追求相一致的绿色发展目标体系；三是建立绿色发展责任考核体系，将绿色发展目标落实到国民经济和社会发展的方方面面，有效引导各部门、各地方切实践行绿色发展。

一、充分发挥绿色发展目标责任体系“指挥棒”作用

（一）建立目标责任体系对于推动绿色发展的作用

党的十八大以来，党中央、国务院对绿色发展做出全面部署，创新提出“绿色化”。2015 年党的十八届五中全会提出“创新、协调、绿色、开放、共享”五大发展理念，将绿色发展作为“十三五”乃至更长时期经济社会发展的一个重要理念。党的十九大进一步明确了如何推动绿色发展，在新时代中国特色社会主义思想和基本方略中坚持创新、协调、绿色、开放、共享的新发展理念。继而在中央政治局第三次集体学习中，习近平提出“要建设资源节约、环境友好的绿色发展体系”，并将其作为现代化经济体系的七个组成部分之一，强调现代化经济体系要一体建设、一体推进。绿色发展已经成为国家发展的重要战略，是构建高质量现代化经济体系的必然要求。

为推动绿色发展，建设资源节约、环境友好的绿色发展体系，必须建立体现绿色发展理念的目标责任体系，将绿色发展评价指标体系、绿色发展目标、绿色发展责任考核体系等方面纳入绿色发展目标责任体系。

绿色发展评价指标体系是经济社会发展评价体系，将经济发展、资源消耗、环境损害、生态效益等指标纳入经济社会发展评价体系，能够反映新时代下绿色发展的理念，将绿色与发展相结合，同时考虑经济发展与生态环境之间的协调关系，以改善生态环境质量为核心，不再以国内生产总值增长率来论英雄。建立绿色发展评价指标体系可以完善经济社会发展评价体系，引导各地区、各部门深入贯彻新发展理念。

绿色发展目标是基于国家发展战略愿景，并对标国际发达国家相应指标的情况下，在绿色发展评价指标体系框架下设立的发展目标，能够通过

目标引导机制提出在未来不同阶段的发展愿景，作为各地区推进建设的“风向标”，引导政府和地方各个层面以绿色发展目标为发展方向开展各项工作，使得工作更加有抓手和针对性。

绿色发展责任考核体系是对绿色发展工作相关同志的考核体系。绿色发展目标落实得好不好，领导干部是关键，因此建立绿色发展责任考核体系，树立新发展理念、转变政绩观，针对决策、执行、监管各项流程中的责任，明确各级领导干部责任追究情形，并且终身追责，保证领导干部压实责任、强化担当，各个组织部门和监管部门尽职尽责，保障绿色发展评价指标体系的落实和绿色发展目标的实现，推动绿色发展。

因此，包含绿色发展评价指标体系、绿色发展目标、绿色发展责任考核体系的绿色发展目标责任体系是绿色发展的，通过评价指标体系确定评价发展现状，通过绿色发展目标明确未来发展方向，通过责任考核体系保证各级政府积极落实各项工作，三者缺一不可，确保绿色发展目标责任体系发挥“指挥棒”的作用，推动绿色发展，引导产业结构调整，生态环境质量提高，进而推动现代化经济体系建设。

（二）目标责任体系的基本框架和主要构成

绿色发展目标责任体系包括绿色发展评价指标体系、绿色发展目标、绿色发展责任考核体系三方面。

一是绿色发展评价指标体系是绿色发展目标责任体系的基础。绿色发展评价指标体系将经济发展、资源消耗、环境损害、生态效益等指标纳入经济社会发展评价体系，从生产生活绿色度、绿色发展协调度、绿色发展持续度、绿水青山保持度四个系统维度评价发展现状是否为资源节约、环境友好型的绿色发展体系，作为评价工具时刻参与绿色发展体系建设。

二是绿色发展目标是绿色发展目标责任体系的核心。绿色发展目标是基于国家发展战略愿景而设定的，对标国际发达国家相应指标，分别设立2025 年、2035 年和 2050 年各阶段的发展目标，作为发展方向参与绿色发展体系建设。

三是绿色发展责任考核体系是绿色发展目标责任体系的保障。绿色发展责任考核体系是为保证各级领导员工担负绿色发展的责任、共同发力而设定，根据科学合理的考核方法建立考核体系，每年根据评价指标情况和目标完成度确定考核结果，该结果作为各级领导班子和领导干部奖惩和提拔使用的重要依据，因此作为保障机制参与绿色发展体系建设。

（三）建立目标责任体系需解决的重点问题和难题

要落实绿色发展目标责任体系，评价指标和目标需要定得科学合理，且考核体系需要严格执行。目前存在以下三个重点问题和难题：

一是建立科学合理的评价指标体系，综合考虑绿色和发展的关系，选取合适的指标并根据实际情况确定比重；

二是确定符合发展方向和速度的发展目标，参考国家未来发展战略和国际发展对标，保证既能够绿色发展，目标又不过高或过低。

三是保证考核体系奖惩措施的合理性，既需要保证各级领导干部投入精力落实绿色发展，也要保证不因惩罚过大而影响领导干部的实际工作。

二、构建资源节约型、环境友好型绿色发展评价指标体系

为有效促进各方面共同推进绿色发展，按照评价指标体系构建的一般步骤，研究设计绿色发展评价指标体系的总体框架，进而研究确定绿色发展评价指标。

（一）绿色发展评价指标体系研究综述

1. 国外关于绿色发展评价指标体系的研究

国外对于可持续发展评价的探索较早，目前不同国家建立了一系列可持续发展指标体系，大致可以分为单一评价指标和综合性评价指标两大类。

单一评价指标主要是考虑可持续发展和绿色发展因素对 GDP 指标进行修正和完善，如绿色 GDP，可持续经济福利指标（ISEW）、真实发展指标（GPI）、欧盟的经济和环境账户体系（SEEA）等。采用这类单一评价指标可以方便地与现有国民经济核算体系相衔接，但面临货币化困难、工作量大、需要理论和实践创新等问题。

综合性评价指标是指综合考虑经济、社会、环境、制度等不同对象的特征建立的指标体系，并采用 DSR 模型，考虑驱动力指标、状态指标和响应指标。以联合国可持续委员会提出的可持续发展指标体系为例，它包含经济、社会、环境、机构四大类的 11 个一级指标、20 个二级指标，环境类的指标如表 2－3 所示。随着评价体系的发展，指标体系进一步合并、简化，并区分主要指标和次要指标，增加存量、背景指标，欧盟的可持续发展指标体系如表 2－4 所示。

表 2－3　联合国可持续发展指标体系环境类指标

类别	驱动力指标	状态指标	响应指标
保护大气环境	温室气体排放量	污染物浓度	削减大气污染物的支出
	SO_2 排放量		
	NOx 排放量		

表 2－4　欧盟可持续发展指标体系

主题	主指标	副主题	
		1	2
社会经济发展	居民人均 GDP 增长率	经济发展	创新、竞争力和生态环境
可持续消费和生产	资源的生产率	资源使用和浪费	消费模式
社会稳定	转移支付之后的贫困危险人口	货币化的贫穷和生活状况	劳动力市场准入
人口变化	大龄人口就业率	人口	老龄人口收入
公共健康	分性别的健康生活年限和预期寿命	健康和医疗不公平	健康的决定要素

续表

主题	主指标	副主题	
		1	2
气候变化和能源	温室气体排放和不可再生资源消耗	气候变化	能源
可持续的交通	交通造成的能源消耗	交通增长	交通的价格
自然资源	鸟类指数和鱼类过度捕捞	生物多样性	淡水资源
全球合作	官方发展援助	贸易全球化	可持续发展的资金支持
政府治理	—	政策有效性和连续性	开放性和参与程度

2. 国内关于绿色发展评价指标体系的研究

目前国家政府层面和研究机构层面分别出台的不同类型的绿色发展指标体系均为综合性评价指标，但侧重于不同方面。下面对国内主要机构发布的绿色发展指标体系进行介绍。

(1) 国家统计局绿色发展指标体系

党的十八大做出把生态文明建设放在突出地位、纳入中国特色社会主义事业“五位一体”总体布局的战略决策，并先后印发《关于加快推进生态文明建设的意见》和《生态文明体制改革总体方案》，提出要建立体现生态文明建设要求的目标体系、考核方法、奖惩机制，把资源消耗、环境损耗、生态效益等指标纳入经济社会发展评价体系。为落实党中央、国务院推进生态文明建设的决策部署要求，国家统计局自2016年起开始制定绿色发展指标体系，考虑生态文明建设目标考核工作需要，一方面从资源利用、环境治理、环境质量、生态保护、增长质量、绿色生活等6个方面评估各地区上一年度生态文明建设进展总体情况，计算绿色发展指数，全面客观地反映各地区绿色发展成果，引导各地区推进绿色发展；另一方面开展公众生态环境满意度调研，通过组织抽样调查来了解公众对生态环境的主观满意程度，突出反映公众在生态文明建设方面的“获得感”。其中，在制定绿色发展指数计算方法时考虑了三个方面：一是满足生态文明建设目标考核工作需要；二是严格依据绿色发展指标体系进行评价；三是确保绿色发展评价科学客观公平。

国家统计局制定了绿色发展指数体系，将资源利用、环境治理、环境质量、生态保护、增长质量、绿色生活等六个指标作为一级指标，下设55个二级指标，既包括《国民经济社会发展“十三五”规划》中确定的资源环境约束性指标，也包括“十三五”规划和生态文明建设中的主要监测评价指标及其他绿色发展重要监测评价指标，按总权数100%根据重要程度设置二级指标的权重，从发改委、国土部等13个部门采集基础数据进行计算。另将公众满意程度作为主观调查指标，采用分层多阶段抽样调查方法，不计入绿色发展指标计算。

在设置绿色发展指数体系不同指标权重时，根据指标来源和重要程度设置了三类权重。其中，《国民经济和社会发展第十三个五年规划纲要》确定的16个资源环境约束性指标最为重要，每个指标的权重定为2.75%；《国民经济和社会发展第十三个五年规划纲要》和《中共中央、国务院关于加快推进生态文明建设的意见》等提出的22个主要监测评价指标次之，每个指标的权重定为1.83%；此外，新增了17个绿色发展重要监测评价指标权数，每个指标的权重定为0.92%。三类指标的权重大小之比为3∶2∶1，从而体现出指标的重要性差异。55个二级指标的总权重为100%，六个一级指标的权重相应由其所包含的二级指标权数汇总生成。由此，资源利用、环境治理、环境质量、生态保护、增长质量、绿色生活等一级指标的权重分别为29.3%、16.5%、19.3%、16.5%、9.2%、9.2%（见表2-5）。

表 2－5　国家统计局的绿色发展指标体系

一级指标	二级指标		计量单位	权重（%）
资源利用（权重＝29.3%）	1	能源消费总量	万吨标准煤	1.83
	2	单位 GDP 能耗降低（%）	—	2.75
	3	单位 GDP 二氧化碳排放降低（%）	—	2.75
	4	非化石能源占一次能源消费比重（%）	—	2.75
	5	用水总量	亿立方米	1.83
	6	万元 GDP 用水量下降（%）	—	2.75
	7	单位工业增加值用水量降低率（%）	—	1.83
	8	农田灌溉水有效利用系数	—	1.83
	9	耕地保有量	亿亩	2.75
	10	新增建设用地规模	万亩	2.75
	11	单位 GDP 建设用地面积降低率（%）	—	1.83
	12	资源产出率	万元/吨	1.83
	13	一般工业固体废物综合利用率（%）	—	0.92
	14	农作物秸秆综合利用率（%）	—	0.92
环境治理（权重＝16.5%）	15	化学需氧量排放总量减少（%）	—	2.75
	16	氨氮排放总量减少（%）	—	2.75
	17	二氧化硫排放总量减少（%）	—	2.75
	18	氮氧化物排放总量减少（%）	—	2.75
	19	危险废物处置利用率（%）	—	0.92
	20	生活垃圾无害化处理率（%）	—	1.83
	21	污水集中处理率（%）	—	1.83
	22	环境污染治理投资占 GDP 比重（%）	—	0.92
环境质量（权重＝19.3%）	23	地级及以上城市空气质量优良天数比率（%）	—	2.75
	24	细颗粒物（PM2.5）未达标地级及以上城市浓度下降（%）	—	2.75
	25	地表水达到或好于Ⅲ类水体比例（%）	—	2.75
	26	地表水劣Ⅴ类水体比例（%）	—	2.75
	27	重要江河湖泊水功能区水质达标率（%）	—	1.83
	28	地级及以上城市集中式饮用水水源水质达到或优于Ⅲ类比例（%）	—	1.83

续表

一级指标	二级指标		计量单位	权重（%）
环境质量（权重=19.3%）	29	近岸海域水质优良（一、二类）比例（%）	—	1.83
	30	受污染耕地安全利用率	—	0.92
	31	单位耕地面积化肥使用量	千克/公顷	0.92
	32	单位耕地面积农药使用量	千克/公顷	0.92
生态保护（权重=16.5%）	33	森林覆盖率（%）	—	2.75
	34	森林蓄积量	亿立方米	2.75
	35	草原综合植被覆盖度（%）	—	1.83
	36	自然岸线保有率（%）	—	1.83
	37	湿地保护率（%）	—	1.83
	38	陆域自然保护区面积	万公顷	0.92
	39	海洋保护区面积	万公顷	0.92
	40	新增水土流失治理面积	万公顷	0.92
	41	可治理沙化土地治理率（%）	—	1.83
	42	新增矿山恢复治理面积	公顷	0.92
增长质量（权重=9.2%）	43	人均 GDP 增长率（%）	—	1.83
	44	居民人均可支配收入	元/人	1.83
	45	第三产业增加值占 GDP 比重（%）	—	1.83
	46	战略性新兴产业增加值占 GDP 比重	—	1.83
	47	研究与试验发展经费支出占 GDP 比重（%）	—	1.83
绿色生活（权重=9.2%）	48	公共机构人均能耗降低率（%）	—	0.92
	49	绿色产品市场占有率（高效节能产品市场占有率）（%）	—	0.92
	50	新能源汽车保有量增长率（%）	—	1.83
	51	绿色出行（城镇每万人口公共交通客运量）	万人次/万人	0.92
	52	城镇绿色建筑占新建建筑比重（%）	—	0.92
	53	城市建成区绿地率（%）	—	0.92
	54	农村自来水普及率（%）	—	1.83
	55	农村卫生厕所普及率（%）	—	0.92

该指标体系对各地区采用统计方法进行评价，保证同一年度各地区指数值可比较，保证了评价方法的公平性和可操作性，对于推动绿色发展具有重要作用。但是国家统计局出台的绿色发展指标体系基本只考虑资源、环境、生态等生态文明要素，而与发展层面结合不多，因此已经不符合现代能源经济体系下绿色发展体系的要求。

（2）北京师范大学绿色发展指标体系

北京师范大学经济与资源管理研究院、西南财经大学发展研究院和国家统计局中国经济景气监测中心每年发布《中国绿色发展指数报告》，编制思路主要考虑绿色与发展结合、突出各省（区、市）和城市绿色发展水平与进度的比较、突出政府绿色管理的引导作用、突出绿色生产的重要性及在数据收集中强调来源的公开性和权威性。北京师范大学联合课题组自2010年起建立中国省际绿色发展指数指标体系对30个省（区、市）进行测算，自2013年起建立中国城市绿色发展指数指标体系对100个主要城市进行测算，并且每年改进。

以中国省际绿色发展指数体系为例，北京师范大学联合课题组采用经济增长绿化度、资源环境承载潜力和政府政策支持度3个一级指标，下辖绿色增长效率指标、第一产业指标、第二产业指标、第三产业指标、资源丰裕与生态保护指标、环境压力与气候变化指标、绿色投资指标、基础设施指标、环境治理指标等9个二级指标以及62个三级指标，采用“定基极差法”，以初始年份为基期，其余隔年相应做基期调整处理，并逐年增加反映创新和互联网时代特征的指标。此外，建立纵向比较指标体系使得不同地区不同年份的绿色发展指标可以进行时空比较。该指标体系能够根据时代发展完善和更新指标，能更进一步推动新时代下的绿色发展，同时对绿色发展指标进行纵向比较和时空比较，能更清晰地反映各个地区的绿色发展趋势（见表2-6）。

表 2－6　北京师范大学绿色发展指标体系

一级指标	二级指标	三级指标		正/逆
经济增长绿化度	绿色增长效率指标	1	人均地区生产总值	正
		2	单位地区生产总值能耗	逆
		3	非化石能源消费量占能源消费量的比重	正
		4	单位地区生产总值 CO_2 排放量	逆
		5	单位地区生产总值 SO_2 排放量	逆
		6	单位地区生产总值 COD 排放量	逆
		7	单位地区生产总值 NO_X 排放量	逆
		8	单位地区生产总值 NH_3-N 排放量	逆
		9	技术市场成交额占 GDP 的比重	—
		10	人均城镇生活消费用电	逆
	第一产业指标	11	第一产业劳动生产率	正
		12	土地产出率	正
		13	节灌率	正
		14	有效灌溉面积占耕地面积比重	正
	第二产业指标	15	第二产业劳动生产率	正
		16	单位工业增加值水耗	逆
		17	规模以上工业增加值能耗	逆
		18	工业固体废物综合利用率	正
		19	工业用水重复利用率	正
		20	六大高载能行业产值占工业总产值比重	逆
	第三产业指标	21	第三产业劳动生产率	正
		22	第三产业增加值比重	正
		23	第三产业从业人员比重	正
资源环境承载潜力	资源丰裕与生态保护指标	24	人均水资源量	正
		25	人均森林面积	正
		26	森林覆盖率	正
		27	自然保护区面积占辖区面积比重	正
		28	湿地面积占国土面积比重	正
		29	人均活立木总蓄积量	正

续表

一级指标	二级指标	三级指标		正/逆
资源环境承载潜力	环境压力与气候变化指标	30	单位土地面积 CO_2 排放量	逆
		31	人均 CO_2 排放量	逆
		32	单位土地面积 SO_2 排放量	逆
		33	人均 SO_2 排放量	逆
		34	单位土地面积 COD 排放量	逆
		35	人均 COD 排放量	逆
		36	单位土地面积 NO_X 排放量	逆
		37	人均 NO_X 排放量	逆
		38	单位土地面积 NH 排放量	逆
		39	人均 NH 排放量	逆
		40	单位耕地面积化肥施用量	逆
		41	单位耕地面积农药使用量	逆
		42	人均公路交通 NO_X 排放量	逆
政府政策支持度	绿色投资指标	43	环境保护支出占财政支出比重	正
		44	环境污染治理投资占地区生产总值比重	正
		45	农村人均改水、改厕的政府投资	正
		46	单位耕地面积退耕还林投资完成额	正
		47	科教文卫支出占财政支出比重	正
	基础设施指标	48	城市人均绿地面积	正
		49	城市用水普及率	正
		50	城市污水处理率	正
		51	城市生活垃圾无害化处理率	正
		52	城市每万人拥有公交车辆	正
		53	人均城市公共交通运营线路网长度	正
		54	农村累计已改水受益人口占农村总人口比重	正
		55	人均互联网宽带接入端口	—
		56	建成区绿化覆盖率	正

续表

一级指标	二级指标	三级指标		正/逆
政府政策支持度	环境治理指标	57	人均当年新增造林面积	正
		58	工业二氧化硫去除率	正
		59	工业废水 COD 去除率	正
		60	工业 NO_X 去除率	正
		61	工业废水 NH 去除率	正
		62	突发环境事件次数	逆

绿色发展指数权重经过几次调整，2016 年中国省际绿色发展指数指标体系一级指标按 30%、40%、30% 确定权重，三级指标在一级指标下平均权重，然后“倒推加总”计算出相应的二级指标权重。因此经济增长绿化度下的 23 个三级指标权重为 1.30%，资源环境承载潜力下的 19 个三级指标权重为 2.11%，政府政策支持度下的 20 个三级指标权重为 1.50%。

北京师范大学提出的绿色指标体系从经济、资源、政策等方面多维度、多层面综合反映绿色发展进展，然而不同指标之间有时具有替代性，会出现综合性指标体系“一俊遮百丑”的弊端，客观评价的指标体系排名和公众满意度调查排名有一定差距，例如北京绿色发展指数排名较高，但和公众的日常认知不符。

（3）中国人民大学绿色发展指标体系

中国人民大学国家发展与战略研究院和中国人民大学首都发展与战略研究院联合印发《2018 年中国经济绿色发展报告》，在践行绿水青山就是金山银山的理念下，考虑中国绿色发展不平衡、不充分、不协调以及空间分化等问题，构建了三位一体的绿色发展评价逻辑框架以及基于三位一体逻辑框架的绿色发展评价指标体系，提出省级尺度绿色发展评价和城市尺度绿色发展评价体系。并针对综合指数法的指标之间可替代性缺陷，尝试采用效用函数合成的方法，突出短板因素的制约作用，因此评价结果更加符合公众对绿色发展的个体感受，也成为各地区引导绿色发展的努力方向和实现路径。

该评价体系把绿色发展分为经济发展、可持续性和绿色发展能力三个维度，其中经济发展主要表征经济发展的绩效也就是“金山银山”，可持续主要表征可持续发展的绩效也就是“绿水青山”，绿色发展能力主要表征各地践行“绿水青山就是金山银山”的能力。省级尺度指标体系下辖经济发展水平、经济增长动力、产业结构转型、收入分配与社会保障、生态健康、污染控制、低碳发展、资源节约、基础设施、内源性增长能力、资源环境管理11个二级指标和49个三级指标。

该指标采用效用函数法，即对每个地区根据其经济、可持续和发展能力的状况赋予不同指数，地区某项短板越突出，赋予该指标的指数越高，类似于给该指标更高的权重。所以，效用函数合成的基本理念是，居民对当地绿色发展的短板部分，有更强烈的偏好倾向。比如北京，因为可持续性得分低，所以当地居民在效用感受上会更偏好可持续性改善。

中国人民大学联合课题组提出的绿色发展指标体系解决了综合性指标“一俊遮百丑”的弊端，但是相对而言提出的指标将绿色和发展分割开来，关联度不高，无法支撑绿色发展体系的需求。

表 2－7　中国人民大学的绿色发展指标体系

一级指标	二级指标	权重（%）	三级指标	单位	权重（%）
经济发展	经济发展水平	25	人均 GDP（＋）	元	25
			GDP 增长率（＋）（%）	—	25
			人均可支配收入（＋）	元	25
			人均存款余额（＋）	元	25
	经济增长动力	25	研究与试验发展（R&D）经费投入强度（＋）（%）	—	33.3
			固定资本形成占 GDP 的比重（－）（%）	—	33.3
			集聚经济（＋）	亿元/平方公里	33.3
	产业结构转型	25	第三产业占 GDP 比重（＋）（%）	—	25.0
			高能耗产业与工业增加值比值（＋）（%）	—	25.0
			高技术产业与工业增加值比值（＋）（%）	—	25.0
			生产性服务业占比（＋）（%）	—	25.0
	收入分配与社会保障	25	城乡收入比（－）	—	33.3
			三险覆盖率（＋）	—	33.3
			最低生活保障（＋）	—	33.3

续表

一级指标	二级指标	权重(%)	三级指标	单位	权重(%)
可持续性	生态健康	25	AQI 指数(-)	—	16.7
			PM2.5 年均浓度(-)	微克/立方米	16.7
			分省水质优良水体比例(+)	—	33.3
			生态环境质量指标 EI(+)	—	33.3
	污染控制	25	单位面积二氧化碳排放量(-)	吨/平方公里	12.5
			单位面积氮氧化物排放量(-)	吨/平方公里	12.5
			单位面积 COD 排放量(-)	吨/平方公里	12.5
			单位面积氨氮排放量(-)	吨/平方公里	12.5
			二氧化硫排放强度(-)	吨/亿元	12.5
			氮氧化物排放强度(-)	吨/亿元	12.5
			COD 排放强度(-)	吨/亿元	12.5
			氨氮排放强度(-)	吨/亿元	12.5
	低碳发展	25	碳排放强度(-)	百万吨/亿元	25.0
			人均碳排放量(-)	百万吨/万人	25.0
			可再生能源发电占比(+)(%)	—	25.0
			太阳能、风能发电占比(+)(%)	—	25.0
	资源节约	25	单位 GDP 能耗(-)	万吨标准煤/亿元	33.3
			单位 GDP 水耗(-)	亿立米/万亿元	33.3
			单位 GDP 用电量(-)	亿千瓦时/亿元	33.3

续表

一级指标	二级指标	权重(%)	三级指标	单位	权重(%)
绿色发展能力	基础设施	33.3	供水管道密度(+)	公里/平方公里	12.5
			排水管道密度(+)	公里/平方公里	12.5
			建成区绿化覆盖率(+)(%)	—	25.0
			互联网+指数(+)	—	25.0
			市区人均公共交通客运量(+)	万人次/万人	25.0
	内源性增长能力	33.3	创新能力1000强企业个数(+)	个	20.0
			国内专利申请授权数(+)	件	20.0
			技术市场成交额(+)	万元	20.0
			每百万人高校数量(+)	所/百万人	20.0
			人力资本水平(+)	年	20.0
	资源环境管理	33.3	环境监测经费(+)	万元	25.0
			环境管理体系认证(ISO14001)(+)	份	12.5
			有机产品认证(+)	份	12.5
			环保产业市值(+)	亿元	25.0
			环保服务业企业(规模)固定资产原值(+)	万元	12.5
			环保服务业企业(经营状况)营业利润(+)	万元	12.5

（二）绿色发展评价指标体系构建的逻辑和步骤

1. 基本逻辑

构建绿色发展评价指标体系应满足两个基本要求，一是目标导向，指标体系的构建必须围绕绿色发展体系的战略目标即建成美丽中国，进行分解评价；二是动态考量，绿色发展状态在动态变化，有的问题影响当下，有的问题影响未来，要求指标体系能够敏锐地反映系统的动态变化。

为了满足上述要求，构建绿色发展评价指标体系需要遵循以下四个原则：①科学性，绿色发展评价指标体系构建必须以发展经济学理论、环境经济学理论以及统计理论等为依据，要求指标的定义、计算方法、数据收集、范围界定、权重选择等都必须有科学依据。②系统性，指标选择应以系统的观点，强化经济社会发展与生态环境保护之间的内在联系与相互影响，只有将二者紧密结合才能真正体现绿色发展。③可比性，评价指标和评价标准的制定要客观实际，便于比较，通过比较和分析，厘清绿色发展的关键问题与障碍。④开放性，绿色发展的内涵在不断发展和丰富，绿色发展指标体系必须是开放式的，以适应指标体系的持续变化。

2. 构建步骤

绿色发展评价指标体系的构建步骤包括基础理论、初建构架和指标确定，如图 2－16 所示。

第一步：分析确定基础理论、绿色发展概念与内涵，以及构建指标体系的目标、评价范围、构建原则。作为必要基础，上述内容在起始阶段进行研究，明确指标体系构建的整体思路，并进一步选择具体的方法学。

第二步：初步建立指标体系框架，明确各级指标的内容。基本思路是：先根据研究对象的特点，选择指标体系的层次结构；再结合步骤一中的构建思路，以绿色发展的目标和途径分析为基础，自上而下逐层明确各级指标。系统层指标来自绿色发展的内涵要求和功能性目标。专题层指标

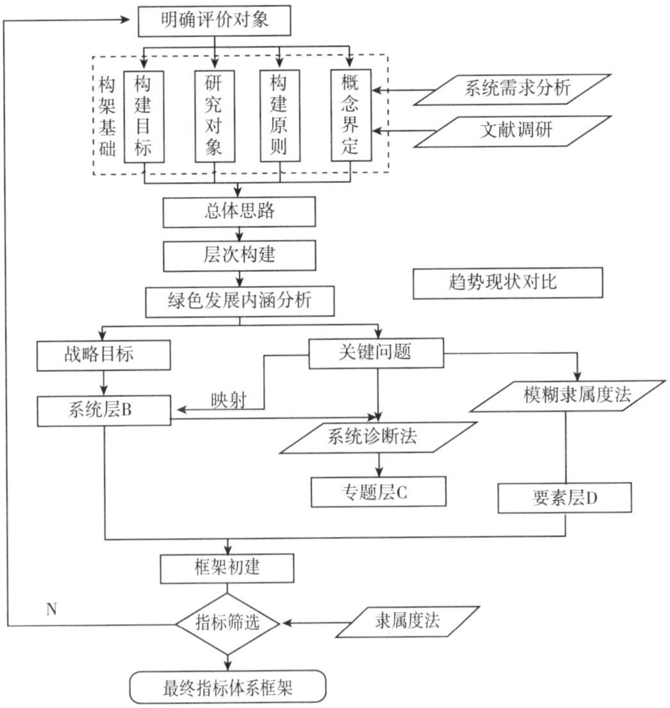

图 2-16　绿色发展评价指标体系构建流程

的确定方法为：首先比较绿色发展的现状趋势与绿色发展战略目标之间的差距，明确影响绿色发展的关键问题；然后将这些问题映射到系统层各指标之下，通过系统诊断法明确关键问题，构成专题层指标。要素层指标的确定方法为：利用系统分析方法，分析可能影响或解决专题层问题的核心要素，作为要素层的备选指标；然后通过模糊隶属度分析等方法，进一步筛选形成要素层指标。

第三步：利用专家咨询法和层次分析法确定最终指标。

（三）绿色发展评价指标体系设计和指标确定

遵循理论基础、框架设计和评价指标确定的一般步骤，按照总体层、系统层、专题层、要素层四个层次的一般架构，构建我国绿色发展评价指标体系（见图 2-17）。

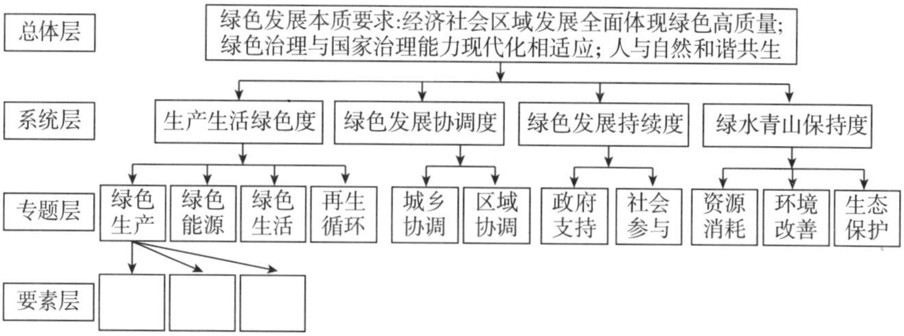

图2－17　中国绿色发展评价指标体系的总体框架

第一，关于绿色发展的根本内涵和本质要求。习近平总书记指出，我们推动绿色发展的目的，是要改变传统的“大量生产、大量消耗、大量排放”的生产模式和消费模式，使资源、生产、消费等要素相匹配相适应，实现经济社会发展和生态环境保护协调统一，人与自然和谐共生。新时代我国绿色发展体系既是现代化经济体系建设的有机组成部分，又是生态文明建设的重要内容，还是国家治理能力现代化的一项要求。具体内涵应包括以下几个方面：一是我国经济社会发展方式是资源节约和环境友好的，符合高质量发展要求，生产生活能够做到资源利用效率高、污染物排放少、循环利用水平高，即生产生活方式的绿色化；二是我国的绿色发展是全面均衡的绿色发展，是城乡、区域共同迈向绿色发展道路，而不是一些地方像欧洲、一些地方像非洲，即城乡区域绿色发展要协调；三是当前的政策、措施和行动长期而言是资源环境可持续的，是符合国家治理能力现代化要求的，而不是涸泽而渔的，即绿色发展治理机制要可持续；四是经济社会发展总的资源消耗和环境影响是在资源环境承载力范围内的，这是对绿色发展与否最根本性的评价，即绿水青山要得以保护和保持。

第二，基于绿色发展内涵分析，我们认为资源节约型、环境友好型的绿色发展体系主要可从四个系统维度进行评价：一是生产生活绿色度，二是绿色发展协调度，三是绿色发展持续度，四是绿水青山保持度。这四个方面就构成了绿色发展评价体系的系统层指标，框架示意图见图2-18。

第三，专题层指标是构建绿色发展评价指标体系的关键，其确定方法为：比较绿色发展的现状趋势与绿色发展目标之间的差距，明确影响绿色发展的关键问题，按照构建绿色发展体系需要搭建的模式和路径、需要实施的重点任务，将这些问题、模式、路径、任务映射到系统层各指标之下，通过系统诊断法明确关键问题，构成专题层指标。基于此，在生产生活绿色度下设了4个专题层指标，分别对应绿色生产、绿色能源、绿色生活、再生循环4个方面任务；在绿色发展协调度下设了2个专题层指标，分别对应城乡协调、区域协调两个方面任务；在绿色发展持续度下设了2个专题层指标，分别对应政府支持、社会参与两个方面任务；在绿水青山保持度下设了3个专题层指标，以体现资源消耗、环境改善、生态保护3个方面的根本性要求。以上共确定了11个专题层指标，以体现绿色发展各方面的要求和任务。

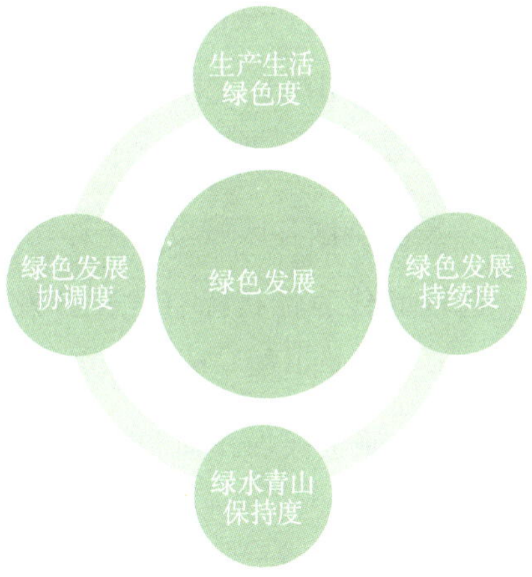

图2-18 中国绿色发展评价体系的系统层指标

第四，利用专家咨询法、文献调研、系统分析法，从经济社会系统选取可测量、可比对、可评价的指标，通过其数值、强度、比重、比率等度量值确定评价指标体系的要素层指标。要素层共包括28个指标，既涵盖绿色发展体系各环节、过程性的各类指标，又包括生态环境质量等最终评价指标，具体见表2－8：

A. 绿色生产指标：反映生产的集约、高效、绿色特征。选取的代表性指标有单位GDP主要资源消耗量、单位GDP主要污染物环境影响潜值、三大绿色产业占工业增加值比重等。

B. 绿色能源指标：反映能源开发利用的绿色水平。选取的代表性指标有非化石能源占一次能源消费总量比重、绿色电力比重、终端用能电气化水平等。

C. 绿色生活指标：反映居民生活的资源节约和绿色水平。选取的代表性指标有绿色建筑比例、居民绿色出行比例等。

D. 再生循环指标：反映全社会资源的回收利用水平和节约集约使用程度。选取的代表性指标有生活垃圾回收利用率、主要再生资源回收利用率等。

E. 城乡协调指标：反映农村和城市绿色发展的均衡化水平。选取的代表性指标有农村城镇人均生活用电量之比、农村城镇污水垃圾集中收集处理率之比等。

F. 区域协调指标：反映全国各区域贯彻主体功能区定位、切实推动绿色发展的水平提升。选取的代表性指标有优化开发区单位GDP碳排放强度、重点开发区单位国土面积产出率、限制开发区生态服务和生态产品价格占比等。禁止开发区完全侧重保护，强调禁止或严格限制人类活动，可不在此单列指标。

G. 政府支持指标：反映政府政策对绿色可持续发展的支撑力度。选取的代表性指标有环境污染治理投资占GDP比重、环境保护支出占财政支出比重等。

H. 社会参与指标：反映公众参与绿色发展、绿色治理的水平。选取的代表性指标有环境第三方治理发育度（占环境治理比重）、获“绿色公民”称号人数等。

I. 资源消耗指标：反映经济社会发展的资源消耗总规模是否在资源承载力范围内。选取的代表性指标有用水总量、能源消费总量、耕地保有量等。

J. 环境改善指标：反映环境质量的变化，是否在不断趋于改善。选取的代表性指标有地级及以上城市空气质量优良天数比例、地表水水质优良比例、耕地土壤环境质量达标率等。

K. 生态保护指标：反映生态功能的变化，是否处于生态保护红线范围，是否不断提升自然生态功能。选取的代表性指标有森林覆盖率、湿地保护率、国家重点保护野生动植物保护率等。

以上建立了绿色发展评价指标体系，利用这些指标能够对全国及各省市绿色发展年度水平进行综合评价和展望，从而有效激励各部门、各地方共同推进绿色发展。

表 2－8　中国绿色发展评价指标体系设计

总体层	系统层	专题层	要素层	指标类型	指标属性
绿色发展本质要求：经济社会区域发展要全面体现绿色高质量；绿色治理与国家治理能力现代化相适应；人与自然和谐共生	生产生活绿色度	绿色生产	单位 GDP 主要资源消耗量	逆向	约束性
			单位 GDP 主要污染物环境影响潜值	逆向	约束性
			三大绿色产业占工业增加值比重	正向	预期性
		绿色能源	非化石能源占一次能源消费总量比重	正向	约束性
			绿色电力比重	正向	预期性
			终端用能电气化水平	正向	预期性
		绿色生活	绿色建筑比例	正向	预期性
			居民绿色出行比例	正向	预期性
		再生循环	生活垃圾回收利用率	正向	约束性
			主要再生资源回收利用率	正向	预期性
	绿色发展协调度	城乡协调	农村城镇人均生活用电量之比	正向	预期性
			农村城镇污水垃圾集中收集处理率之比	正向	约束性
		区域协调	优化开发区单位 GDP 碳排放强度	逆向	约束性
			重点开发区单位国土面积产出率	正向	约束性
			限制开发区生态服务和生态产品价值占比	正向	约束性

续表

总体层	系统层	专题层	要素层	指标类型	指标属性
绿色发展本质要求：经济社会区域发展要全面体现绿色高质量；绿色治理与国家治理能力现代化相适应；人与自然和谐共生	绿色发展持续度	政府支持	环境污染治理投资占 GDP 比重	正向	预期性
			环境保护支出占财政支出比重	正向	预期性
		社会参与	环境第三方治理发育度（占环境治理比重）	正向	预期性
			获“绿色公民”称号人数	正向	预期性
	绿水青山保持度	资源消耗	用水总量	逆向	约束性
			一次能源消费总量	逆向	约束性
			耕地保有量	逆向	约束性
		环境改善	地级及以上城市空气质量优良天数比例	正向	约束性
			地表水水质优良比例	正向	约束性
			耕地土壤环境质量达标率	正向	约束性
		生态保护	森林覆盖率	正向	约束性
			湿地保护率	正向	约束性
			国家重点保护野生动植物保护率	正向	约束性

注：三大绿色产业指的是节能环保产业、清洁生产产业、清洁能源产业。

三、研究确立中国绿色发展的目标体系

（一）国家绿色发展战略愿景

改革开放后，邓小平同志在党的十三大报告中正式提出我国经济建设“三步走”总体战略部署：第一步，实现国民生产总值比 1980 年翻一番，解决全国人民的温饱问题，这在 20 世纪 80 年代末已基本实现；第二步，到 20 世纪末国民生产总值比 1980 年翻两番，人民生活达到小康水平，这也已在 1995 年提前完成；第三步，到 21 世纪中叶基本实现现代化，人均国民生产总值达到中等发达国家水平，人民过上比较富裕的生活。1997 年，江泽民同志在党的十五大报告中进一步明确“到 21 世纪中叶建国一百年时，基本实现现代化，建成富强民主文明的社会主义国家”。

2012 年，胡锦涛同志在党的十八大中确立了到 2020 年实现 GDP 翻一番、全面建成小康社会的目标。同时，更是首次提出“五位一体”战略布

局，把生态文明建设放在突出地位，融入经济建设、政治建设、文化建设、社会建设各方面和全过程，努力建设美丽中国，推进绿色发展、循环发展、低碳发展，实现中华民族永续发展。

2017 年，习近平总书记在党的十九大中阐明了我国绿色发展的战略愿景：第一阶段，从 2020 年到 2035 年，基本实现社会主义现代化，届时经济实力、科技实力大幅跃升，生态环境根本好转，美丽中国目标基本实现。第二阶段，从 2035 年到 2050 年，建成富强民主文明和谐美丽的社会主义现代化强国，届时物质文明、政治文明、精神文明、社会文明、生态文明将全面提升，成为综合国力和国际影响力领先的国家，中华民族将以更加昂扬的姿态屹立于世界民族之林。

综上，不同阶段国家领导人对我国经济社会发展愿景进行了阐述，绿色发展战略愿景逐步清晰，那就是：到 2035 年，基本实现社会主义现代化和美丽中国目标；到 2050 年，建成富强民主文明和谐美丽的社会主义现代化强国，实现“五位一体”目标全面提升，成为在绿色发展方面具有全球影响力的国家。

（二）中国绿色发展阶段性目标

根据国家绿色发展战略愿景，研究确定我国绿色发展的阶段性目标，具体如下（见表 2 –9）：

1. 到 2025 年，绿色发展制度体系全面建成，生态环境质量显著改善

其一，生产方式和生活方式环境友好水平持续上升，资源利用效率及再生利用率显著提高，非化石能源占比持续增加。其中，按照 2015 年不变价测算，单位 GDP 主要资源消耗量下降到 0. 35 吨/万元，单位 GDP 主要污染物环境影响潜值下降到 3. 5 千克/万元；三大绿色产业占工业增加值比重增加到 30%；非化石能源占一次能源消费总量比重提高到 20%，绿色电

力比重、终端用能电气化水平分别提高到39%、30%；绿色建筑、居民绿色出行比例分别提高到15%、40%；生活垃圾回收利用率、主要再生资源回收利用率分别提高到35%、50%。

其二，城乡绿色发展协调度显著提升，主体功能区布局全面形成，主要功能区绿色发展水平大幅提高。其中，农村与城镇绿色发展差距逐步缩小，农村城镇人均生活用电量之比增至0.85，农村城镇污水垃圾集中收集处理率之比增至0.5；主要功能区基于各自主体功能定位不断提升绿色发展水平，按照2015年不变价测算，优化开发区单位GDP碳排放强度降至0.5吨/万元，重点开发区单位国土面积产出率增至5000万元/平方公里，限制开发区生态服务和生态产品价值占比增至10%。

其三，绿色生产和消费的法律制度和政策建成，以市场为导向的绿色技术创新体系初步建立，以政府为主导、企业为主体，社会组织和公众共同参与的生态环境治理体系基本形成，绿色发展可持续性不断增强。其中，环境污染治理投资占GDP比重和环境保护支出占财政支出比重分别增至2%、3.5%；环境第三方治理发育度提高到20%，获"绿色公民"称号人数达2000万人。

其四，资源消耗增长不断趋缓，一次能源消费总量逼近峰值（按电热当量计算），空气质量优良天数比例和地表水水质优良比例大幅提升，生态环境质量呈现持续向好态势。其中，用水总量控制在6900亿立方米，一次能源消费总量控制在48亿吨标准煤，已逼近峰值，耕地保有量保持在18亿亩以上；地级及以上城市空气质量优良天数比例、地表水水质优良比例、耕地土壤环境质量达标率分别增至87%、78%、84%，环境质量显著改善；森林覆盖率、湿地保护率、国家重点保护野生动植物保护率分别达25%、55%、96%，生态保护成果逐步显现。

2. 到2035年，生态环境根本好转，美丽中国目标基本实现

其一，绿色生产全面推进，绿色生活成为居民首选，能源清洁化程度

和资源循环利用水平大幅提升。其中，按照2015年不变价测算，单位GDP主要资源消耗量和主要污染物环境影响潜值分别降至0.25吨/万元、1.9千克/万元；三大绿色产业占工业增加值比重增加到40%；非化石能源占一次能源消费总量比重提高到33%，绿色电力比重、终端用能电气化水平分别提高到72%、42%；绿色建筑比例提高到30%，居民绿色出行比例提高到50%；生活垃圾回收利用率、主要再生资源回收利用率分别提高到45%、70%。

其二，城乡绿色发展协调度持续提升，主体功能区绿色发展水平不断提高。其中，农村城镇人均生活用电量之比增至0.9；按照2015年不变价测算，优化开发区单位GDP碳排放强度降至0.35吨/万元，重点开发区单位国土面积产出率增至8000万元/平方公里，限制开发区生态服务和生态产品价值占比提升至20%。

其三，绿色发展制度体系日益完备，改善生态环境对发展生产力的促进作用越发凸显，公众广泛参与生态环境治理成为普遍现象，绿色发展可持续性持续增强。其中，环境污染治理投资占GDP比重增至3%，环境保护支出占财政支出比重增至4%；环境第三方治理发育度提高到30%，获“绿色公民”称号人数达5000万人。

其四，绝大部分地区大气、水、土壤质量达到国家优良标准，生物多样性保护成果显著，天蓝、地绿、水清的美丽中国景象得以显现。其中，一次能源消费总量较峰值水平显著减少，耕地面积始终保持在18亿亩水平；地级及以上城市空气质量优良天数比例、地表水水质优良比例、耕地土壤环境质量达标率分别增至95%、90%、92%；国家重点保护野生动植物保护率达98%。

3. 到2050年，生态文明全面提升，绿色发展水平在全球具有影响力、引领性和示范性

其一，绿色生产成为主要经济发展方式，绿色生活和消费成为广泛社

会实践，资源利用效率和非化石能源发展达到全球先进水平；生活垃圾、主要再生资源回收利用率均达到较高水平，“无废社会”逐步成为现实。其中，按照2015年不变价测算，单位GDP主要资源消耗量下降到0.15吨/万元，单位GDP主要污染物环境影响潜值下降到0.7千克/万元；三大绿色产业占工业增加值比重增加到55%；非化石能源占一次能源消费总量比重提高到67%，绿色电力比重、终端用能电气化水平分别提高到88%、53%；绿色建筑比例、居民绿色出行比例分别提高到50%、70%；生活垃圾回收利用率、主要再生资源回收利用率分别提高到60%、90%。

其二，城乡之间实现绿色协调发展，农村城镇人均生活用电量基本相当，农村城镇污水垃圾均实现全收集全处理；各功能区按主体功能定位探索出各自绿色发展模式。其中，农村城镇人均生活用电量基本相当，农村城镇污水垃圾集中收集处理率之比增至1.0；主要功能区基于各自主体功能定位不断提升绿色发展水平，按照2015年不变价测算，优化开发区单位GDP碳排放强度降至0.15吨/万元，重点开发区单位国土面积产出率增至12000万元/平方公里，限制开发区生态服务和生态产品价值占比增至40%。

其三，保护生态环境与生产力发展相辅相成，公民积极参与绿色治理成为普遍现象，在全球具有引领性。其中，环境污染治理投资占GDP比重和环境保护支出占财政支出比重分别增至4%、4.5%；环境第三方治理发育度提高到50%，获“绿色公民”称号人数达1亿人。

其四，资源消耗总量上限得到控制，一次能源消费总量持续减少；生态环境质量达到国际先进水平，人与自然实现和谐共生。其中，用水总量控制在7500亿立方米，一次能源消费总量控制在35亿吨标准煤，耕地保有量保持在18亿亩以上；地级及以上城市空气质量优良天数比例、地表水水质优良比例、耕地土壤环境质量达标率均超过99%；森林覆盖率、湿地保护率、国家重点保护野生动植物保护率分别达30%、80%、99%。

表 2－9　中国绿色发展的阶段性目标

一级指标	二级指标	三级指标	单位	2015 年	2025 年	2035 年	2050 年
生产生活绿色度	绿色生产	单位 GDP 主要资源消耗量	吨/万元（2015 年价）	0.54	0.35	0.25	0.15
		单位 GDP 主要污染物环境影响潜值	千克/万元（2015 年价）	7.6	3.5	1.9	0.7
		三大绿色产业占工业增加值比重（%）	—	—	30	40	55
	绿色能源	非化石能源占一次能源消费总量比重（%）	—	12	20	33	67
		绿色电力比重（%）	—	23.4	39	72	88
		终端用能电气化水平（%）	—	21.3	30	42	53
	绿色生活	绿色建筑比例（%）	—	—	15	30	50
		居民绿色出行比例（%）	—	—	40	50	70
	再生循环	生活垃圾回收利用率（%）	—	—	35	45	60
		主要再生资源回收利用率（%）	—	—	50	70	90
绿色发展协调度	城乡协调	农村城镇人均生活用电量之比	—	0.8	0.85	0.9	1.0
		农村城镇污水垃圾集中收集处理率之比	—	—	0.5	0.7	1.0
	区域协调	优化开发区单位 GDP 碳排放强度	吨/万元（2015 年价）	—	0.5	0.35	0.15
		重点开发区单位国土面积产出率	万元/平方公里（2015 年价）	—	5000	8000	12000
		限制开发区生态服务和生态产品价值占比（%）	—	—	10	20	40

续表

一级指标	二级指标	三级指标	单位	2015 年	2025 年	2035 年	2050 年
绿色发展持续度	政府支持	环境污染治理投资占 GDP 比重(%)	—	1.3	2.0	3.0	4.0
		环境保护支出占财政支出比重(%)	—	2.7	3.5	4.0	4.5
	社会参与	环境第三方治理发育度(占环境治理比重)(%)	—	—	20	30	50
		获“绿色公民”称号人数	万人	—	2000	5000	10000
绿水青山保持度	资源消耗	用水总量	亿立方米	6103	6900	7200	7500
		一次能源消费总量	亿吨标准煤	40.0	48	42	35
		耕地保有量	亿亩	18.65	18.65	18	18
	环境改善	地级及以上城市空气质量优良天数比例(%)	—	76.7	87	95	99
		地表水水质优良比例	—	66	78	90	99
		耕地土壤环境质量达标率(%)	—	75	84	92	99
	生态保护	森林覆盖率(%)	—	21.66	25	27	30
		湿地保护率(%)	—	48	55	65	80
		国家重点保护野生动植物保护率(%)	—	—	96	98	99

注：主要资源包括能源、粗钢、十种有色金属、磷矿石、原盐和水泥，并以粗钢价格为基准，其余产品以其价格与粗钢价格之比为系数，进行加权计算，从而加总得到主要资源消耗量；主要污染物包括二氧化硫、氮氧化物、氨氮和化学需氧量，按照环境影响潜值加权相加；主要再生资源包括有色金属、废钢铁、废弃电器电子产品、废塑料、废旧轮胎等。一次能源消费总量按电热当量计算。

四、研究设计绿色发展目标责任考核体系

在确定了绿色发展目标和评价指标后，相应地，必须建立目标责任制和评价考核体系，将绿色发展指标纳入各地经济社会发展综合评价考核体系，作为地方各级人民政府领导干部任期内贯彻落实新发展理念的重要考核内容，从而确保绿色发展目标的实现。本研究借鉴《生态文明建设目标评价考核办法》和节能双控考核工作的经验，研究建立了绿色发展目标责任考核体系。

（一）考核思路

贯彻落实党的十九大精神，根据有关党内法规和国家法律法规，按照目标明确、责任落实、措施到位、科学规范、奖惩并举的总体要求，建立省级人民政府绿色发展目标责任评价、考核和奖惩制度，将目标实现与措施落实相结合、定量考核与定性评价相结合，强化政府责任和政策导向作用，确保实现绿色发展目标。

（二）考核对象、内容、频次和方法

1. 考核对象

各省（自治区、直辖市）党委和政府。

2. 考核内容

绿色发展目标完成情况和任务落实情况。

3. 考核频次

五年规划期内考核2次，分别是中期考核（五年规划期前两年）和末期考核（五年规划期结束）。

4. 考核方法

采取百分制量化评分方法，相应设置目标完成情况和任务落实情况两

大类指标。目标完成指标为定量考核指标，重在考核省级人民政府绿色发展目标完成情况；绿色发展目标全部完成得60分，并细化到每一个指标所得分数。任务落实指标为定性考核指标，主要考核省级人民政府实施的绿色发展宣传、绿色产业发展、绿色能源发展、扩大绿色消费等措施的进展情况，满分为40分。

5. 考核结果

根据综合得分分为优秀（90分及以上）、良好（80～89分）、合格（60～79分）、未完成（60分以下）四个等级。

（三）考核实施

1. 考核组织

绿色发展目标考核工作由国家发展改革委、生态环境部、自然资源部、中央组织部牵头，会同财政部、工业和信息化部、住房和城乡建设部、水利部、农业农村部、国家统计局等部门组织实施。

2. 考核程序

考核在五年规划期中期、末期的次年开展，并于9月底前完成。第一，各省区党委和政府应当对照考核目标体系开展自查，在五年规划期结束次年的5月底前，向党中央、国务院报送生态文明建设目标任务完成情况自查报告，并抄送考核牵头部门。第二，6月底前，考核牵头部门会同有关部门整理汇总各省区党委和政府自评估报告和相关数据资料并进行初步评价。第三，8月底前，考核牵头部门和其他有关部门组成考核工作组，通过现场核查和重点抽查等方式，对各省区工作进行综合评价。第四，9月，考核牵头部门和其他有关部门完成各省区绿色发展目标责任综合评价考核报告，报送党中央、国务院审定，考核结果经审定后向社会公布。

（四）奖惩措施

第一，对各省区党委和政府的考核报告经党中央、国务院审定后向社会公布，考核结果作为各省区党政领导班子和领导干部综合考核评价、干部奖惩任免的重要依据。

第二，对考核等级为“优秀”及“良好”、绿色发展成效突出的地区，给予通报表扬；对考核等级为“未完成”的地区，进行通报批评，并约谈其党政主要负责人，提出限期整改要求。对绿色发展成效缓慢、生态环境损害持续加剧、生态环境责任事件多发地区的党政主要负责人和相关负责人（含已经调离、提拔、退休的），按照《党政领导干部生态环境损害责任追究办法（试行）》等规定，进行责任追究。

第三，考核结果为“未完成”的省区党委和政府应在考核结果公布后一个月内，向国务院做出书面报告，提出限期整改工作措施。整改不到位的，由监察部门依据有关规定追究该地区有关责任人员的责任。

第四，各省区不得篡改、伪造或者指使篡改、伪造相关统计和监测数据，对于存在上述问题并被查实的地区，考核等级确定为“未完成”。对徇私舞弊、瞒报谎报、篡改数据、伪造资料等造成评价考核结果失真失实的，由纪检监察机关和组织（人事）部门按照有关规定严肃追究有关单位和人员责任；涉嫌犯罪的，依法移送司法机关处理。

五、研究提出“十四五”绿色发展目标责任体系建设的主要任务

在“十三五”初步建立全国绿色发展目标责任体系的基础上，“十四五”重点是确定各省区绿色发展的目标和任务，同时按照可监测、可报告、可考核的原则，加快建立健全绿色发展目标责任体系的配套措施，为“十四五”开展省级人民政府目标责任考核奠定基础。具体如下：

1. 基于全国“十四五”绿色发展目标，确定各省区绿色发展的总体目标和重点任务

首先，在国家《“十四五”国民经济和社会发展规划纲要》中明确绿

色发展的总体目标、重点任务、分解落实机制。其次，各地基于本省特点，对接国家总体目标，提出各自的绿色发展总体目标和重点任务。最后，通过自上而下与自下而上相结合的方式，以全国绿色发展目标为总体要求，确定“十四五”各省区绿色发展的总体目标和重点任务。各地据此把绿色发展指标作为本地经济社会发展规划和有关专项规划的重要内容，明确目标、任务和政策措施。

2. 按照可监测、可报告、可考核的原则，建立健全绿色发展目标责任体系配套措施

首先，根据绿色发展的主要目标，加快建立健全绿色发展统计体系，明确统计方法，强化统计队伍和能力建设，同时加大财政支持力度，提高设备、科研、信息平台等基础能力建设水平，增加指标调查频率，不断增强数据的及时性、科学性、准确性和一致性。其次，加强和完善省、市、县三级监管机构，充分发挥有关行业协会、中介机构和其他社会组织的作用，加强计量、审计、执法监察队伍建设。最后，加强组织保障，明确国务院有关部门的职责分工，建立分工有序、协调有度的考核体系，强化对各省区绿色发展的监督检查和考核评价。

3. 通过开展绿色发展考核评价试点工作，督促各省区加快建立健全绿色发展目标责任体系、完成“十四五”绿色发展目标和任务

首先，在“十四五”上半期，开展绿色发展体系建设考核评价试点工作，选出一些有代表性的地区率先建立绿色发展目标责任体系，总结其经验做法，在全国各省区复制推广，力争在“十四五”中期全面完成省级绿色发展目标责任体系建设工作。其次，在“十四五”中期结合中期评估，在一些试点地区率先开展绿色发展目标责任考核工作，总结其经验和教训，明确其后半期的工作任务，同时督促其他地区开展自我评价和对标工作，引导其有序按时完成“十四五”绿色发展目标和任务。

参考文献

[1]杨伟民．大力推进生态文明建设[A]//十八大报告辅导读本[M]．北京：人民出版社，2012.

[2]马凯．坚定不移推进生态文明建设[J]．求是，2013(9)：3－9.

[3]周宏春．生态文明建设的路线图与制度保障[J]．中国科学院院刊，2013，28(2)：157－162.

[4]石敏俊，徐瑛．中国经济绿色发展报告[R]．中国人民大学国发院年度研究报告，2018.

[5]北京师范大学科学发展观与经济可持续发展研究基地．中国绿色发展指数年度报告2010—2016[M]．北京：北京师范大学出版社，2011—2017.

[6]国家统计局．2016年生态文明建设年度评价结果公报[R]．http://www.stats.gov.cn.

[7]李维刚，于存皓．人均GDP和幸福指数的关系分析[J]．中国经贸导刊，2013(11)：12－13.

[8]郑红霞，王毅，黄宝荣．绿色发展评价指标体系研究综述[J]．工业技术经济，2013(2)：142－152.

[9]邱琼．绿色GDP核算研究综述[J]．中国统计，2006(9)：8－9.

[10]周国梅，周军．绿色国民经济核算国际经验[M]．北京：中国环境科学出版社，2009.

专题五　中国绿色发展的制度研究

内容提要：绿色发展是面对当前发展突出资源环境问题而创新的发展模式，实现绿色发展需要绿色技术，更需要绿色发展制度。绿色发展制度是将绿色发展融入政治、经济、社会、文化等各个领域形成的综合制度。从当前推动绿色发展存在的制度障碍出发，分析绿色发展制度概念、内涵、基本框架，提出围绕政府和市场关系建立绿色发展制度的构想，具体包括完善绿色发展法律制度基础，建立绿色发展决策治理、监督考核与问责制度，建立绿色科技创新激励制度，完善绿色宣传教育制度，并围绕绿色市场、绿色金融、绿色财税、绿色信用等加快形成绿色发展的重要支撑体系。

一、建设绿色发展制度的必要性与重要性

（一）绿色发展的突出问题及主要表现

我国人口众多，资源相对不足，生态环境脆弱。改革开放以来，中国一直处在加速工业化和城市化的进程中，经济增长基本建立在高投入、高消耗、高污染的粗放型发展模式上。发达国家上百年间分阶段出现的环境问题，在中国快速发展的近 40 年内集中显现，其中经济发展与资源、环境以及生态之间的矛盾尤为突出。

1. 中国面临的资源约束日益趋紧

（1）人均资源禀赋不足

我国资源总量大、资源品种丰富，但主要资源人均占有量均低于世界平均水平。中国总的耕地面积居世界第四位，但人均耕地仅为1.52亩，不到世界人均水平的一半。中国的森林覆盖率远低于全球31%的平均水平，人均森林面积仅为世界人均水平的23%。中国的石油、天然气、铁矿石和淡水等战略性资源虽然总量都位居世界前列，但是人均占有量只有世界平均水平的7%、55%、17%和28%，即使是中国最丰富的煤炭资源，人均占有量也只有世界平均水平的67%。

（2）资源利用效率低，资源消费量大，依靠进口

在资源禀赋不足的同时，中国对资源的利用效率也比较低。2015年，中国经济总量占全球的比重为14.84%，但能源的消耗却占全球的近21.8%，水泥、钢铁、氧化铝、精炼铜等消耗量分别占全世界的一半以上。中国的单位产值资源消耗也很大，每万元消耗的铜、铝、铅、锌、锡合计40.7公斤，是美国的5.7倍、印度的2.8倍。1993年，中国由石油的出口国变成石油的净进口国。2015年，中国进口原油已高达3.34亿吨，占世界石油贸易总量的12%，对外依存度突破60%。中国煤炭进口量在2015年达到2.04亿吨，进口量达到历史最高水平，居世界第一位，超过第二名的日本近亿吨。

2. 环境污染仍然十分严重

（1）环境污染问题在全国蔓延

改革开放以来，随着工业化和城市化进程的快速推进，环境污染日趋严重。经济发展较为快速的长三角和珠三角地区在工业化进程中最先遭遇到重金属污染、水源安全和“垃圾围城”等环境污染问题的挑战。随后，随着中国中西部地区承接东部地区的高耗能、高污染产业，使得流域污

染、工业超标排放等现象屡见不鲜。相对于东部，中西部生态环境更为脆弱，环境治理能力更加薄弱，科技和管理水平也相对落后，导致环境污染的情况更为严重。

（2）大气、水等环境污染集中爆发

目前，中国环境污染突出的表现之一是大气污染，进入2010年，京津冀、长三角和珠三角地区的一些城市雾霾天气频现。在2011年世界卫生组织公布的空气质量数据库中，中国空气质量最好的城市是海口，也仅仅排在第830位。水环境也呈现复杂的流域性污染态势，十大流域的支流中，除珠江支流污染较轻外，其他流域的支流都受到不同程度的污染，湖泊富营养化也呈迅速增长趋势，富营养化湖泊所占比例从20世纪70年代的5%上升到80年代的35%左右，而90年代东部地区湖泊几乎全部富营养化。中国富煤、贫油、少气的能源特点决定了中国能源消费以煤为主的格局。2015年，煤炭在中国能源消费结构中所占的比重已达到64%，远高于30%的世界平均水平，消费总量为39.65亿吨，占世界煤炭消费量的一半。煤炭等化石能源的大量消耗，使得中国的大气和水资源遭受严重污染，带来雾霾、酸雨、温室效应和臭氧层破坏等环境灾难。

3. 生态恶化的趋势仍未得到有效遏制

近年来，水土流失、土地沙化、草地退化、湿地萎缩、雪线上移、冰川消融、海平面上升、海洋自然岸线长度减少，导致生物多样性降低、生态灾害频发，严重制约着中国经济社会的可持续发展。2014年，中国2591个县域中，生态环境质量为“优”和“良”的县域占国土面积的45.1%，主要分布在秦岭淮河以南及东北的大小兴安岭和长白山地区；“一般”的县域占24.3%，主要分布在华北平原、东北平原中西部、内蒙古中部、青藏高原等地区；“较差”和“差”的县域占30.6%，主要分布在内蒙古西部、甘肃中西部、西藏西部和新疆大部。随着森林、湿地、珊瑚礁和其他生态系统的弱化、退化和丧失，全球生物多样性正遭受毁灭性威胁。与环境污染相比，中国生态恶化的影响更为严重而深远。

（二）绿色发展突出问题的制度根源

节约资源、保护环境是我国的基本国策，建设“两型社会”多年前就已经作为国家战略被提出来，但在生态环境保护方面，总体上还是以开展各类单项工程等技术性解决方案为主，在很大程度上忽视了相关制度和政策的作用。制定的各项规章制度的功能没有发挥，漠视环境保护法律、执法不严、管理失灵等现象比比皆是，其结果是绿色发展的观念并没有完全建立起来，生态环境保护制度的严肃性受到质疑，最终导致我们没有摆脱“先污染后治理”的道路。从制度层面看，我国绿色发展的制度不健全，主要存在以下问题：

1. 法律标准体系不健全

现行大部分法律法规是在经济体制转轨初期出台的，有些已经不适应形势发展需要，再加上一些新的不利于生态、环境和资源保护的因素不断出现，导致现行法律制度并不完善，体系散乱、层次较低、理念滞后问题严重。许多法律法规原则性的规定居多，可操作性的内容较少，力度不够，在推进绿色发展中无法发挥其应有作用。政府执法力度也不够，部分企业“上有政策、下有对策”，有法不依、违法不究，甚至知法犯法情况时有发生，导致一些有关生态、环境职能的部门原有的职责执行力度不断削弱，再加上生态环境相关的政策和法规手段不配套、力度不够，同时环境监测和执法的技术支撑不足，监测预警和执法的基础能力薄弱，都使得执法部门执法时困难重重，已成为我国生态文明建设过程中的一个关键问题。部分标准体系的不健全也在一定程度上制约着我国生态文明建设和绿色发展的进程。目前我国实行的各种政策措施还因缺少具体执行标准而效果有限，例如，因为缺乏执行细则与统一的考核标准，节能减排、资源再利用等试点项目专项补贴基金被错配、套取的现状在所难免；补贴标准与执行细则的缺失，使得节能家电的补贴也流于形式，补贴资金被厂家与中间商套取；居民生活垃圾分类设施虽在一些地区布设，但很多居民仍随意投放垃圾，甚至都不了解分类标准；等等。

2. 管理体制有待完善

管理职责分散交叉，目前我国资源管理、污染防治、生态保护等职能交叉散落在多个部门，且缺乏部门间的高效协调机制，导致各部门难以形成监管合力。部门利益分割和协调机制的缺乏，导致各部门重复建设、信息不共享、信息打架等现象，既降低了各部门监管的效能，又严重影响了政府公信力。监管组织体系不合理，横向上，环境监管统管部门与行业主管部门之间存在职能交叉且缺乏制度化、程序化、规范化、有约束力的沟通协调机制，使得环境监管实际工作中常出现互相推诿或扯皮现象；纵向上，现行的法律法规体系规定了国家和地方的环境监管权责，将大部分环境监管职责交给了地方，中央只负责统一的监管。根据现行体制，地方环保机构的人事和财政权都掌握在地方政府手中，因此其在环境监管过程中会受到当地政府的制约。中央政府层面自身的环境监管力量薄弱，也制约了其自上而下的控制力。公众参与不够，由于缺乏实施细则、未明确具体参与事项、缺乏程序保障、缺乏必要信息支持等，我国公众参与生态文明建设仍显不够，也已成为我国生态文明建设和绿色发展过程中的一个制约问题。

3. 市场化机制并不完善

自然资源资产市场化机制尚未形成，自然资源资产产权主体结构尚不合理，产权边界不够清晰，权能体系仍不健全，产权转移顺畅度不够，收益分配结构欠合理，管理基础能力薄弱。与此同时，自然资源资产交易机制尚未形成：行政干预色彩过于浓厚，导致价格扭曲、生态恶化、腐败等政府失灵问题，使市场价格严重低于价值，从而造成资源过度开采与无效使用，结果就是资源短缺与资源浪费并存。排污权交易和碳交易市场机制不完善，缺乏详细的规章制度和法律基础，政府对定价的干预力度较大，企业并不是作为真正的市场主体参与交易，价格不能通过市场的需求情况正确反映资源的价值，缺乏市场机制的主导作用，无法达到通过价格传导将环境污染问题的外部性内部化的目的。而且出于地方保护主义，政府还可能强行禁止本地企业向其他地区出让排放指标，政府主导排放权交易市场通常也会衍生出“权力寻租”的现象，过分的行政干预难以形成统一的全国市场。

4. GDP 导向仍未根本扭转

我国生态文明建设与绿色发展所存在的上述诸多问题，如资源浪费、环境污染、产业失调等，追根溯源，与我国多年来形成的 GDP 考核导向密切相关。改革开放以来，各地以 GDP 指标论英雄，各级政府考核标准与指向都一味强调 GDP 的增长，而对于经济发展结构、资源环境代价、人民群众满意度等质量指标则没有给予足够重视。这样的增长以大量消耗资源和广泛污染环境为代价，其不可持续性逐渐成为共识。现阶段国家正在积极探索推进政府考核制度改革，已经颁布《党政领导干部生态环境损害责任追究办法（试行）》《生态文明建设目标评价考核管理办法》，也在部分地区开展自然资源资产离任审计的试点。但由于长期以来对传统发展路径的强依赖，以 GDP 指标为主的考核方式仍根深蒂固。对地方政府的政绩考核虽然已经不再唯 GDP 论，但仍以 GDP 为主的考核导向，使得政府职能中经济职能配置过强，资源生态环境职能配置过弱，甚至在地方层面为经济社会发展“保驾护航”。这种职能配置的失衡，难以有效发挥经济政策与资源生态环境政策的综合协调作用，更难以实现对资源生态环境的独立监管。如一些地方为了当地的短期经济利益，对淘汰落后产能决心不大，有的甚至还在建设一些高消耗、高排放和产能过剩项目，使环境污染问题愈演愈烈，资源生态问题越来越严重。

5. 资源价格、财税改革滞后

市场中的价格是进行相关资源配置、调动各个市场参与主体行为的重要信号。但目前我国部分资源价格并没有真正实现市场化，资源价格形成机制尚不合理，政府定价仍较普遍、全成本核算没有得到很好的推行、资源价格传导机制不畅等问题突出，使得资源价格这一市场重要信号并不能充分反映自然资源的真实稀缺程度，不能充分反映自然资源开发利用的外部性，不能反映自然资源开发利用与保护的全部成本。我国一直在推进资源能源价格改革，但速度相对比较缓慢。目前我国资源能源品种实质上采取的是分而治之的管理模式。受此影响，资源能源价格改革呈现各成体系、分类推进以及缺乏全局统一规划的特点。同时，由于不同资源能源领域存在着较为密切的内在联系，而各个领域以及领域内各个环节间的改革进度不同、实行的价格管理方式各不相同，直接影响到各个领域改革的推进，造成一系列不合理的资源能源供需矛盾、价格脱节等现象，甚至一些领域改革的成效难以体现。财税作为重要的经济调控手段，在国民收入分配和资源配置中发挥着基础性作用，对生态建设和环境资源配置同样具有重要的调控作用。我国现行财税政策对生态文明建设和绿色发展的杠杆作用和促进作用还未得到充分发挥。在财政方面，对生态文明建设的投入力度不足，支持形式与手段不健全，导致很难发挥其应有的作用；对环保财政资金使用监督不力，使得环保财政资金使用效率低；政府采购制度支持不够，导致政府采购在执行过程中缺乏政策导向，不具有强制力；财政横向与纵向转移支付乏力，导致生态文明建设事权与财权不匹配，免费“搭便车”等现象普遍。税收方面，独立生态环境保护税种的缺乏，制约了税收对生态文明建设的调控作用，同时由于没有税收资金来源用于生态文明建设，减弱了税收对生态文明建设的推动作用；税收优惠政策尚不完善，一些规定过于笼统或者模糊，加上形式比较单一，从而导致税收优惠的作用未得到充分发挥。

6. 科教人才支撑力度不够

生态文明建设离不开绿色科技的发展，当前我国生态科技的发展现状和能力与生态文明建设的要求还很不适应，如环境管理与决策缺乏依靠科技的工作机制，许多重大环保决策未经前期研究和充分论证便匆忙出台，影响了决策的质量；环保系统科技重大研究和调查项目较少，基础数据严重缺乏，部分成果与管理脱节，更有甚者，数据失真，不能真实反映环境状况；污染防治技术储备严重不足，科技成果转化率较低，难以形成产业化，企业污染治理技术水平普遍不高，达标率不稳定；环境监测与执法的技术支撑不足，基础能力薄弱等，严重制约我国生态文明建设和绿色发展。生态文明建设和绿色发展是一项涉及面广、涉及领域多的系统工程，同样需要各个行业的精英和人才，加强人才队伍建设，是落实各项目标任务的重要保障。目前我国生态文明建设和绿色发展方面的人才缺乏，统筹规划不够。从人才结构上看，当前国家培养的涉及环境工程、大气污染防治、自然生态保护等专业的人才相对较少；从人才规划看，生态文明建设、人才队伍建设规划缺失，并没有专门针对生态文明相关工程技术、规划和管理、生态文化建设等方面人才队伍建设的科学规划；从企业内部看，人才培养工作跟不上生态文明发展的步伐，相关培训系统性不够强，方式方法不够灵活，涉及生态文明的内容相对较少，不能完全适应生态文明建设的实际需要。

7. 金融体系转型困难

生态文明建设和绿色发展尤其是资源生态环境的改善和治理需要持续的资金投入保障。目前我国采取的运用财政、税收、信贷支持等优惠措施激励终端企业的手段难以满足生态文明建设后续发展资金需求。这是因为早期推行的节能、节水改造及淘汰落后产能的改造主要是一般的资金投入型改造，资金需求不是很大，技术障碍也比较少，实施难度也不高，企业在政策补贴下有能力也有意愿实施改造，在初期会有明显的促进效果，但是随着绿色经济和生态文明建设的进一步发展，这些政策的效果将呈边际递减趋势，资金满足难度将越来越高。同时，推进绿色发展需要构建起包括政府、企业、单位以及个人在内的多渠道、多元化长效投融资体系，而目前这一体系尚未真正建立，各方的积极性并不高，尤其在当前受内外复杂经济环境影响、经济增长压力加重、各级财政困难的情况下，如何破解投资瓶颈、建立投资长效机制、确保生态文明建设和绿色发展顺利推进成为关键。

（三）制度建设对于推动绿色发展的作用

1. 建立绿色发展制度是实现发展方式转型的基本要求

绿色发展是针对经济发展对环境造成的负面影响而提出的一个新的发展模式。所谓绿色发展就是以生态、知识、智力为基本要素，以人与自然和谐发展为价值取向，以经济协调发展为根本目标的发展形式，是现代经济为适应自然和人类的生态健康需要而产生的一种发展状态。作为新型发展方式，绿色发展体现于社会经济系统中生产、分配、交换和消费各环节，涉及生产方式、生活方式和人的思想观念的各个方面，推进绿色发展更需要做好技术、政策、管理各项工作的协调与配合。发展方式的转变首先涉及技术创新和制度创新，技术创新不仅是技术问题，更是一个制度问题，从一定的社会意义上，可以说技术创新能力的提升是以社会制度创新能力提升为基本制度前提和保障的。因此，建设绿色发展制度在中国经济发展模式转变过程中的作用是相当重要的。绿色发展归根结底是在不同的发展阶段以什么方式发展的问题，其核心要义是处理好经济发展与环境保护的关系，当前我国环境保护正处于难得的窗口期、大有作为的战略机遇期，也是负重前行的关键期，主要难点是在寻找新动能和处理老问题之间把握好力度，实现改革、发展、稳定和保护之间的平衡协调，关键在于通过改革建立起一套行之有效的体制机制，形成推动绿色发展的思想自觉、行动自觉和内生动力。

2. 建立绿色发展制度是规范各方行为、形成绿色发展合力的要求

制度是促进绿色发展的最关键因素或者“牛鼻子”，是绿色发展的原

动力。制度表现为法律法规、标准、组织、体制机制和政策等。绿色发展状况如何，主要取决于政府、企业、社会组织、居民等各个主体的行为。如果各主体都采取了有利于绿色发展的行为，绿色发展就会顺利推进；如果各主体都采取了不利于绿色发展的行为，绿色发展就会大打折扣，甚至反向发展。而决定各主体采取何种行为的关键影响因素就是制度。因为制度是关于各主体责权利关系的安排，可以约束人，也可以激励人。一句话，制度引导行为，行为导致绿色发展的结果。国内外的经验教训都启示我们，在推进绿色发展上，没有强有力的制度保障不行。而有了科学、完善的法律法规等制度，就能实现绿色发展的目标。比如英国，在其工业化进程中曾经毒雾弥漫，后来通过出台严厉的法律制度，经过持续治理，效果非常显著。在我国，近些年来也在制定各种绿色发展的制度，如节能减排及相关标准等，也较好地引导了人们的行为。

3. 建立绿色发展制度是生态文明建设的要求

当前我国的资源环境形势仍极其严峻，且越来越成为一个事关经济、社会和政治大局的综合性问题，不能满足公众及全面建设小康社会的基本需要。在历经多年的理论研究和实践探索之后，各方都认识到中国资源环境存在的问题，既与自然原因及发展阶段有关，更与主观认识以及法治和体制机制等制度因素息息相关。《中共中央关于全面深化改革若干重大问题的决定》提出“用制度保护生态环境”，通过法治手段、制度建设、提高国家治理能力来改善环境，从根本上制定更加公平、包容和面向长远的社会规范，改变人们的行为，降低社会成本，提高环境保护行动效率。这充分体现了新一届领导人在国家执政理念上的重大转变，力图改变过去片面追求经济增长的价值取向，更注重运用制度而非仅用技术和工程手段来治理国家。因此，无论是实现国家发展的战略目标，还是体现新型执政理念，都需要强调体制改革和制度建设的重要性，创新生态文明建设的思路。十八大报告提出，建设生态文明，是关系人民福祉、关乎民族未来的长远大计。面对资源约束趋紧、环境污染严重、生态系统退化的严峻形势，必须树立尊重自然、顺应自然、保护自然的生态文明理念。生态文明没有明确的、独立的边界，渗透于经济建设、政治建设、文化建设和社会建设中，在“五位一体”布局中具有基础性作用。十八届三中全会通过的《中共中央关于全面深化改革若干重大问题的决定》具体部署了生态文明体制改革工作，全面涉及了系统完整的生态文明制度，以及用制度保护生态环境的改革思路。十八届四中全会通过的《中共中央关于全面推进依法治国若干重大问题的决定》指出，用严格的法律制度保护生态环境，加快建立有效约束开发行为和促进绿色发展、循环发展、低碳发展的生态文明法律制度，强化生产者环境保护的法律责任，大幅度提高违法成本。建立健全自然资源产权法律制度，完善国土空间开发保护方面的法律制度，制定完善生态补偿和土壤、水、大气污染防治及海洋生态环境保护等法律法规，促进生态文明建设。

二、绿色发展制度建设的总体思路

（一）绿色发展制度的概念与内涵

良好的经济制度能够确定有效的规则，以规定使用者的行为，使其在维护自身权利时，不损害其他使用者或后代人的利益。正如美国经济学家布坎南所说：“没有适当的法律和制度，市场就不会产生任何体现价值极大化意义上的有效率的自然秩序。”绿色发展是一种与过去传统的粗放式发展方式截然不同的发展方式和发展理念，决定了绿色发展应有自己的运行机制和资源配置方式，绿色发展作为一种新的发展方式，离不开制度的保障。随着经济发展形态的转换，进行经济制度的创新就显得尤为重要。因此，绿色发展制度是指绿色经济形态建立和发展的一系列绿色规章和制度的框架。其实质是建立生态环境政策与经济政策一体化的经济制度，将自然资源与生态环境成本纳入规范经济行为与经济绩效的考核中，从而促进经济与资源环境协调发展。这一系列制度包括由长期交易方式确定并由政府立法认可的正式制度，也包括随着市场不断发展而萌发的非正式制度，这些制度对经济主体从激励与约束两个方面起着作用。

1. 绿色发展制度需要规范各类主体在绿色发展过程中的关系及其行为

政府、企业、公众是拉动绿色转型发展的三驾马车。中央政府是绿色发展的主导者、推动者和引导者，从国家的角度制定和完善绿色发展的各项法律政策，制定绿色发展战略规划，包括资源节约、环境保护、生态保育、绿色科技创新等方面。地方政府是本地区绿色发展的推动者、监管者、引导者。地方政府作为中央政府的委托代理人，行使中央政府绿色发展管理职责，制定本地区绿色发展的战略规划和促进绿色发展的地方性法规政策，引导和鼓励企业绿色科技创新、生产方式绿色转型，同时作为绿色发展实施的监督者，负责环境监管、行政审批、环保执法和社会宣传等。企业是绿色发展的实施者，面对政府的引导和推动、行业竞争压力、消费者绿色需求以及来自公众、媒体的社会舆论压力，不仅要关注经济利益，还要关注资源利益、生态利益与环境利益，履行对生态环境市场、公众消费的生态责任，从产品设计、生产到回收全过程贯彻绿色发展理念，同时从中发现新的发展机遇。企业既是绿色发展的主体，也是绿色发展的对象，起着关键性作用。公众是推动绿色转型最为根本和重要的动力，是绿色发展的实施者、监督者和受益者。随着绿色理念不断提升，提倡绿色消费、绿色出行等，公众成为绿色发展的实施者。随着绿色发展觉悟的逐渐提高，公众也越来越注重生态环境与生态维权，通过参与环境评估等渠道实施监督。此外，公众是绿色发展的最广大、最根本的利益主体，是绿色发展的最直接受益者。

2. 建设绿色发展制度是推进生态文明领域国家治理体系和治理能力现代化的重要途径

贯彻绿色发展理念，涉及经济、政治、文化、社会建设等多个方面，并与空间布局、产业结构、生产方式、生活方式，以及价值理念、体制机制等紧密相连，不仅仅是“种草种树”的环境美化和污染防治的“末端治理”，更是一场全方位、系统性的绿色变革。需要根据生态文明的系统性、完整性及其内在规律，按照源头预防、过程控制、损害赔偿、责任追究的思路，构建产权清晰、多元参与、激励与约束并重、系统完整的生态文明制度。要健全自然资源资产产权制度和用途管制制度，着力解决自然资源所有者不到位、所有权边界模糊，以及无须开发、过度开发、分散开发导致的优质耕地和生态空间占用过多、生态环境破坏等问题；严守资源环境生态红线，将各类开发活动限制在资源环境承载力之内；健全资源总量管理和全面节约制度，大幅提高重要资源节约集约利用水平；完善经济政策，推行市场化机制，引导各类主体积极投身生态文明建设；完善政绩考核和责任追究制度，督促领导干部牢固树立绿色政绩观。只有将绿色发展理念体现在社会治理的思维框架中，贯彻到治国理政的顶层设计中，才能真正实现这一重大转变。生态文明建设水平反映了国家治理能力的高低，在绿色发展中进行合理的体制机制设计和法律规范安排，本身也就内在地提升了国家治理能力，结果是实现社会公共利益的最大化。

（二）绿色发展制度建设的总体思路

中国绿色发展制度的构建不是对国外绿色经济制度的照搬照抄，必须建立在中国国情的基础上。这是一项涉及范围十分广泛、极其复杂、具有开创性的系统工程，需要进行全方位、多方面的制度创新与制度设计。目前只能分阶段分步骤进行渐进式的改革与构建。

1. 将绿色发展制度建设贯穿到全面深化改革主线之中

绿色转型是一个艰难而长期的过程，但蕴含着重大历史机遇。绿色发展不仅可以成为新的经济增长来源，还可以大大提高中国发展质量。供给侧结构性改革是我国在经济发展进入新常态，针对当前及今后一个时期经济发展中的结构性、策略性问题，着眼于全面建成小康社会目标和改革使命而做出的重大战略决策，是通过体制机制改革实现经济结构的转型升级。供给侧结构性改革的总体目标、主攻方向和工作重点等，与绿色发展的目标使命、价值诉求和基本路径等具有双重叠加性和高度整合性。以绿色发展理念引领绿色改革，强化绿色发展“指挥棒”，把资源消耗、环境损害、生态效益纳入各地方经济社会发展评价体系，建立体现生态文明要求的目标体系、考核办法、奖惩机制；深化财税和价格体制改革，设计和实行绿色财税改革，提高主要资源税税率，加快建立资源有偿使用制度和生态补偿制度；深化资源性产品价格改革，鼓励绿色投资和信贷，以日益丰富的物质资本置换十分稀缺的生态资本；强制推行绿色技术和标准，制定并强制性执行各类绿色、低碳、节能、减排、环保技术标准和标识制度；实行绿色贸易，大力发展符合国际环保标准的产品出口。

2. 在绿色发展制度建设中科学界定政府和市场在绿色发展中的角色定位

制度建设作为推进生态文明建设的重中之重，需要政府在绿色发展中发挥主导职责和监管职责。绿色发展、生态文明建设能否取得成功，关键在于法律法规能否对相关企业和人民进行合理的约束，更在于是否有合理的制度安排能够有效地激励企业和人民积极投身于绿色发展之中。政府在绿色发展制度安排中具有核心地位，要加强法治建设，做到有法可依，而与生态文明相关的法制建设与其他法律相比具有特殊性，要加强法律衔接，全面清理现行法律法规中与加快生态文明建设不相适应的内容，法律建设要不断突出生态文明，只有从法律上强调生态文明的重要性，才能在实践中确立绿色发展理念的合法性、合理性。加强法律衔接，就要从制定新法和修改已有法律方面着手，切实保障绿色发展的合法地位。自然资源配置过程中，加强生态环境保护的难点是利益相关方之间的利益关系协调。这种协调既不能完全靠政府，也不能单纯靠市场，需要把政府作用和市场作用统一起来。为了发挥好市场在绿色发展中资源配置的决定性作用，首先要明晰自然资源资产的产权，然后推进自然资源及其产品价格改革，发展环境治理市场，推行碳排放权、排污权、水权交易制度，建立吸引社会资本投入生态环境保护的市场化机制，建立健全更多运用经济杠杆进行自然资源确权、定价、交易的市场体系。

3. 在绿色发展制度建设中积极推进体制机制改革创新

营造有效的体制机制和政策环境是推进绿色发展制度建设的关键内容。要把绿色发展方面比较成熟的经验制度化、政策化，建立与国家治理体系相配套的绿色发展政策体系，提高绿色发展的能力和水平，构建完善高效的体制机制，形成推动绿色发展的持久动力。建立完善生态管理科学决策制度，使绿色发展要求切实进入经济社会发展的具体决策中，建立有效的环境与发展综合决策机制。要调动公众参与，汇聚社会组织力量，培养倡导公民个体树立生态环境保护的责任意识，鼓励和扶持各类环境保护组织，让民间环保组织有效地补充政府职能，支持政府生态治理。要构建区域协作机制，强化生态环境跨区域联动治理，建立区域共赢的利益协调机制，强调区域城市之间在生态治理上既竞争又合作，并在此基础上实现生态治理收益的区域共享；健全区域生态补偿机制，在承认效率差别的基础上，对受损地区利益进行合理的再分配，实现效率与公平的统一；规范和调整地方政府在合作治理中的权限，使区域生态合作治理朝着常态化、制度化、规范化发展。

4. 绿色发展制度建设要符合生态文明制度建设要求

十八届三中全会《中共中央关于全面深化改革若干重大问题的决定》从生态环境问题产生全过程的角度提出生态文明制度建设的方针，即遵循

“源头严防、过程严控、后果严惩”的思路，建立系统完备的生态文明制度。在关键制度和政策方面，要围绕管理体制创新制度安排，综合运用多种政策手段，特别是注重发挥市场机制在自然资源管理和生态环境保护中的作用，力求在厘清政府与市场关系的基础上，构建体现生态文明理念的新型市场，推进自然资源资产化管理，实行资源有偿使用制度和生态补偿制度，鼓励特许环境服务和协议保护，加快资源环境税费改革，探索排污权和碳排放交易市场，使资源能源、排放许可、生态服务等要素得到更高效的配置和利用。

（三）绿色发展制度建设的基本框架

绿色发展制度是一个复杂的体系，包含着资源节约、环境保护和促进经济绿色化发展的法律、法规和所有相关制度，渗透在社会生产、流通、分配、消费的各个过程，规范了政府、市场、社会、公众等各类主体。而这些制度并不是从零开始，而是在现有制度的基础上改进演化，其建设过程也不可能一蹴而就，而是需要一个长期的过程。从体制机制上，推进绿色发展的制度可以包括以下几个方面：

在国家层面，重点通过观念和体制机制创新，保障绿色发展。①树立绿色价值理念，推动生产和消费行为转型。从国家到地方，再到个人，要改变传统的国家财富与个人财富观念，新财富观包括自然资产、社会凝聚力以及创造财富的方式。要改变 GDP 唯上、以牺牲环境和社会和谐为代价的不可持续的发展方式、过度消费等不符合可持续发展理念的观念和行为。②转变政府角色，处理好政府与企业的关系。进一步明晰政府职能，解决目前政府错位和失位的问题，关键是建立起政府行为的公众监督和问责制度，确保政府职能依法行使，减少对市场和企业市场行为的干预，提高政府运作效率。③建立促进经济转型和激励创新的体制机制。鼓励绿色生产、绿色投资和绿色消费，减少政策和市场失灵的负面影响，建立落后产能淘汰补偿和生态补偿机制，通过产权和定价方式改革，建立对资源产权的保护和补偿机制。④强化绿色创新能力建设，从战略角度看待绿色发展所需要的新型和跨学科技术，迈向以现代服务业为导向、以平等为基础的劳动力密集型经济发展模式。

在区域层面，重点是建立区域差异化的绿色发展战略及区域间协调机制，推进绿色发展。建立差别化的区域发展战略和高质量的城市化发展战略，引领绿色发展。鼓励基于各地区发展潜力的绿色区域发展战略，充分发挥和挖掘东部地区在产业集群、研发创新、环境保护以及金融服务领域的能力和潜力；发挥中部和西部地区交通基础较为完善、人力资源充沛的优势。中央政府应积极指导地方行动，制定统一标准，通过约束地方行为，对地方政府官员的行为进行引导。健全资源枯竭型城市绿色转型的补偿机制，推动资源使用和受益地区直接向资源开采地区支付合理补偿。

在行业层面，重点是建立绿色发展的市场体系，将绿色发展渗透到生产、配置、交易、消费的全过程，鼓励通过转型和创新支撑绿色发展。大力发展绿色农业，通过技术进步和管理创新实现农产品安全、生态安全和资源安全，重点突出农业发展政策、农业生产组织、农业技术服务和农业管理体系。以资源节约和环境友好为基本原则，在绿色创新战略引导下，寻求整个工业生产过程绿色化，达到经济和环境效益的双赢；加快绿色创新，着力突破核心关键技术。强调在不损害满足程度的前提下，通过生态或者绿色服务来补充、替代传统服务方式，以减少原材料和能源的消耗，促进生态的良性发展。

在社会发展层面，重点是建立引导公众形成绿色文化的体制机制，支撑绿色发展。加强绿色发展方面的宣传，积极引导公众参与绿色发展实践，重视对弱势群体的保护和妇女作用的发挥，保障绿色发展成果共享。通过创造就业机会、财政转移支付和直接补贴，增加对贫困地区的支持，促进发展成果共享。

三、绿色发展制度的主要内容

习近平在十八届中央政治局第四十一次集体学习时的讲话中强调："完善生态文明制度。推动绿色发展，建设生态文明，重在建章立制，用最严格的制度、最严密的法治保护生态环境。"要推进绿色发展，在现代化经济体系总体框架下构建绿色发展体系，就必须要把绿色发展的"四梁八柱"建立起来，将绿色发展纳入制度化、法制化轨道。然而，目前我国虽然出台了一系列相关的政策文件推进绿色发展的制度建设，但是这些政策存在分散化、环节化、领域化等问题，尚未形成系统性、整体性、协调性的绿色发展制度。因此，我国必须要进一步加强顶层设计，加快构建覆盖全面、框架清晰、激励相容、系统协调、科学规范的绿色发展制度。

在现代化经济体系的框架下，绿色发展制度的"四梁八柱"主要包括绿色发展法律制度，绿色发展决策、监督考核与问责制度，绿色科技创新激励制度，绿色发展宣传教育制度，绿色市场体系，绿色金融体系，绿色财税体系，绿色信用体系八项重要的制度。这些制度与政策从法律、行政、科技、文化、市场、金融、财税、信用等不同的切入点着力，共同形成有利于绿色发展的制度安排（见图 2 – 19）。

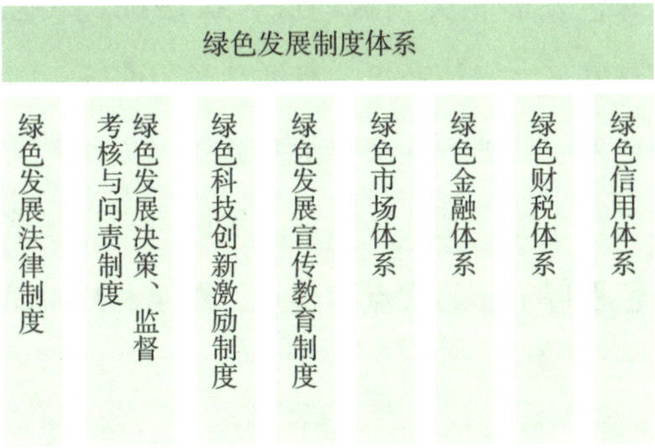

图 2 – 19　绿色发展制度的主要构成

（一）完善绿色发展法律制度

1. 构建完善绿色发展的法律法规体系

贯彻党的十九大报告提出的“加快建立绿色生产和消费的法律制度”的要求，在中国特色社会主义法律体系之下①，完善绿色立法，构建完善绿色发展的法律法规体系，增强全社会绿色发展法治意识，加快建立绿色生产消费的法律制度导向。

一是根据绿色发展的内涵与工作内容，梳理绿色发展涉及的相关领域，摸底现有法律、法规、规章的制定和修订工作，探索提出系统完备、框架清晰的绿色发展法律法规体系，争取覆盖绿色发展的方方面面，使各项工作有法可依。具体而言，绿色发展的法律法规体系，要包括绿色发展的行政法律制度、生产消费法律制度、产权与责任法律制度、公众教育与参与法律制度等方面的内容②。

二是要完善绿色发展领域民事、行政公益诉讼制度，加大资源浪费、生态环境违法犯罪行为的制裁和惩处力度，考虑加强涉及绿色发展相关领域的司法力量建设，组建资源节约和生态环境保护综合执法队伍，统一实行资源节约和生态环境保护的“绿色执法”，将其列入政府行政执法机构序列。整合建立绿色发展相关领域的综合执法机关、公安机关、检察机关、审判机关信息共享、案情通报、案件移送制度等。

三是加强绿色发展的地方性法律法规建设，鼓励地方在绿色发展相关各领域先于国家进行立法，尤其是绿色发展的重点区域和城市，要鼓励其根据当地推进绿色发展工作的重点和难点，制定相应的地方性法规，如地

① 中华人民共和国国务院新闻办公室《中国特色社会主义法律体系》（2011 年 10 月）：“中国特色社会主义法律体系，是以宪法为统帅，以法律为主干，以行政法规、地方性法规为重要组成部分，由宪法相关法、民法商法、行政法、经济法、社会法、刑法、诉讼与非诉讼程序法等多个法律部门组成的有机统一整体。”

② 杨解君．论中国绿色发展的法律布局[J]．法学评论，2016，34(4)：160－167.

方生态环境保护条例等。

2. 推动绿色发展专项立法

针对绿色发展涉及社会、经济、环境、政治、文化等诸多子系统，但是绿色发展整体推进缺乏综合性法律治理的问题，建议推动绿色发展专项立法，考虑出台《绿色发展法》①。绿色发展法可视为社会主义生态文明建设和现代化经济体系建设相融合的中国特色的法制实践，要围绕绿色生态、绿色生产、绿色生活三个方面综合考虑。

3. 在经济法的制修订中强化绿色发展相关内容

考虑到绿色发展体系是现代化经济体系的重要组成部分，所以构建绿色发展的制度，要围绕建设现代化经济体系完善法律制度，尤其是在经济法的制修订中要贯彻绿色理念，强化绿色发展相关内容。重点考虑在税法中新增绿色发展的内容，如贯彻落实《中华人民共和国环境保护税法》，并考虑通过税收优惠支持绿色发展相关的主体和活动。

4. 继续完善资源节约与生态环境保护领域立法

形成完备的绿色发展法律法规体系，必须加强重点领域立法。要继续健全资源节约与生态环境保护法制体系，依靠法治推进资源节约与环境保护。贯彻施行近年来新修订的《中华人民共和国环境保护法》、新《中华人民共和国节约能源法》、新《中华人民共和国水法》等资源节约和生态环境保护领域的法律法规，继续高效、高力度地积极推进该领域法律法规的立法、修法工作，要全面覆盖土壤污染防治、固体废物污染防治、大气污染防治、水污染防治、噪声污染防治、生态环境监测、排污许可、节约能源、可再生能源、资源综合利用、循环经济、水土保持、长江生态环境保护、海洋环境保护、国家公园、矿产资源、森林、湿地、草原、野生动

① 徐祥民，姜渊. 绿色发展理念下的绿色发展法[J]. 法学，2017(6)：14－27.

物、空间规划、碳排放权交易管理等各个方面。

（二）建立绿色发展决策治理、监督考核与问责制度

1. 完善绿色发展的总体设计与组织领导

全面加强党对绿色发展工作的领导。落实领导干部绿色发展责任制，严格实行党政同责、一岗双责。地方各级党委和政府必须坚决扛起绿色发展的政治责任，对本行政区域的绿色发展工作负总责。各地要制定绿色发展责任清单，把任务分解落实到有关部门。制定中央和国家机关相关部门绿色发展责任清单、年度工作计划和措施。同时，考虑建立健全绿色发展督察机制，以资源节约和生态环境保护等绿色发展的工作内容为重点，开展重点区域、重点领域、重点行业专项督察。

2. 构建绿色发展规划体系

鉴于绿色发展覆盖领域广、内涵丰富，要构建成体系的、多层次的绿色发展规划体系，引领我国绿色发展工作的系统开展和全面推进。一是要研究制定全国绿色发展总体规划，对我国绿色发展体系的建设和工作推进做出自上而下的总体部署。二是要形成重点行业和重点领域绿色发展规划，如工业绿色发展规划、能源绿色发展规划、交通绿色发展规划、城镇绿色发展规划等，推动绿色制造、绿色能源、绿色交通、绿色城镇等的发展。三是在绿色发展的重点区域和城市，要因地制宜地制定当地的绿色发展规划，规划内容应与打赢蓝天保卫战三年行动计划等资源环境领域相关的工作相协同。

3. 建立绿色发展目标责任体系和监督考核制度

研究建立绿色发展目标责任体系，构建可操作性、可量化、可视化的绿色发展评价指标体系，确立绿色发展分阶段的目标任务。基于目标责任体系，将绿色发展的工作内容分领域、分区域、分层次逐级分解落实，重点是明确构建绿色发展产业体系、现代能源体系、生态国土空间体系、绿

色生活和消费体系的工作内容。制定绿色发展监督考核制度，将资源消耗、环境损害、生态效益等指标纳入考核体系设计，实行绿色发展的责任和绩效评价考核，并将考核结果作为领导班子和领导干部综合考核评价、奖惩任免的重要依据。建立自然资源资产离任审计和生态环境损害问责制度。

4. 完善资源总量管理、全面节约和有偿使用制度[①]

建立全面严格的资源利用总量管理和厉行节约制度。完善最严格的耕地保护制度、土地节约集约利用制度、水资源管理制度；建立能源消费总量管理和节约制度；建立健全天然林保护制度、草原保护制度、湿地保护制度、沙化土地封禁保护制度、海洋资源开发保护制度、矿产资源开发利用管理制度；完善资源循环利用制度。健全资源有偿使用制度。加快自然资源及其产品的价格改革；完善土地、矿产资源、海域海岛有偿使用制度；进一步推进资源环境税费改革；完善生态补偿机制、生态保护修复资金使用机制；建立耕地草原河湖休养生息制度。

5. 建立健全生态补偿制度和生态环境治理体系

建立健全生态补偿制度，探索建立多元化补偿机制。加强对重点生态功能区的转移支付，完善生态保护成效与资金分配挂钩机制。制定横向生态补偿机制办法，以地方补偿为主，中央财政给予支持。鼓励各地区开展生态补偿试点。改革完善生态环境治理体系。加强生态环境监测，建立生态环境保护综合监控平台，强化生态环境监测综合能力保障，定期开展全国污染源普查，开展大数据应用和环境承载力监测预警。完善生态环境监管体系，强化生态保护修复和污染防治统一监管，完善组织管理体制、激励约束体系、政府企业公众共治体系。

① 详见中共中央国务院印发的《生态文明体制改革总体方案》。

（三）建立绿色科技创新激励制度

1. 构建市场导向的绿色技术创新体系

根据党的十九大报告“构建市场导向的绿色技术创新体系”要求，建设各类绿色创新主体协同互动和绿色创新要素顺畅流动、高效配置的生态系统，形成绿色技术创新驱动绿色发展的实践载体、制度安排和环境保障。明确企业、科研院所、高校、社会组织等各类创新主体的功能定位及其绿色技术创新的优势和潜力，构建互联互通、高效协调的创新网络，建设绿色技术协同创新平台。梳理绿色技术创新的驱动因素，改进创新治理，进一步明确政府和市场分工，构建统筹配置创新资源的机制，完善激励绿色技术创新的政策制度，包括法律制度、政策激励制度、市场制度、社会参与制度、文化提升制度等，激发绿色技术创新活力。

2. 建立绿色技术产权制度

建立健全绿色技术产权制度，明确绿色技术创新利益相关方的利益，确立明晰的绿色技术产权，保护产权所有人自由行使绿色技术的各项权利，严厉处罚未经许可滥用绿色技术的侵权行为。完善绿色知识产权的配套制度，包括生产者责任延伸制度、绿色产品认证标识制度、强制许可制度、合理使用制度等。完善对绿色技术创新的激励政策，如绿色专利优先审查与费用减免，优先投资绿色专利研发和转化，优化绿色奖补、税收和信贷措施，政府优先采购绿色标识产品等①。

3. 完善绿色发展相关科研支持与科技奖励制度

有效整合现有的对于绿色相关技术的各类科研支持和科技奖励，梳理形成绿色技术科研支持清单与科技奖励清单，引导创新主体预期。中央和地方财政应提供专门的财政资金，支持绿色技术科研创新和商业推广应

① 陈峥嵘．绿色知识产权体系构建与优先发展研究[D]．中国科学技术大学，2017.

用。对于绿色发展相关的重点和难点，要增强科技支持，如开展大气污染成因与治理、水体污染控制与治理、土壤污染防治等重点领域科技攻关，实施京津冀环境综合治理重大项目，推进区域性、流域性生态环境问题研究，等等。

（四）完善绿色发展宣传教育制度

1. 建立绿色发展宣传制度

建立绿色发展宣传制度，发展绿色传播体系。加强舆论引导，加大绿色发展宣传力度，培育普及绿色文化，提高全社会绿色发展意识，倡导绿色生产生活方式，形成崇尚绿色的良好氛围。重点是要求加强重要媒体的绿色传播，在党报刊、通讯社、电视台加大绿色宣传比重，开设绿色专题板块，报道先进典型，曝光突出环境问题，在绿色热点、环境事件等舆论引导中发挥主流媒体作用。要统筹建设国家绿色广播体系，利用电信网、广电网、互联网三网融合的新平台，丰富强化绿色发展、生态文明建设、美丽中国等节目内容，以适应生态文明新时代的要求①。

2. 构建绿色文化体系

将绿色文化体系建设纳入社会主义核心价值体系建设之中，将绿色理念融入社会主义核心价值观的培育和践行之中。构建绿色文化体系，弘扬绿色价值观，将绿色教育贯穿公民道德建设和精神文明创建全过程。要不断汲取和弘扬中华传统文化中的绿色理念，积极发展绿色文化事业，鼓励在出版、影视、广告、演艺、娱乐、会展等领域推出弘扬绿色发展的优秀作品或活动。推进公民绿色道德建设工程，将节约资源、保护生态环境纳入社会公德、个人品德教育。开展群众道德评议活动，对浪费资源、破坏生态环境现象进行分析评议，引导人们崇尚绿色发展，自觉节约资源和保

① 黄娟．新时代社会主要矛盾下我国绿色发展的思考——兼论绿色发展理念下“五位一体”总体布局[J]．湖湘论坛，2018，31(2)：60－69.

护生态环境。大力发展绿色公共文化服务设施，开展绿色发展专题展览活动，创建绿色文化馆、低碳科技馆、绿色博物馆、低碳图书馆、绿色基层文化站等。

3. 完善绿色发展相关专业人才培训教育制度

深化绿色发展理论与实践问题研究，将绿色发展纳入国民教育体系和党政领导干部培训体系。积极推进绿色文化在校本课程中的开发和利用，在各级各类教育和培训中进一步增加绿色发展相关内容。大力开展绿色发展普及教育进机关、进企业、进学校、进社区、进村屯、进家庭活动。加强绿色发展人才队伍建设，重视专业技术人员与管理人员的培养。

4. 构建资源节约和生态环境保护社会行动体系

根据党的十九大报告“倡导简约适度、绿色低碳的生活方式，反对奢侈浪费和不合理消费，开展创建节约型机关、绿色家庭、绿色学校、绿色社区和绿色出行等行动”的要求，在全社会构建资源节约和生态环境保护社会行动体系。公共机构尤其是党政机关推行绿色办公行动，带头使用节能环保产品。进一步完善环境信息公开制度，尤其是完善公众密切关注的环境监测信息和重特大突发环境事件信息公开制度。采取多种形式组织绿色家庭、绿色学校、绿色社会、绿色出行学习教育与践行活动，利用互联网技术大幅提升绿色活动的知名度与公众参与度。健全环保社会组织和志愿者队伍建设管理制度，引导相关社会组织依法开展绿色公益活动。按照国家有关规定表彰绿色发展先进单位和个人。完善公众监督、举报反馈机制。

（五）健全绿色市场体系

1. 构建多层次、跨区域的绿色交易市场体系

完善自然资源交易市场体系。以健全自然资源资产产权制度为基础，建立统一的确权登记系统、权责明确的自然资源产权体系。完善国家自然

资源管理体制，整合全民所有自然资源所有者职责，组建对全民所有的各类自然资源统一行使所有权的机构，负责全民所有自然资源的出让等。对于大宗商品类资源，要进一步完善形成统一开放、竞争有序的交易市场体系。

积极探索建立排污权、节能量（用能权）、水权、碳排放权等环境权益交易市场建设，构建多层次、跨区域的环境权益交易市场体系。完善与推行排污权、用能权、水权、碳排放权交易制度，有序规范各类交易平台建设，制定市场建设标准和监管准则，对交易标的的范围和类型、交易主体和期限、交易价格形成机制、交易平台运作规则、利益分配结算机制等进行明确的规定和规范的管理。加强各类环境权益交易市场的协同发展。

2. 创新和完善促进绿色发展价格机制

创新和完善促进绿色发展价格机制，健全绿色价格政策体系，更好地发挥价格杠杆作用，引导资源优化配置。核心是要加快建立健全能够充分反映市场供求和资源稀缺程度、体现生态价值和环境损害成本的资源环境价格机制，将生态环境成本纳入经济运行成本。

具体而言，在公共事业价格政策方面①，一是完善污水处理收费政策，建立健全城镇污水处理费动态调整机制、企业污水排放差别化收费机制、与污水处理标准相协调的收费机制、污水处理农户付费制度、城镇污水处理服务费市场化形成机制等。二是健全固体废物处理收费机制，建立完善城镇生活垃圾处理收费机制、城镇生活垃圾分类和减量化激励机制、农村垃圾处理收费制度、危险废物处置收费机制等。三是建立有利于节约用水的价格机制，深入推进农业水价综合改革，建立完善城镇供水价格形成机

① 详见国家发展改革委《关于创新和完善促进绿色发展价格机制的意见》（发改价格规〔2018〕943 号）。

制、城镇非居民用水超定额累进加价制度、有利于再生水利用的价格政策等。四是健全促进节能环保的电价机制，完善差别化电价政策、峰谷电价形成机制、部分环保行业用电支持政策等。在其他竞争性行业和领域的价格政策上，一方面要通过完善市场建设和税收政策，将资源价值和生态环境成本内部化，融入价格形成机制；另一方面要重点加强价格监管，完善绿色产品标识认证管理，排除通过不正当价格竞争影响绿色产品发展的价格行为。

3. 将绿色监管作为市场监管的重要内容

要将绿色监管作为市场监管的重点内容，加强对资源节约、生态环境保护等方面的监管工作。加快完善绿色监管的法律法规体系，推进绿色司法常态化、规范化和专门化。深化绿色监管体制改革，在现有市场、资源、环境监管组织基础上，综合构建绿色监管组织体系，有效衔接相关监管机构的权责分工，明确权力清单和责任清单，完善跨部门协调机制，考虑设立绿色发展部级联合会议制度，协调不同监管机构的协作。加强绿色监管能力建设，打造综合性、专业化的绿色监督执法队伍，增强监管机构的监管能力和专业化水平。完善绿色监管问责机制，优化绿色监管程序流程。

（六）健全绿色金融体系

1. 进一步完善绿色金融政策制度

首先是要加快完善绿色金融法律法规，针对我国目前绿色金融法律法规不成体系、权威性较低等问题，要加快绿色金融的立法工作，通过专项立法或者在相关法律法规（如《环境保护法》《节约能源法》等）修订时给予专门强调的方式，以法律形式确立绿色金融制度。其次是要明确绿色金融政策制度的顶层设计，由于绿色金融涉及的金融工具和行业多，而目前出台的绿色金融文件多以意见、通知、指引等指导性文件为主，要围绕党的十九大报告中“推进绿色发展”的具体要求，加快构建一个框架明晰、内容覆盖全面的绿色金融政策体系的总体设计和路线图。最后是要加强绿色金融政策制度的组织保障，针对绿色金融涉及部门较多的问题，理顺跨部门行政管理体制，成立跨部门协调机构，如中央和地方都可以成立绿色金融工作领导小组或成立绿色发展领导小组，下设绿色金融办事机构。

2. 鼓励多元化发展绿色金融产品体系

要鼓励金融机构积极推出绿色信贷、绿色债券、绿色股票指数和相关产品、绿色发展基金、绿色保险、碳金融等多元化的绿色金融工具，以满足我国绿色发展中不同产业、不同主体的绿色金融需求，形成支持绿色发展的金融制度安排。针对绿色金融所支持的项目投资回报周期长、利润低的“痛点”，一方面要通过政策给予必要的引导和扶持，通过明确各方的权责关系和奖惩机制，形成激励约束环境，另一方面也要鼓励金融机构和行业企业积极尝试新业务、新产品、新服务、新渠道，探索新的应用场景和商业模式，形成绿色金融发展的内生动力。

具体而言，一是要大力发展绿色信贷，探索通过再贷款、财政贴息、专业化担保机制等方式扶持绿色信贷发展，引导各类金融机构加大绿色信贷发放力度，建立符合绿色企业和项目特点的信贷管理制度，推动绿色信贷资产证券化。二是积极推动证券市场支持绿色投资，完善绿色债券发展的制度环境与市场条件，支持符合条件的绿色企业上市融资和再融资。三是支持设立各类市场化运作的绿色发展基金，推进中央财政设立国家绿色发展基金，鼓励有条件的地方政府运用PPP模式设立区域绿色发展基金。四是促进绿色保险发展，在环境高风险领域建立环境污染强制责任保险制度，鼓励和支持保险机构创新绿色保险产品和服务，如巨灾保险、环保技术装备保险、产品质量安全责任保险、森林保险、农牧业灾害保险等产品，鼓励和支持保险机构参与环境风险治理体系建设。五是有序探索发展各类碳金融产品，如碳远期、碳掉期、碳期权、碳租赁、碳债券、碳资产证券化和碳基金等碳金融产品和衍生工具，远期探索发展基于碳排放权、排污权、节能量（用能权）等各类环境权益的融资工具，拓宽企业绿色融资渠道。

3. 完善绿色金融标准体系建设

绿色金融标准是绿色金融健康发展的技术支撑，也是绿色金融治理体系和治理能力现代化的基础性制度。要根据《金融业标准化体系建设发展规划（2016—2020年）》，进一步推进绿色金融标准化工程。“十四五”时期，要进一步夯实绿色信用评级标准、环境信息披露标准、绿色金融产品标准等基础性工作。同时，要针对金融创新加速，云计算、大数据等新技术广泛应用，银行、证券、保险等主流金融业态借助金融科技加速迭代，互联网金融等新兴金融业态不断涌现等新形势，重点部署绿色金融基础设施标准和管理规范、绿色金融信息和统计数据共享标准、绿色金融监管与风险防控标准等，综合推动我国绿色金融标准化进程。

4. 针对绿色发展的重点区域、重点行业、龙头企业，给予合理的金融支持

目前，我国绿色金融地方试点已正式启动，浙江、江西、广东、贵州、新疆已出台绿色金融改革创新试验区总体方案。在积极推动地方绿色金融创新落地的基础上，考虑针对那些对于绿色发展非常关键的重点行业，也进行相应的金融创新试点，加快解决业内反映的痛点与薄弱环节。对于一些龙头企业，也可以由政府制定出绿色发展重点企业清单，鼓励金融机构给予合理的金融支持。

（七）完善绿色财税体系

1. 构建完善的资源税费体系①

具体而言，一是按照税费职能完善税费体系。要以完善资源有偿使用制度和资源税费体系为目标，厘清不同税费的职能。税收应体现政治权利，贯彻无偿原则，实现筹措财政收入、调节收入分配等目标。矿业权出让收益、矿业权占用费应体现经济权利，贯彻有偿原则，在政府权益转让后获取相应的收益。石油特别收益金等应承担调节资源型企业超额收益的职能，达到调节企业过高收入目标。在推进"清费立税"和"减税减费"工作时，要避免把政府的财产性收益与行政性收费混账。要以建立资源有偿使用制度为导向，将明确反映资源"有偿"使用的各项矿业收费排除在"清费"范围之外，通过改革不断完善各项税费的水平和结构。二是完善税费的收益分配机制。从多个维度建立科学合理的矿业税费分享机制，尤其是要充分考虑资源产地和消费地在矿产资源上的开采收益和成本分担，既考虑资源产地的矿产资源收益与承担的环境成本，又考虑资源消费地矿产资源使用与税收贡献，建立起产地和消费地的收益分配机制。三是加强激励性税费政策设计。应借鉴国外先进经验，充分考虑矿产资源行业受宏观经济周期性波动影响较大的特点，实施允许亏损向前或向后结转、延长亏损向前结转年限等方面的支持政策。考虑矿产资源行业投资规模大、回报周期长的特点，建立加速折旧、勘查支出一次性摊销、投资加计扣除等优惠政策。考虑矿产资源的可耗竭特点，允许企业计提耗竭准备金。为提升资源利用效率，鼓励资源综合利用，可以建立起完善的资源税费与回采率等指标挂钩的税费制度。四是推动矿产资源领域的配套改革。建立完善的资源开发补偿机制，支持矿产资源勘探与合理开发，保护和恢复被破坏的地质环境和生态坏境；减少勘探开发中的生态破坏和环境污染，加大生

① 景韬，王娟．完善矿产资源税费体系的思考[J]．税务研究，2018(3)：99－104.

态修复和环境治理力度。健全国家自然资源资产管理体制，推动自然资源资产统一监管和生态环境保护统一监管，打破部门利益格局，克服传统惯性思维，明确不同部门在代表国家行使矿产资源所有权、监管权和税收征管权中的职责，形成权责明确、管理高效、公开透明的管理机制。推动资源性产品价格改革，完善矿产资源开采与销售领域的自然垄断环节定价机制，进一步完善成本监审规则，提高自然垄断环节定价的科学性；加快放开矿产资源行业竞争性环节的市场准入，通过强化竞争提升市场的资源配置效率和企业生产效率。

2. 构建科学有效的绿色发展财税激励政策

其一，要在主体税种中融入绿色发展的理念，通过减税、免税、出口退税等多种税收优惠方式引导企业重视环境保护和节约用能，同时综合运用加速折旧、投资抵免等手段对原有政策进行完善。要进一步丰富促进资源节约型、环境友好型社会建设的税收优惠政策。其二，要通过财政激励和税收优惠，给予节能环保、清洁生产、清洁能源产业必要且合理的扶持，优化财政资金的激励方式，提高使用效率。其三，要聚焦与绿色发展相关的重要行业和关键领域制定特定政策，一方面考虑加大对这些行业和领域科技研发和推广应用的支持力度；另一方面考虑成立一系列产业基金，按照基金公司的运作模式，服务于特定行业和领域的发展目标。

3. 逐步取消鼓励浪费的低效化石燃料补贴①

坚持统筹推动能源生产和消费革命与深化财税体制改革的总体方向，以逐步取消鼓励浪费的低效化石能源补贴为要旨，按照全面规范、公开、透明、高效的基本要求，积极推进化石能源财政补贴政策改革及现代财税与市场制度建设。要科学研究和准确识别有鼓励浪费效果的低效化石燃料补贴，制定逐步退出的改革路线图。

---

① 国家发改委能源研究所．中国化石能源补贴改革研究［R］．研究报告，2016.

（八）构建绿色信用体系

1. 在社会信用体系框架下建立绿色信用体系

将绿色信用体系建设纳入社会信用体系建设的组成部分。在社会信用体系覆盖社会成员的信用记录和信用基础设施网络中，考虑新增绿色信用，尤其是对企业的绿色信用。加强绿色信用建设，建立健全绿色信用标准体系，研究探索绿色信用评价体系，加大打造绿色企业的力度，着重强化绿色信用评价结果的运用，建立基于绿色信用的激励约束机制。将企业污染排放、环境违法违规记录等信息共享，以绿色信用制衡“黑色”企业。建立绿色失信行为有奖举报制度，鼓励群众对资源浪费、环境污染、生态破坏等进行举报。

2. 构建企业绿色守信激励和失信惩戒机制

加强对守信主体的奖励和激励。加大对绿色企业和绿色守信行为的表彰和宣传力度，营造绿色发展光荣的舆论氛围和激励。发展改革、财政、金融、环境保护、住房和城乡建设、交通运输、商务、工商、税务、质检、安全监管、海关、知识产权等部门，在市场监管和公共服务过程中，要深化绿色信用的应用，对绿色守信者实行优先办理、简化程序等“绿色通道”支持激励政策。

加强对失信主体的约束和惩戒。对于浪费资源、破坏生态环境等主体，在现有行政处罚措施的基础上，健全绿色失信惩戒制度，建立各行业黑名单制度和市场退出机制。推动各级人民政府在市场监管和公共服务的市场准入、资质认定、行政审批、政策扶持等方面也考虑绿色信用的应用，实施绿色信用分类监管，结合监管对象的失信类别和程度，使失信者受到惩戒。

3. 推进绿色产品信用体系建设

推进绿色产品信用体系建设，建立统一的绿色产品标准、认证、标识体系。将现有的环保、节能、节水、循环、低碳、再生、有机等产品整合为绿色产品，施行统一目标、统一标准、统一评价、统一标识。要明确制定对绿色产品的财政金融支持政策，实行绿色产品领跑者计划。研究推行政府绿色采购制度，鼓励扩大绿色产品交易、绿色产品采购。同时，要健全法律法规和配套政策，严格落实生产者对产品质量的主体责任、认证实施机构对检测认证结果的连带责任，对严重失信者建立联合惩戒机制，对违法违规行为的责任主体建立黑名单制度。

参考文献

[1] 杨解君．论中国绿色发展的法律布局[J]．法学评论，2016，34(4)：160－167.

[2] 陈峥嵘．绿色知识产权体系构建与优先发展研究[D]．中国科学技术大学，2017.

[3] 冯升波．G20框架下化石燃料补贴同行审议进展及启示[J]．中国物价，2017(11)：58－60.

[4] 国务院发展研究中心"引领经济新常态的战略和政策"课题组，李伟，张军扩，高世楫，陈健鹏．提高环境监管效能　促进绿色发展[J]．发展研究，2018(2)：4－17.

[5] 黄娟．新时代社会主要矛盾下我国绿色发展的思考——兼论绿色发展理念下"五位一体"总体布局[J]．湖湘论坛，2018，31(2)：60－69.

[6] 林伯强，刘畅．中国能源补贴改革与有效能源补贴[J]．中国社会科学，2016(10)：52－71＋202－203.

[7] 刘海霞，马立志．我国绿色发展的现实困境与路径思考[J]．西南交通大学学报(社会科学版)，2016，17(6)：105－109.

[8] 舒绍福．绿色发展的环境政策革新：国际镜鉴与启示[J]．改革，2016(3)：102－109.

[9] 宋珍．河北省绿色信用体系建设研究[D]．河北经贸大学，2015.

［10］王海芹，高世楫．我国绿色发展萌芽、起步与政策演进：若干阶段性特征观察［J］．改革，2016（3）：6－26.

［11］徐祥民，姜渊．绿色发展理念下的绿色发展法［J］．法学，2017（6）：14－27.

［12］杨发庭．绿色技术创新的制度研究［D］．中共中央党校，2014.

［13］张芬芳，李德栓．绿色文化的历史溯源及当代意蕴［J］．教育评论，2018（5）：146－149.

［14］中国人民银行宿州市中心支行课题组，陈明政．构建区域性企业绿色信用体系研究——基于绿色金融视角［J］．征信，2017，35（11）：42－45.

［15］周适．环境监管的他国镜鉴与对策选择［J］．改革，2015（4）：58－68.

［16］竺效，丁霖．绿色发展理念与环境立法创新［J］．法制与社会发展，2016，22（2）：179－192.

RESEARCH ON
BUILDING A RESOURCE-SAVING,
ENVIRONMENT-FRIENDLY
GREEN DEVELOPMENT
SYSTEM

案例篇

案例一　绿水青山就是金山银山，从“定性”到“定量”

内容提要：福建省是国家首批生态文明试验区之一。两年多来，福建省围绕生态文明体制机制和绿色发展路径开展了积极探索，亮点颇多，主要包括编制自然资源资产负债表并围绕其开展自然资源资产核算、自然资源资产离任（任中）审计、自然资源资本化以及精准生态补偿，以上工作开展对于促进全国生态文明有重要意义。通过调研，我们体会到，各级政府高度重视是推动生态文明建设的关键，积极探索市场化机制是实现绿色发展的必由之路；同时，国家对于自然资源资产负债表编制与维护的财政支持力度需进一步加强，应酌情将自然资源资产负债表相关数据纳入国家各类调查专项，并尽快推动自然资源资产负债表技术体系形成国家统一标准，生态产品产权制度改革也应尽快开展。

党的十八大以来，党中央、国务院对绿色发展做出全面部署，提出包括“绿色”在内的五大发展理念。习近平总书记在中央政治局第三次集体学习时提出，“要建设资源节约、环境友好的绿色发展体系”，并将其作为现代化经济体系的七个组成部分之一。绿色发展已经成为国家发展的重要战略，是构建高质量现代化经济体系的必然要求。然而，近 30 年来，我国一直使用国民账户体系来衡量宏观经济发展水平，在该体系导向下，不同企业、部门以及地方政府都或多或少地存在过度追求经济发展和 GDP 政绩、忽视经济活动引起的自然资源损耗和环境退化等问题，推进绿色发展面临重重阻力。为改变这种局面，近年来国家提出要高度重视自然资源资产核算及负债表编制工作，通过量化方式引导地方重视自然资源和生态环境价值，一些地方也开始编制工作试点。福建省是我国最早一批全国生态文明试点省份之一，在绿色发展方面走在了全国前列。国家发改委能源所组成调研组，于2018年8月22—23日赴福州市连江县调研绿色发展进展情况，与连江县政府各类自然资源管理部门进行了深度交流，了解了福建省连江县自然资源资产负债表编制内容和进展，着重考察工作推进过程中遇到的难题，分析了这些工作对推进未来绿色发展的主要作用，从而为全国各地自然资源资产负债表的编制提供相关参考经验。

一、中国自然资源资产负债表编制取得显著进展

国民账户体系（System of National Accounts，SNA）只描述社会经济发展活动的产出，但没有核算自然资源损耗及环境退化，即无法做到在考虑经济发展的同时兼顾资源节约和环境友好，因而已无法适应当前绿色发展的实际要求。为此，社会各界与学界针对改进方案进行了大量研究，其中基于联合国统计司发布的综合环境与经济核算体系2012（System of Integrated Environmental and Economic Accounting 2012，SEEA－2012）框架编制的自然资源资产负债表是目前公认最成熟的、最具有实操性的改进方案①。自然资源资产负债表将自然资源的直接价值（如林木资源价值）和间接价值（如涵养水源、生物多样性保护及净化大气等生态服务价值）纳入传统核算范围之内，并与经济活动相关联，来揭示经济活动如何可持续地利用自然资源和影响环境质量。自然资源资产负债表的编制，可显示经济发展与生态环境和自然环境的互动关系，避免国家陷入增长假象，即避

① 封志明，杨艳昭，李鹏．从自然资源核算到自然资源资产负债表编制［J］．中国科学院院刊，2014(4)．

免经济繁荣和严重的环境损害相伴随以及经济“空心化”现象。

近年来，党中央、国务院高度重视自然资源资产负债表编制工作。《中共中央关于全面深化改革若干重大问题的决定》《中共中央国务院关于加快推进生态文明建设的意见》和《生态文明体制改革总体方案》先后提出要推进自然资源资产负债表编制工作。十八届三中全会审议通过的《中共中央关于全面深化改革若干重大问题的决定》提出，要对领导干部实行自然资源资产离任审计，建立生态环境损害责任终身追究制，自然资源资产负债表是开展离任审计的重要量化工具。2015 年 11 月，国务院办公厅印发了《编制自然资源资产负债表试点方案》，在内蒙古自治区呼伦贝尔市、浙江省湖州市、湖南省娄底市、贵州省赤水市、陕西省延安市开展试点工作。2018 年 3 月国家成立自然资源部，对自然资源开发利用和保护进行监管，建立自然资源有偿使用制度，并进一步支持自然资源资产负债表编制。

从 2014 年起，全国各地开始不断探索自然资源资产负债表编制工作，一些地区出台了试点方案，部分地区完成了初步的自然资源资产负债表编制。2014 年底，贵州省形成了森林资源、土地资源、水资源和自然资源资产负债表编制方案共四个方案。2015 年初，三亚市完成 2014 年度海洋资源、森林资源、农业资源、水资源、矿产资源、能源以及土地作为空间资源的价值核算，总计 2000 余亿元，为当年 GDP 的 5 倍以上。2015 年 7 月，内蒙古鄂托克前旗完成了首套县级自然资源资产负债表，成为西北地区第一个综合反映脆弱生态区和能源资源富集区自然资源资产状况的负债表。同一时期，“湖州市自然资源资产负债表编制”项目验收，发现 2013 年湖州市自然资源资产价值相当于当年 GDP 的 5. 2 倍。2016 年 4 月，河北承德市发布了《2010 年至 2013 年自然资源资产负债表》，发现截至 2013 年，承德市自然资源资产总量约为 19. 4 万亿元，为地区生产总值的 152 倍。2016 年 12 月，深圳大鹏新区完成全国首个区级自然资源资产负债表、自然资源资产价值核算体系和自然资源资产系统管理平台。

总的来看，我国自然资源资产负债表的编制已经经过了盲人摸象的初级探索阶段，目前研究人员对负债表的基本方法学，即构成要素、核算方法和表式结构已有了比较统一的宏观认知。现在已过渡到了对自然资源资产负债表核算对象（如一些边际投资回报率很低的自然资源是否需要考虑在内）、结构要素（如资产与负债定义和内涵的解析）与机理（如各类资源利用过程中如何形成负债）的争鸣与探讨过程中。同时，研究人员对负债表编制的认识也从“方法体系框架如何设计”过渡到了“表单如何设计可更加匹配审计等实际应用需求”。

作为首批生态文明试验区试点之一，福建已在自然资源资产负债表编制方面取得了突出成果。从 2017 年开始，连江县在福州市政府安排下，吸取各地自然资源资产负债表的编制经验，在全省率先开展了自然资源资产负债表的编制及价值研究体系项目，目前已经取得了一系列成果。

一是建立了一套空间数据平台系统，可对不同空间地块的生态系统类型（森林、草原、农用地）以及本地化核算参数进行查询，是我国目前对自然资源资产价值核算最为便利的一套系统和技术体系。

二是建立了能够准确体现连江县陆域、海域自然资源特点以及资源质量情况的自然资源资产负债表体系，为自然资源管理、领导干部离任（任中）审计提供了方便、科学的工具与数据支撑。

三是开辟了自然资源—资产—资本化路径，将生态系统服务功能价值显化、市场化，为地方的“绿水青山”变为“金山银山”提供案例与方法指导。

因此，该地负债表编制与应用的实践经验对其他地区的工作开展也有较强的参考借鉴意义。

二、连江县自然资源资产负债表简介

连江县自然资源资产负债表并不是一张简单的表单，而是一个复杂的体系表（见图3－1）。核心部分是负债表框架体系，它包括五类表，即存量表、质量表、流向表、价值表和负债表。其中存量表和质量表的目的在于摸清自然资源资产家底，反映出自然资源的存量和质量；价值核算体系提供了不同自然资源的定价理论，质量价格体系提供了不同环境质量状况下的定价方式，将存量表和质量表作用于价值表，可评估出自然资源的价值量；在一个时间段内，将存量表和质量表的变化进行比较，可以得出流向表，该表可以用于显示绩效、健全管理以及反映变化的源和因；将流向表作用于价值表，就可以得出负债表，该表可以体现出经济发展过程中自然资源资产的变化情况。

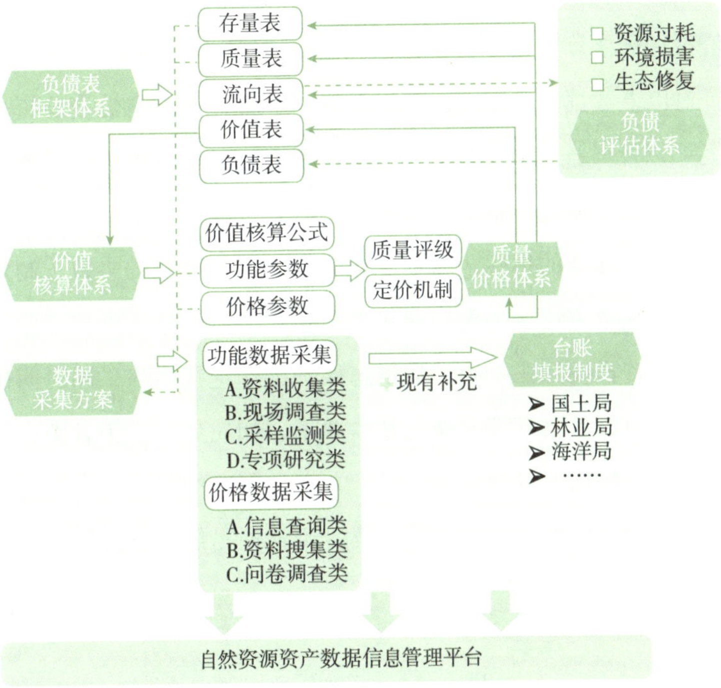

图3－1　连江县自然资源资产负债表结构

在资源实物量研究方面，连江县的负债表框架体系分为陆域资源和海域资源两部分。陆域资源主要涉及土地、森林、湿地、农用地、矿产、水、大气和珍稀濒危物种等八大类资源，海域资源主要涉及自然岸线、沙滩、海岛以及海洋水域四大类资源。以上资源种类的存量以及质量情况，共涉及 4 类 192 项指标。在资源价值量研究方面，连江县的负债表运用市场价值法、费用支出法、影子工程法、机会成本法、恢复费用法以及支付意愿法对各类资源的实物资产价值以及生态系统服务价值进行了核算。生态系统服务价值考虑了各类资源在水源涵养、保育土壤、固碳释碳、小气候调节、净化大气以及生物保护方面的作用，并将“负债”定义为被评估区域在某一评估时期内，因气候、地理地质、自然灾害等自然因素和基础设施建设、资源开采、土地利用等人类活动所产生的资源过耗、环境损害，以及修复受损的生态环境至基线状态并补偿期间损害的成本。针对以上价值量进行核算，共涉及 3 类 91 项指标（见表 3 –1）。

针对以上数据采集需求，连江县制定了《连江县自然资源资产数据采集方案》以及《连江县自然资源资产台账制度》。前者明确了各类自然资源资产数据缺失情况，指出了各部门在所有资源分类下应该采集哪些负债表框架体系中涉及的指标，以及核算体系公式中涉及的参数，制定了数据采集内容、采集方法、采集标准和采集频次。后者建立完善了包括各类型自然资源的资产明细账页和日常生态保护工作记账表格，同时明确了管理人员在自然资源日常管理方面的基本要求，如应如何维护各类存量表、流向表、日常管护情况登记表等。以上方案和制度的建立为自然资源资产填报和披露、发现问题和查找问题以及资源管理提供了支持服务保障和技术保障。

表 3-1　数据采集表

实物功能数据	资料收集类	通过本级或上级政府掌握的日常数据获取的数据类型	146 项
	现场调查类	通过现场调查外业调查即可得到数据结果的一类指标	9 项
	采样监测类	通过现场调查无法得到直接结果，需进一步采样检测带回测定才能获得数据数的一类指标	28 项
	专项研究类	通过现有资料收集、现场调查和监测无法获取结果，需进一步通过建模换算才能得到数据的一类指标	9 项
价格数据	信息查询类	直接通过价格信息发布网站等渠道查询获得数据的一类指标	57 项
	资料收集类	通过搜集整理文献及相关资料能获取数据的一类指标	14 项
	问卷调查类	通过设计调查问卷获取数据的一类指标	20 项

值得指出的是，连江县的自然资源资产负债表形成了一套在线数据管理平台，使用者可针对不同空间地块的生态系统类型查询本地化核算参数，各自然资源管理部门也可及时在线更新相关数据；同时核算公式与分析模块均已内置在管理平台中，使用者可快速得到核算结果。这对未来离任（任中）审计或者其他用途的自然资源资产核算都非常友好，避免了未来工作过程中对于核算流程的重新梳理和重复劳动，也降低了核算过程中出错的概率，因此可以显著降低表单维护成本。

三、自然资源资产负债表具有多方面重要应用价值

（一）自然资源资产核算

连江县使用资源资产负债表对 2010 年和 2016 年的自然资源资产进行了核算，其中包括实物资产和生态系统服务资产两个部分。由于实物资产为累积量，生态系统服务资产为当年量，两者不能直接相加减，在核算结果中需要分别展示。

连江县 2010 年和 2016 年自然资源实物资产分别为 272.1 亿元（陆地占 77.7%，海洋占 22.3%）和 297.3 亿元（陆地占 79.62%，海洋占

20.38%），2016年比2010年增加了25.2亿元。以上实物资产增加主要是因为陆地生态系统实物价值得到提升，其中森林资源资产增加了9.6亿元，体现了连江县在森林资源保护上的努力。连江县2010年和2016年度自然资源生态系统服务资产分别为23768.1亿元（陆地占1.47%，海洋占98.53%）和23781.8亿元（陆地占1.53%，海洋占98.47%），2016年比2010年增加了13.74亿元，主要是因为陆域森林生态系统服务有所增加。

自然资源资产的核算可及时反映连江县各类自然资源的动态变化情况，展示自然资源资产保护工作的成效及可能存在的问题，并为自然资源资产产权制度建立和领导干部自然资源资产责任审计工作提供数据支撑。

（二）自然资源资产离任（任中）审计

自然资源资产离任（任中）审计，是指在领导干部离任或者任职期间，不仅对其经济责任进行审计，也要对其自然资源资产责任进行审计，主要目的是督促党政机关领导干部和国有企业领导人员在进行重大决定时充分考虑生态保护需要。

福建省高度重视国家决策部署，已于2016年2月出台了《贯彻落实〈开展领导干部自然资源资产离任审计试点方案〉的实施意见》（闽委办发〔2016〕5号），明确了开展领导干部自然资源资产离任的目标与计划、主要内容和保障措施，并在多个试点有序推进审计工作开展，同时总结工作经验教训。2017年6月，在充分总结前期审计试点经验的基础上，出台了《福建省党政领导干部自然资源资产离任审计实施方案（试行）》（闽委办发〔2017〕23号），进一步明确了工作的定位，同时提出更加明确、可操作性强的规范。

以上实施方案的形成对于自然资源资产负债表的编制及应用有很大推动作用。由于自然资源资产负债表涉及多个责任部门，同时涉及对领导干部的生态环境考核和离任审计，如果没有相关配套制度的支持，很难得到各部门支持以及确保负债表相关数据的时效性和真实性。

同时，运用自然资源资产负债表，也可以从空间维度破解领导干部自然资源资产责任审计难题。对生态系统和自然资源实行资产化管理，有助于对生态保护和恢复投资进行货币化评估，可以有效衡量政府的生态文明工作业绩，有利于促进生态文明政绩观的建立，弥补以往 GDP 政绩观的缺陷。

（三）自然资源资本化

理论上，自然资源资产负债表也将资产向资本化方向转变，并用于市场交易。连江县政府于2017 年7 月提出了《福州市连江县自然资源资本化路径实施方案（征求意见稿）》，明确了开展自然资源资产确权、制定自然资源资本化的地方规定、组建资源市场交易中心/自然资源交易所、开展自然资源资本化教育宣传和开展自然资源资本化系列试点五大方面的主要任务。为了给以上实施方案提供实践依据，连江县开展了多个案例研究。

海上牧场资本化产品设计是其中一个案例。海上牧场的资本化范围中，包括水域、岸线和海洋水域生态系统等资源种类，对应每种资源的不同开发模式，相关实物价值和生态服务价值也有差别。在确定了每种资源的具体开发模式后，连江县计算得出，海上牧场项目中养殖用海范围的实物价值和生态服务功能价值总和为 14091 万元/年，海上牧场环境影响区域的生态服务功能的价值量为 3391 万元/年，最终确定的项目资本化用海价格为 17483 万元/年。

考虑生态服务价值之后，海洋环境质量可以得到有效保障，更为重要的是，海域出让金增加、相关产业发展税收增加将显著改变当地政府收入；此外，渔民的养殖收益增加，准入门槛也会抬高。通过计算，单位面积海域出让每年增加 1420 元/亩，共增加收入 8520 万元/年。渔民单位面积海域收入每年增加 40. 51 万元/亩，共增加收入 243 亿元/年。此举还可进一步培育环保金融等第三方产业发展。

考虑到自然资源资产价值后，在供给端，传统开发利用模式使得优质的生态产品渐成稀缺资源；在需求端，随着消费观念革新与消费能力提升，更多的消费者愿意为优质生态产品付费。当生态产品能够以恰如其分的价格实现市场变现时，生态保护者便能得到相匹配的回报。生态投资成为有效投资，生态保护的动力由此被进一步激活，从而形成了重视生态环境保护的内在动力及良性循环，这也是连江县自然资源资本化路径建立的初衷。

（四）开展精准的生态补偿

我国地域范围广，地貌类型多样，采取“一刀切”的补偿标准，难以反映各地差异化的实际情况，理论标准与实践需求的割裂是目前确定生态直补标准面临的突出问题。通过编制自然资源资产负债表，可依据自然资源的实物价值与生态服务价值重新制定生态补偿标准，并且可依据不同时期自然资源资产价值的变动调整生态补偿标准，从而解决“一刀切”的问题。调研组了解到，连江县正在依据新编制的自然资源资产负债表开展生态补偿相关研究，但是目前研究还没有完成，我们也会继续跟进。

四、连江县自然资源资产负债表编制过程中存在的问题与挑战

（一）自然资源资产负债表编制及维护经费高昂

连江县县级自然资源资产负债表的编制耗资 300 万元，之后每一年的更新维护费用预计在 100 万元左右。过于高昂的编制费用可能会限制一些地区开展这项工作，并成为一些已开展这项工作地区的负担。同时，如不能解决维护资金问题，可能使自然资源资产负债表的编制成为“昙花一现”，难以得到及时更新，从而无法形成常态化的工作机制。

（二）数据更新未形成常态化工作机制

自然资源资产负债表可对国有自然资源资产和集体自然资源资产进行测量、统计、核算、报告、核查和审计，相应的资源账户和数据资料需

要进行动态更新。但是目前，国家自然资源统计数据的更新频率还不足以支撑自然资源资产负债表的动态更新。例如，林业部门“一类清查”每五年一个周期，“二类调查”每十年开展一次，全国最近一次森林资源清查在2013年，其数据很难满足2013年后自然资源资产负债表编制要求；1995年以来只开展过两轮湿地资源调查。目前，国家还没有出台相应的政策对数据更新提出要求，仅凭目前时间跨度较大的核算结果，无法充分反映自然资源资产的动态变化。负债表需要更新数据的调查对象与国家各类调查专项所涉及的调查对象有所重叠，如果未将两者进行梳理整合，而是分别开展工作，则有可能增加数据收集任务的工作量，并增加数据获取成本。

（三）技术体系缺乏统一规范

自然资源资产负债表的编制过程中，需要使用多种技术手段与经济学方法对自然资源实物及其生态服务功能进行定价，例如使用空气污染指数（AQI）表征大气质量，并使用支付意愿法对大气质量的变化进行价值核算。但是，表征同一种自然资源的存量和质量的指标体系多样，例如也可使用PM2.5浓度表征大气质量；对自然资源资产进行价值核算的经济学方法也很多样，例如也可使用人力资本法对大气的质量变化进行价值核算。使用不同的指标体系与经济学方法核算出的自然资源资产可能存在显著差异，结果也难以互相比较，造成各区域自然资源资产核算结果“各说各话”，难以评估核算结果的准确性。

（四）生态产品产权制度缺乏政策规定

生态产品市场化涉及产权问题，产权如何确权才能保证既能达到“三权分置”的目的，又能盘活经营权；既能严守生态红线，又能在实施过程中实现价值转化，都需要明确的政策规范。直至目前，在国家层面，还缺乏对于生态产品产权进行确权并明晰产权的政策规定。同时，将生态服务价值资本化，也有可能造成撬动经济杠杆、加剧政府赤字的结果，因此更需制定相关政策对生态产品产权权能进行规范。

五、启示与政策建议

（一）自然资源资产负债表的编制与维护应设立专项资金支持

自然资源资产负债表的编制与维护涉及大量数据采集和技术处理工作，需要大量人力资源和计算资源，因此必须要有资金投入来支持。为了保证负债表的编制和维护在不同经济发展水平的地区都能顺利开展，建议国家对照“节能减排专项资金”的工作机制，对负债表的编制与维护也设立专项资金，以支持各级政府在负债表编制、离任（任中）审计、自然资源资本化以及精准生态补偿方面形成常态化工作机制。

（二）应酌情将自然资源资产负债表相关数据纳入国家各类调查专项

负债表所需数据的调查对象与国家各类调查专项所涉及的调查对象有所重叠，为避免重复工作并降低数据获取成本，建议国家数据统计部门将这些内容进行梳理整合，酌情将负债表中列出的重要指标纳入各类调查专项。在数据更新频率方面，考虑到现有地理信息技术的进步，建议国家统筹协调国土、林业、矿业和生态环境等自然资源管理部门，提高大型普查或周期性调查的频率，并统一调查时间，在实物量统计方面尽量满足自然资源资产负债表数据填报及数据时限的需求，形成部门常态化工作机制。

（三）自然资源资产负债表技术体系应形成国家统一标准

不同地区自然资源的种类不同，其负债表编制的侧重点也不同。因此，应对现有已初步完成负债表编制工作的地区进行调研，并对其编制方法和核算结果进行整理、比较和评估。主要关注不同地区负债表编制过程中使用的指标体系和定价方法，通过对其核算结果的比较，评估不同指标体系和定价方法的优缺点。最终，针对各类自然资源，即陆域资源（土地、森林、湿地、农用地、矿产、水、大气和珍稀濒危物种等）和海域资源（自然岸线、沙滩、海岛以及海洋水域等）形成国家统一标准的技术体系，以保证各地区自然资源资产负债表编制的准确性与可比性。

（四）应进行生态产品产权制度改革

国家和各级政府应尽快开展生态产品产权确权登记工作，并对生态产品产权权能进行规范，保证在盘活其经营权的同时避免产权滥用。各级政府应建立健全生态产权交易平台，完善生态产品产权交易机制，保证生态系统服务价值可以进入市场正常运行。国家应建立生态产品产权司法保护机制，规范生态产品资本化交易方式，高效惩处破坏生态环境资源的违法行为，对生态系统服务功能形成有力保护。

案例二　建设现代能源经济要以绿色发展为首要任务

内容提要：能源革命是构建高质量现代化经济体系、尽早实现美丽中国目标的重要支撑。山西作为重要能源基地，率先提出打造能源革命排头兵，对全国绿色发展具有重要示范、突破和带动作用。调研发现，山西在实施能耗总量和强度“双控”、推进煤炭供给侧改革、发展清洁能源、深化能源体制改革等方面已经取得了积极进展，但同时，由于发展理念滞后，在摆脱煤炭资源经济、发展现代能源经济方面仍存在误区，在人才、创新和产业支撑方面明显不足，在体制机制方面仍面临深层次障碍。课题组建议：山西要实现从“煤老大”到“排头兵”的转变，必须把绿色发展的理念贯穿于现代能源经济建设始终，避免传统煤炭资源优势在生态文明新时代成为发展劣势。一是推动煤炭绿色减量发展，实现绿色开发和安全生产水平世界先进；二是深化电力体制改革，培育催生清洁电力、综合能源服务、电动汽车等新兴业态和动能；三是推进能源消费革命，使节能和提高能效替代煤炭成为“第一能源”；四是全面解决资源整合改革遗留问题，全面优化营商环境，激发市场创新活力。

党的十九大明确提出推动能源生产和消费革命，构建清洁低碳、安全高效的能源体系。习近平总书记进一步要求，要把现代能源经济这篇文章做好。山西是我国重要的能源基地，也是典型的资源型经济地区。近年来，山西明确提出打造能源革命排头兵，推动资源型经济加快转型。为深入了解山西推动能源革命的实践进展，2018 年 6—9 月，课题组成员先后赴山西太原、晋中、大同等城市进行了调研，与相关省直部门、地市政府、重点企业、科研院所等进行了座谈，现将有关情况报告如下：

一、山西打造能源革命排头兵取得了积极进展

2017 年 9 月，国务院发布《关于支持山西省进一步深化改革促进资源型经济转型发展的意见》，明确提出打造能源革命排头兵，建设资源型经济转型发展示范区。在这种背景下，山西成立了由省长担任组长、22 个省直单位一把手担任成员的打造全国能源革命排头兵领导小组；制定了《打造全国能源革命排头兵行动方案》，围绕“四个革命，一个合作”，提出了 13 项较为领先的发展目标，明确了 8 个方面 26 项工程，部署了 5 项重大改革任务。从调研了解情况看，山西省能源消费、供给、体制、对外合作等方面都出现了很多明显变化，能源转型发展取得了积极成效。

（一）超额完成能耗“双控”目标任务

“十三五”时期，国家向山西下达了能源强度下降 15%、能耗增量控制在 3010 万吨标准煤的目标任务。2016—2017 年，山西单位地区生产总值能耗累计下降 7. 45%，完成“十三五”约束性目标任务的 47. 6%，超额完成 40% 的进度目标要求；一次能源消费增长 673 万吨标准煤，仅为“十三五”能耗增量控制目标的 22. 4%。“十三五”前两年，山西以年均 1. 7% 的能源消费增长支撑了年均 5. 7% 的 GDP 增长。同时，一些行业领域节能工作走在全国前列，例如，山西是全国率先完成燃煤机组节能和超低排放改造任务的地区之一，太原是率先实现出租汽车 100% 电动化的先锋城市，太原古交长距离、大温差输热项目创造了供热项目多个世界之最，焦炭等行业能效与技术装备水平达到国内领先。

（二）煤炭产业规模和结构不断优化

2016—2017 年，通过淘汰落后、减量置换、减量重组等途径，山西累计压减煤炭产能 4590 万吨，居全国第一位。2017 年，山西煤炭产量 8.7 亿吨，比 2015 年峰值水平下降了 1 亿吨，退居全国第二位。煤炭产业集中度和技术水平显著提升，煤矿数量由最多时的 1 万多个减少到 2017 年底的 613 个，办矿主体由 2200 多家减少到 130 家，所有矿井全部实现了机械化开采，其中先进产能比重达到 57%。经济增长过度依赖煤炭的状况有所转变，2017 年煤炭占工业增加值比重为 48.7%，比 2012 年下降了 9.1 个百分点；2018 年上半年，山西全省规模以上工业中，煤炭工业增加值增长仅为 0.8%，而非煤工业增加值增长了 10.5%。

（三）清洁能源成为转型发展新亮点

山西清洁能源发展迅速，在能源生产消费中的比重不断提高，已经提前完成国家下达的 2020 年非水可再生能源电力消纳比重达 10% 的发展目标。截至 2017 年底，山西新能源装机容量达到 2171 万千瓦，占全省电力装机的 26.9%，新能源装机规模相比 2016 年翻了一番。在全社会电力消费中，2017 年可再生能源电力消费比重达到 14.1%，比上年提高了 2 个百分点。2018 年上半年，山西电网新能源消纳电量完成 156 亿千瓦时，同比增长 58.2%，新能源弃电率同比减少 10.2 个百分点。目前，山西省光伏领跑者发电规模达 400 万千瓦，位居全国第一；煤层气及煤矿瓦斯抽采量达 120 亿立方米，占全国总量的 90% 以上。随着清洁能源发展成为能源增量主体，山西也由单一煤炭基地逐渐发展成为新型综合能源基地。

（四）能源体制改革不断创新深化

山西积极推进电力体制改革，印发执行 14 项配套改革方案，在国网范围内率先运营股份制电力交易机构。目前，山西直接交易电量占全社会用电量的近 1/3，一般工商业、大工业输配电价降至全国最低水平，每年为企业减少用电成本超过13亿元。在煤层气勘探开发领域，山西建立了煤层气勘查区块公开竞争出让制度，以招标方式公开出让了10个煤层气勘查区块，在全国首次实现市场化配置煤层气资源。在创新能源合作方面，山西与江苏签订“晋电送苏”协议，组建苏晋能源控股有限公司，建立送受点双方共同拓展省外电力市场新模式，并且积极探索燃煤机组和新能源机组按一定比例打捆外送，推动山西成为京津冀、华东地区新的清洁能源供应基地。

二、由“煤老大”到“排头兵”仍面临艰巨挑战

尽管山西推动能源转型取得了积极进展，但在煤炭资源大省打造能源革命排头兵并没有先例可循，仍面临很多现实矛盾和长期挑战。从内部情况看，山西“煤老大”的惯性思维仍然存在，围绕煤炭资源做文章、延伸产业链的情况比较普遍，“一煤独大”的经济格局尚未发生实质性改变，生态环境容量、水资源条件等对煤炭开发利用的约束并不明显。从外部条件看，我国煤炭开发不断向山西、内蒙古、陕西等地区集中，资源型地区为煤炭寻找新的技术和经济出路的冲动强烈，平衡保障外部供应和优化本地能源结构关系的难度加大，山西实现由“煤老大”到“排头兵”转变仍面临艰巨挑战。

（一）发展理念滞后，摆脱煤炭经济依赖难度较大

由于长期过度依靠煤炭驱动经济增长，山西自觉推动能源革命的动力并不强烈。调研了解到，尽管2015—2017年煤炭产量连续3年下降，但山西仍然制定了2020年9亿吨左右的煤炭产量目标，比目前产量高出约3000万吨。许多政府官员和煤炭企业都认为煤炭还有10年发展黄金期，认为山西煤炭产量应增长至10亿吨左右。同时，在当前煤炭经济效益较好情况下，企业普遍转型意愿不强，而是继续在扩大生产和延长产业链方面增加投资。据不完全梳理，目前山西在建的各类煤化工项目近30个，还有

十多个煤化工项目计划2020年前开工建成，可能带来的煤炭消费增量超过1500万吨。如果再加上规划发展的氧化铝、电解铝等高耗能项目，今后山西“一煤独大”的问题可能更加突出。

从统计数据看，虽然山西一直把发展非煤产业作为结构调整的主要方向，但煤炭及相关产业仍是经济和税收增长的主要支撑。在山西工业总产值中，煤炭、焦炭、电力等能源工业长期占40%左右。在工业利税总额中，煤炭、焦炭、电力等能源工业长期占70%以上。2017年，山西煤炭、焦炭、电力工业利税总额分别为1387.9亿元、136.4亿元和47.8亿元，分别占全省工业利税总额的63.8%、6.27%和2.2%。如果再考虑钢铁、建材、电解铝等煤炭相关高耗能行业，山西对煤炭经济的依赖更加突出。调研了解到，大同等城市财政收入主要来自煤炭行业，煤炭产运销相关税收占全市公共预算收入的60%左右。

（二）传统煤电产能过剩与新型电气化发展滞后问题并存

山西省煤电产能过剩问题突出，资源优势并没有完全转化为要素成本优势。截至2017年底，山西火电装机容量达6366万千瓦，但火电利用小时数仅3996小时。作为全国重点煤电基地之一，山西煤电利用小时数甚至低于全国平均水平。同时，山西还有超过1700万千瓦停缓建机组，有200多万千瓦核准在建机组。在本地需求有限、外送缺乏受端市场、大量机组负荷得不到保障的情况下，特别是随着风电、光伏发电等成本竞争性不断提升，山西煤电行业经营状况可能进一步恶化，面临巨大的资产沉没损失风险。

同时，与发达国家和地区相比，山西电力消费不足十分明显。2016年，山西人均电力消费量为4881千瓦时，虽然略高于全国平均水平，但只有江苏、浙江等发达地区人均电力消费量的70%左右。从人均生活用电水平看，山西的发展差距更加突出。2016年，山西人均生活用电量为950千瓦时，只有全国平均水平的69%。究其原因，这既与较低的经济发展水平有关，也与新兴用电产业开拓滞后有关。目前，山西仍把电解铝等高耗能产业作为拉动电力需求的重点，对大数据、云计算、装备制造等新兴用电产业重视不够。例如，2018 年前三季度，全国互联网和相关服务业用电量同比增长 62.0%，但山西相关产业发展严重滞后。

（三）能源革命的支撑能力不强

从国内外发展趋势看，节能环保、清洁能源等产业是能源革命的重要支撑，也是转型升级新的增长点。但从发展水平看，山西节能环保产业总体实力较弱，产业层次较低，缺少具有全国影响力的龙头骨干企业。2015 年，山西节能环保产业产值仅占全国节能环保产业总产值的 2%，并且 90% 以上为中小型企业。山西清洁能源产业尚处于起步发展阶段，企业核心竞争力不强，缺少国内领先的清洁能源或新能源装备制造企业。在光伏制造、风机设备、电动汽车、智能电网等领域，山西整体发展水平比较滞后。

人才资源和科技创新能力薄弱，开拓精神和创新文化氛围不强。调研了解到，把国有煤炭企业视为“铁饭碗”的情况仍然普遍，一些年轻人愿意接受煤炭企业较低的工资水平，甚至出现去产能已分流人员再回流的现象。同时，山西科技创新实力基础弱、底子薄，高层次人才数量有限，与发达地区仍存在较大差距。2016 年，山西研究与试验发展（R&D）经费投入占 GDP 比重只有 1.03%，明显低于全国 2.11% 的平均水平，研发经费投入规模仅为全国第 23 位。多元科技投入体系不够健全，企业开展科技研发、成果转化、风险投资的动力不足，产业转型升级和创新发展都缺乏充足有效的技术供给。

（四）深层次体制机制障碍依然存在

长期以来，山西省煤炭开发利用对保障全国能源供应和经济增长做出了重要贡献，但也固化了“一煤独大”的能源发展体制机制。近年来，在转型综改区建设推动下，山西在推动能源行政审批制度、煤炭清费立税、煤焦公路运销体制等改革方面已经取得一定成效，但与能源革命试点要求相比，仍存在很多深层次体制机制障碍。

在政府和市场关系方面，地方政府宏观管理与煤炭企业微观经济活动交织，政府对资源要素配置、企业微观经营活动的行政干预过多。上一轮煤炭资源整合和企业兼并重组过程中，政府行政推动力量过大，在资产债务处置等方面积累了很多历史遗留问题。政府出台的一些战略规划政策缺乏科学性、系统性，不利于有效引导市场和企业预期。例如，调研的晋中市由于资源整合遗留问题长期停缓建及未开工煤炭产能达 2460 万吨，接近当地核准总产能的 1/5；一些以前煤炭厅、国土厅已经批准的文件现在不被承认，有的政策内容反复调整，严重影响新一轮资源整合工作推进。

在企业层面，能源企业的市场主体地位没有有效实现。国有能源企业比重过高，企业行政色彩浓厚，对市场化配置资源、落实相关政策等带来不同程度的扭曲。现代企业制度尚未全面建立，国有能源企业政企不分、投资浪费、杠杆率过高等问题突出，市场竞争力和抗风险能力有待增强。调研了解到，山西省属国企煤炭产量比重约为 70%，尽管 2017 年盈利状况大幅好转，但资产负债率仍高达 75% 以上，远高于上市煤炭企业平均水平。

许多国有能源企业冗员较多，社会负担较大，全员生产率不高，与国际国内先进煤炭企业存在显著差距。调研了解到，在煤炭去产能过程中，虽然国家对就业安置出台了财政补贴政策，但山西焦煤集团、同煤集团等都以内部转岗分流安置就业为主。例如，2017 年山西焦煤集团去产能 580 万吨，对应的 5507 人就业全部以转岗方式解决。在这种情况下，机械化水平提高可能被新的冗员增加所抵消，煤炭全行业全员劳动生产率甚至可能下降。

三、要将绿色发展思想贯穿于建设现代能源经济的任务中

山西是我国传统能源经济的代表性地区，由于人均 GDP 远低于全国平均水平，经济增长、资源开发与生态环境保护矛盾突出，面临转型升级发展的艰巨任务。长期以来煤炭资源的高强度开发利用，不仅带来了严重生态环境污染、水资源破坏问题，使山西付出了沉重的资源环境代价，也导致了大量的采空区、沉陷区，占全省辖区面积的比重高达 1/8 左右。在绿色发展是高质量发展的必然要求背景下，山西生态环境容量不足、土地要素资源有限等短板进一步放大，特别是随着清洁能源在能源消费增量和存量中不断替代煤炭，山西传统煤炭资源优势可能在生态文明建设新时代变成发展劣势。在这种背景下，必须把绿色发展的理念贯穿于山西省现代能源经济建设始终，首先从思想上做到从“煤老大”到“排头兵”的转变。

（一）推动煤炭绿色减量发展

煤炭是山西省主体能源，推动煤炭减量发展，确保煤炭安全绿色开发、清洁高效利用走在全国前列，是山西打造能源革命排头兵的立足点和首要任务。要综合考虑市场需求、生态红线约束、技术竞争力等因素，对标国际一流技术经济和节能环保指标，引导煤炭、电力、煤化工等行业合理布局、高起点发展。

1. 推动煤炭减量化发展

严控煤炭新增产能，做好新增产能与化解过剩产能衔接工作，完善煤矿正常退出机制，按国家产能退出要求保质保量退出过剩产能，实现高质量协调发展。严格限制高硫、高灰、高砷、高氟等煤炭资源开发，压缩开采条件复杂、水资源和生态环境脆弱地区煤炭资源开发规模。

2. 促进煤炭绿色生产

积极开发使用井下无人开采、保水开采、充填开采等技术，提高煤矿

安全生产和绿色开发水平。强化矿山企业生态环境恢复治理责任，健全采煤沉陷区治理机制，加快推进历史遗留重点采煤沉陷区综合治理。统筹煤炭与煤层气开发，做到先抽后采，在沁水盆地、河东基地协调煤层气矿权与煤炭矿权矛盾，优先开发煤层气资源。提高煤矸石、矿井水、煤矿瓦斯等综合利用水平，大力开展煤炭开发利用粉尘综合治理。加强煤炭洗选加工，提高煤炭洗选比例，力争煤炭全部实现洗选。

3. 打造现代煤炭经济体系

按照严格的节水、节能和环保要求，结合生态环境和水资源承载能力，适度推进煤炭向深加工方向转变，探索清洁高效的现代煤化工发展新途径。全省一盘棋，推进煤炭上下游、相关产业融合，推进煤炭产业与新技术、新业态融合，发展煤炭交易中心等金融服务产业、煤炭与互联网大数据以及煤炭装备先进制造、煤炭无人开采与机器人技术等，推动山西由煤炭资源输出省向煤炭装备技术、现代能源服务输出省转变。

（二）深化电力体制改革，培育绿色能源新动能

“再电气化”是新一轮能源革命的重要标志，包括供给侧可再生电力加快发展和需求侧终端领域电气化水平快速提升。作为能源革命的中心环节，电力体系在能源开发、转换、利用全过程中的价值创造作用更加突出，深化电力体制改革，是培育新一轮能源革命新业态、新动能的重要着力点。

1. 深化电力现货市场建设试点工作

加快放开发用电计划，开展日前、日内、实时电能量交易，率先实现调度运行和市场交易有机衔接，形成反映山西电力供需特点和生产成本的商品价格，有效降低实体经济用电成本。

2. 推广增量配电网和多能互补示范

拓展增量配电网改革的领域，扩大向社会资本开放范围，打破传统电

网企业等既有利益藩篱。全面开展多能互补示范，因地制宜发展风光水火储多能互补系统、终端一体化集成供能系统，实现更大范围、更低成本能源资源优化配置。率先推广电力辅助服务市场，研究纳入电动汽车、储能等需求侧响应资源，加快形成区域性微电网。

3. 释放改革活力，激活沉淀资本

结合山西省煤矿企业多、分布面广，煤矿与小城镇融为一体等现实特点，充分利用电力体制改革有利时机，率先盘活沉淀于各矿山企业的存量配电资产。打造全省的分布式能源总体布局，加快分布式能源技术发展，支撑未来全省分布式电网建设。统筹煤运通道和电力外送通道建设，构建符合能源革命方向、智慧灵活的分布式能源网络体系。

（三）以电气化、高效化为核心，推进能源消费革命

消费方式变革在能源革命中具有引领作用，能够引导能源供给方式、技术选择等不断优化调整。山西要切实转变传统以需定供的发展模式，把节能和提高能效作为满足需求增长的“第一能源”，围绕电气化、高效化方向，大幅提升工业、建筑、交通运输、居民、火电等领域能效水平。

1. 大幅提升终端部门能效水平

工业领域要以国内国际能效领先水平为标杆，应用整合设计理念，围绕工业生产源头、过程和产品三个重点，全面普及先进成熟节能技术，革新用能装备系统。加快产城融合循环发展，全面推广工业余热用于城市建筑供暖。建筑领域要在严格城市规划管理前提下，加强城镇既有建筑和农村住宅节能改造，在新建建筑领域全面推广绿色建筑和超低能耗建筑。交通运输领域要构建以公共交通为主体的城市机动化出行系统，推广普及节能和新能源汽车。火电行业要加快现役煤电机组升级改造，建立世界最清洁的煤电体系。

2. 大幅提升城乡电气化比重

寻找扩大居民电力消费的途径，推广新型家用电器和智能家居，推动

太阳能、风能、热泵等分布式能源加快普及应用，加快城市范围煤炭减量替代，鼓励储能设备、微网系统在重点城市率先示范推广。推进交通运输“以电代油”，加快发展城市电车、轨道交通，加快普及电动汽车、混合动力汽车。加强城市电力输配、充电桩等建设，增强供需两侧灵活调节能力，促进能源供需智能衔接。

3. 构建高效工业化、紧凑城市化发展模式

要把系统高效作为主要方向，加强重大生产力规划布局和匹配衔接，避免各地区产业趋同、重复建设造成的能源浪费。城市发展要以紧凑型、智能型为导向，统筹规划建设节约型交通基础设施网络、分布式智慧能源系统、资源能源回收和循环利用体系等，并且严格保障规划的严肃性和权威性，避免大拆大建造成的能源浪费。

（四）深化能源体制改革与创新

体制改革是推进能源革命的制度保障，是促进治理体系现代化的重要基础。深化能源体制改革，重点是还原能源商品属性，发挥市场配置资源的决定性作用和更好地发挥政府作用。结合山西省情特点，在能源供需形势出现深刻调整背景下，要勇于改革创新，推动传统煤炭煤电企业加快转变发展思路和市场定位，打造山西能源经济新的竞争优势。

1. 全面解决资源整合改革遗留问题

山西推行煤炭资源整合和有偿使用改革，对促进煤炭资源保护和高效开发利用、维护矿产资源国家所有者权益起到了重要作用。在深化煤炭供给侧改革过程中，要遵循公平公开原则，全面解决煤炭资源整合过程中遗留的产权不清晰、资产债务处置难、产能闲置等问题。积极争取国家有关部门在矿权核定、金融去杠杆、审批流程等方面给予支持，加快煤炭先进产能释放。

2. 深化营商环境改革，激发市场活力

落实中央“两个毫不动摇”方针政策，大力促进国有经济和民营经济

共同发展。全面深化无审批制度改革，吸引社会资本加大对节能环保、清洁能源、多能互补等领域的投资力度。加快发展混合所有制经济，发挥非国有资本的活力和创造力，在市场竞争和优化重组中增强国有企业竞争力。深入推进简政放权改革，复制推广自贸区改革试点经验，打造内陆开放发展新高地。加大对违法违规行为的监督和查处力度，营造公平有序的能源竞争市场。深化自然资源产权、能源价格形成机制改革，灵活运用财税、绿色金融等政策，发挥其对能源革命的激励约束作用。

3. 推动传统能源生产企业向综合能源服务商转变

全面推进国有能源企业市场化改革，坚持有进有退，减少冗员，大幅提高全要素生产率。推动煤炭、煤电等传统能源生产企业向产销联合体、综合能源服务商转变，在发展清洁能源、增量配网、分布式能源、电动汽车、充电基础设施、合同能源环境管理等领域，积极拓展新的业务增长点，不断增强创新活力和抗风险能力。

4. 增强能源领域定价权和金融服务能力

加强太原煤炭交易中心建设，利用煤炭、电力和铁路市场化改革契机，研究将煤炭中长协、电力、运力等交易结合起来，推动山西逐步成为北方地区乃至全国主要能源价格形成中心。围绕能源交易中心，积极拓展现代物流、信息、金融等延伸服务，培育形成新的增长点和竞争优势。